Über dieses Buch Wie kommt es, daß ein Jugendlicher zur Haschischzigarette greift, mal probiert, wie »das« wirkt und es damit auf sich bewenden läßt – während ein anderer bald darauf den nächsten »Joint durchzieht«, in eine drogenbejahende Subkultur eintaucht, den dazugehörigen Jargon sich aneignet und so allmählich das Haschischrauchen zu seiner Gewohnheit werden läßt? Wie kommt es, daß wieder ein anderer Hascher überwechselt zu härteren Drogen, etwa beginnt, Heroin zu spritzen oder Kokain zu schnupfen?
Die Frage nach Ursprung und Verlauf solcher Drogen-Karrieren hat den Verfasser während jahrelanger therapeutischer Arbeit mit Drogenabhängigen und Beratung von Eltern beschäftigt, desgleichen, welche Hilfen beim Aussteigen aus einer solchen verhängnisvollen Entwicklung gegeben werden können.
Im Mittelpunkt des Buches steht die ausführliche Fallstudie ›Ulysses‹ – eine Drogenkarriere, die ein gutes Ende fand. Anhand dieser konzentrierten Biographie eines Marihuana- und Haschischrauchers und vielen Detailbeobachtungen aus anderen Fällen entwickelt vom Scheidt das einleuchtende Konzept zum Verständnis solcher »Karrieren«. Untersucht werden vor allem die Bedingungen, die verhindern, daß jemand sein wahres Selbst findet – und wie aus Verzweiflung die Drogenräusche zum »falschen Weg« zum Selbst werden.

Der Autor Dr. phil. Jürgen vom Scheidt, geb. 1940, lebt als Schriftsteller und Psychotherapeut in München. 1970/1971 Mitarbeit beim Aufbau der ersten Drogenberatungsstelle in München, danach ›Beratungsstelle für Alleinlebende‹, aus der sich die ›Werkstatt für Selbsterfahrung und kreative Gestaltung (W. E. G.)‹ entwickelt hat, mit Schwergewicht auf Schreiben als Therapie. Veröffentlichungen: u. a. ›Innenwelt-Verschmutzung‹ (1973), ›Der unbekannte Freud‹ (1974), ›Yoga für Europäer‹ (1976), ›Alleinsein als Chance (Singles)‹ (1979), ›Hilfen für das Unbewußte – esoterische Wege der Selbsterfahrung‹ (1980), ›Handbuch der Rauschdrogen‹ (mit W. Schmidbauer, 6. überarb. Aufl. 1981), ›Wiedergeburt – Geheimnis der Jahrtausende‹ (1982), ›Wege aus der Einsamkeit‹ (mit R. Zenhäusern, 1984); außerdem Belletristik und Rundfunk-Reihen.

Jürgen vom Scheidt

Der falsche Weg zum Selbst

Die Drogenkarriere als gescheiterte Selbstheilung

Fischer
Taschenbuch
Verlag

Überarbeitete Neuausgabe
Veröffentlicht im Fischer Taschenbuch Verlag GmbH,
Frankfurt am Main, April 1984
Umschlaggestaltung: Jan Buchholz/Reni Hinsch
Lizenzausgabe mit freundlicher Genehmigung der
Kindler Verlag GmbH, München

Gesamtherstellung: Clausen & Bosse, Leck
Printed in Germany
980-ISBN-3-596-23842-0

»Notzeiten sind das Gegenteil von Erfolg. Aber sie können zu Erfolg führen, wenn sie den rechten Menschen treffen. Wenn ein starker Mensch in Not kommt, so bleibt er trotz aller Gefahren heiter, und diese Heiterkeit ist die Grundlage späterer Erfolge. Sie ist die Beständigkeit, die stärker ist als das Schicksal. Wer sich durch Erschöpfung innerlich brechen läßt, der hat freilich keinen Erfolg. Aber wen die Not nur beugt, in dem erzeugt sie eine Kraft der Gegenwirkung, die sicher mit der Zeit ans Licht kommt.«

(*I Ging,* Nr. 47)

Für U. O., der den richtigen Weg zeigte

Inhalt

Verzeichnis der Abbildungen und Tabellen

Vorwort* von Heinz Kohut

Nirgends ist die erklärende Kraft der neuen Psychologie vom Selbst so evident wie bei diesen vier Arten psychologischer Störungen: (1) bei den narzißtischen Persönlichkeitsstörungen, (2) bei der Perversion, (3) bei der (psychogenen) Kriminalität und (4) bei der Sucht. Warum können diese scheinbar völlig verschiedenen Zustände mit Hilfe desselben begrifflichen Rahmens auf so fruchtbare Weise untersucht werden? Warum werden diese so unterschiedlichen und sogar gegensätzlichen Symptombilder verständlich, wenn man sie aus dem Blickwinkel der Selbst-Psychologie betrachtet? Mit anderen Worten, wie sind diese vier seelischen Zustände miteinander verbunden? Was haben sie gemeinsam, trotz der Tatsache, daß sie eine sehr unterschiedliche, sogar gegensätzliche Symptomatik aufweisen?

Die Antwort auf diese Fragen ist einfach: bei jeder dieser Störungen leidet das betroffene Individuum unter einer zentralen Schwäche, einer Schwäche im Kern seiner Persönlichkeit. Es leidet unter den Folgen eines Defekts im Selbst. Die Symptome dieser Störungen, ob sie nun vergleichsweise undeutlich oder verborgen sind oder aber deutlicher und auffallender, sind ein Ergebnis des Defekts im Selbst. Die Manifestationen dieser Störungen werden einsichtig, wenn wir uns vor Augen halten, daß sie alle Versuche sind – erfolglose Versuche, das muß betont werden –, den zentralen Defekt in der Persönlichkeit zu beheben.

Das narzißtisch gestörte Individuum sehnt sich nach Aner-

* Nachwort des Autors zur überarbeiteten Neuauflage s. S. 181 ff.

kennung und Zustimmung oder nach dem Verschmelzen mit einem idealisierten, unterstützenden anderen, weil es sich selbst nicht genügend mit Selbstbestätigung oder mit einem Gefühl der Stärke aus eigenen inneren Quellen versorgen kann. Den Perversen treibt es zu sexuellen Handlungen mit Personen oder Symbolen, die ihm das Gefühl geben, begehrt, wirklich, lebendig oder mächtig zu sein. Der Delinquent wiederholt unaufhörlich gewisse Handlungen, durch die er sich selbst beweist, daß er unverwundbar und allmächtig ist, und flieht so vor der Erkenntnis, daß er kein stützendes Selbstvertrauen und keine stützenden Ideale hat. Der Süchtige schließlich braucht die Droge, weil er meint, die Droge könne den zentralen Defekt in seinem Selbst heilen. Sie wird für ihn zum Ersatz für ein Selbst-Objekt, das ihn zu einer Zeit verließ – und dies mit traumatischer Heftigkeit und Schnelle –, zu der er noch das Gefühl hätte haben sollen, die allmächtige Kontrolle über dessen Reaktionen in Übereinstimmung mit seinen Bedürfnissen zu besitzen, als sei es ein Teil von ihm selbst. Indem er die Droge nimmt, zwingt er symbolisch das Selbst-Objekt, ihn zu beruhigen, ihn zu akzeptieren. Oder er zwingt symbolisch das idealisierte Selbst-Objekt, seine Verschmelzung mit ihm zu gewähren und ihn so an seiner magischen Stärke teilhaben zu lassen. In beiden Fällen gibt ihm das Einnehmen der Droge die Selbstachtung, die er nicht besitzt. Indem er sich die Droge einverleibt, verschafft er sich das Gefühl, akzeptiert zu sein und damit das Gefühl des Selbstvertrauens; oder er stellt die Erfahrung des Verschmolzenseins mit einer Kraftquelle her, die ihm das Gefühl gibt, stark und wertvoll zu sein. Alle diese Wirkungen der Droge laufen darauf hinaus, sein Gefühl des Lebendigseins zu verstärken, seine Gewißheit zu verstärken, daß er in dieser Welt existiert.

Es ist die Tragödie all dieser Versuche der Selbstheilung, daß die Lösungen, die sie liefern, nicht von Dauer sind, daß sie in ihrer Essenz nicht zum Erfolg führen können. Die Anerkennung, die sich das narzißtisch gestörte Individuum erzwingt, die Verschmelzung mit idealisierten anderen, die es zuwege bringt, die sexualisierten Bestätigungen, die sich der Perverse verschafft, die laut proklamierte Behauptung seiner Omnipotenz, die der Delinquent durch seine Handlungen ständig wiederholt – all das bringt nur flüchtige Erleichterung. Diese Handlungen werden immer und immer erneuert, ohne daß sie zur Heilung der grundlegenden psychischen Krankheit führen. Und die beruhigende oder stimulierende Wirkung der Droge auf den Süchtigen ist ähnlich unbeständig. Welche auch die chemische Natur der benutzten Substanz sein mag, wie oft auch ihre Einnahme wiederholt werden mag, wie klug rationalisiert oder mythologisiert der Gebrauch der Droge auch mit Hilfe anderer sein mag, die der gleichen Bedürftigkeit ausgesetzt sind – es wird keine psychische Struktur aufgebaut, der Defekt im Selbst bleibt. Es ist, als versuche ein Mensch mit einer weit offenen Magenfistel, seinen Hunger durch Essen zu stillen: Er kann wohl durch seine hektische Nahrungsaufnahme aufregende Geschmacksempfindungen hervorrufen, doch da die Nahrung nicht jenen Teil des Verdauungssystems erreicht, in dem sie in den Organismus aufgenommen wird, fühlt er sich weiter dem Verlangen ausgesetzt.

Es ist das große Verdienst der vorliegenden Monographie, daß es dem Autor gelungen ist, die Essenz der grundlegenden Einsichten, die in der vorhergehenden zusammenfassenden Darstellung vorgelegt wurden, zutiefst zu erfassen und in der Erforschung seines Gegenstandes lebendig zu verwerten. Diese Einsichten sind daher stets gegenwärtig, selbst wenn nicht explizit Bezug genommen wird oder sie nicht in jedem erklärenden Kontext explizit angeführt werden. Ausgesprochen oder unausgesprochen sind sie Teil der reich variierten Beschreibungen und Erklärungen, die vom Autor in angemessener eklektischer Fülle angeboten werden, und sie verleihen jeder von ihnen Vitalität und Tiefe. Ob sich die vorliegende Studie mit der pathogenen Kindheitssituation befaßt, die die verwundbare Persönlichkeit des Süchtigen formt, oder mit den typischen Schritten in der »Karriere« des Süchtigen – »Eines langen Tages Reise in die Nacht«, wie Eugene O'Neill seine großartige Darstellung der Wirkung der Sucht einer Mutter auf die übrigen Mitglieder der Familie nannte –, ob es sich um die pseudo-hilfreichen Folgen der sozialen Unterstützung handelt, die Süchtige einander gewähren, oder um die wirksamen therapeutischen Ansätze oder die wirksamen prophylaktischen Bemühungen tiefenpsychologisch informierter Therapeuten – kurz, um welches spezifische Detail des weiten Gebietes der Sucht, mit dem sich die vorliegende Arbeit beschäftigt, es sich auch handelt und auf welchem methodischen Wege der Autor auch vorgeht, sein Wissen um die tiefenpsychologische Essenz der untersuchten Störung bereichert stets seine Beschreibungen und vertieft die Bedeutung seiner Erklärungen.

Die bereichernde Wirkung der von der Selbst-Psychologie gelieferten Einsichten auf die mittels verschiedener psychologischer Bezugsrahmen gesammelten Daten kann besonders deutlich gezeigt werden bei der Untersuchung des Familienhintergrundes, der Kindheitssituation des zukünftigen Süchtigen – ein Gegenstand, dem viele Seiten der vorliegenden Arbeit gewidmet sind. In diesem Zusammenhang ist es offensichtlich von großer Bedeutung, gewisse Details zu bestimmen, die das Verhalten der Eltern des Drogenabhängigen während seiner Kindheit betreffen. Wir könnten zum Beispiel fragen, ob die Eltern nachsichtig oder streng waren, oder ob ihre Identitäten (z. B. männlich oder weiblich, oder ob die Mutter Hausfrau ist, der Vater als Lastwagenfahrer arbeitet etc.) undeutlich oder klar definiert waren. Doch haben wir die Antwort auf diese oder ähnliche Fragen einmal erhalten, werden wir die Bedeutung der sozio-psychologischen Daten über das Verhalten der Eltern mit anderen Augen ansehen, wenn wir sie vor dem Hintergrund unseres Wissens über die Faktoren betrachten, die zu der Fähigkeit des Kindes beitragen, ein starkes und kohäsives Selbst aufzubauen, und umgekehrt über die Faktoren, die dieser wesentlichen Entwicklungsaufgabe im Wege stehen.

So wie wir aus der Sicht des Physiologen wissen, daß ein Kind bestimmte Nahrungsmittel braucht, daß es gegen extreme Temperaturen geschützt werden muß und daß die Atmosphäre, die es atmet, genügend Sauerstoff enthalten muß, wenn sein Körper stark und widerstandsfähig werden soll, so wissen wir auch aus der Sicht des Tiefenpsychologen, daß es einer empathischen Umgebung bedarf, wenn es ein festes und widerstandsfähiges Selbst erwerben soll – genauer gesagt, daß es eine Umgebung braucht, die (a) seinem

Bedürfnis entspricht, seine Gegenwart durch den Widerschein der elterlichen Freude bestätigt zu sehen, und die (b) seinem Bedürfnis entspricht, mit der beruhigenden Sicherheit und Stärke des mächtigen Erwachsenen zu verschmelzen.
Die Antwort auf Fragen wie die nach der nachsichtigen oder strengen Haltung der Mutter bezüglich der Sauberkeitserziehung oder danach, ob die Berufsidentität des Vaters klar definiert war oder nicht, ist nicht ausreichend. Die wesentliche Frage betrifft die Zulänglichkeit oder Unzulänglichkeit der Eltern als Selbst-Objekte des Kindes, das heißt die Zulänglichkeit oder Unzulänglichkeit der Eltern zu einer Zeit, zu der sie noch für das Kind die psychischen Funktionen der Regulierung des Selbstwertgefühls ausübten, die das Kind später selbst ausüben können sollte, die Zulänglichkeit oder Unzulänglichkeit der Eltern zu einer Zeit, zu der mit anderen Worten das Kind sie im wesentlichen noch als Erweiterungen seiner selbst erlebte oder sich selbst im wesentlichen als Teil ihrer Stärke. Die entscheidende Frage ist dann, ob die Eltern fähig waren, wenigstens einige der vom Kind stolz zur Schau gestellten Attribute und Funktionen mit Zustimmung zu reflektieren, ob sie fähig waren, mit echter Freude auf seine keimenden Fertigkeiten zu reagieren, ob sie fähig waren, während all seiner Versuche und Irrtümer mit ihm in Berührung zu bleiben. Darüber hinaus müssen wir feststellen, ob sie in der Lage waren, für das Kind eine verläßliche Verkörperung von Ruhe und Stärke zu sein, mit der es verschmelzen konnte, und ob sie auf das Bedürfnis des Kindes eingingen, als Ziel für seine Bewunderung zu dienen. Oder, aus umgekehrter Sicht: Es ist von größter Bedeutung, die Tatsache festzustellen, daß ein Kind weder die Bestätigung seines eigenen Wertes finden konnte noch ein Ziel für die Verschmelzung mit der idealisierten Stärke der Eltern, und daß es daher keine Gelegenheit hatte, diese äußeren Quellen narzißtischer Erhaltung allmählich in endopsychische Quellen umzuwandeln, das heißt spezifisch in ein stützendes Selbstwertgefühl und in eine stützende Beziehung zu verinnerlichten Idealen. Wenn wir also die entscheidende Frage nach den Faktoren in der Kindheit stellen, die zur suchtgefährdeten Persönlichkeit führen, so sagen wir letztlich und mit be-

stimmten Einschränkungen, daß es weniger wichtig ist, das festzustellen, was die Eltern *tun*, als das, was sie *sind*.
Es wäre verlockend, an diesem Punkt fortzufahren und zu zeigen, wie jedes der verschiedenen Gebiete, die auf den Seiten des vorliegenden Buches diskutiert werden, entscheidend von Betrachtungen beeinflußt wurde, die analog zu den vorher von mir angeführten sind; doch das brauche ich nicht zu tun – die Arbeit wird für sich selbst sprechen. Statt dessen werde ich dieses Vorwort mit der ausdrücklichen Feststellung dessen schließen, was gewiß schon aus meinen vorhergehenden Äußerungen zu entnehmen war, nämlich, daß ich vom Scheidts Arbeit als geglückten und signifikanten wissenschaftlichen Schritt betrachte, weil sie eine lebensfähige und produktive Verbindung der aus der Sicht der Selbst-Psychologie abgeleiteten Einsichten und Erklärungen mit den wertvollen Einsichten einer Reihe von anderen Ansätzen und Methodologien darstellt, wie zum Beispiel jenen der psychoanalytischen Neurosenpsychologie, der Kultur- und Sozialpsychologie, der wichtigen Untersuchungen kongenitaler Prädisposition, der statistischen Prüfung von Daten der Verhaltensforschung, um nur einige zu nennen. Als solche betritt die Arbeit Neuland und sollte zum Modell für zukünftige Untersuchungen werden, nicht nur auf dem Gebiet der Drogenabhängigkeit, dieser alten Geißel der Menschheit, sondern auch auf all den anderen Gebieten, auf denen die Anwendung der Gesichtspunkte der Selbst-Psychologie zu neuen und fruchtbaren Einsichten führt.

Chicago, im November 1975 H. K.

»... and his heart was going like mad and yes I said yes I will Yes.«

James Joyce

Dank, wem Dank gebührt

Im Winter 1970/71 kam ein junger Mann zu mir in die Drogenberatungsstelle. Er sei haschischabhängig, sagte er, und er wolle diese psychische Abhängigkeit loswerden. Eine Psychotherapie könne er sich nicht leisten – ob ich ihm helfen würde, in Gesprächen die Hintergründe seines Fehlverhaltens aufzuklären, damit er aus diesem »Drogensumpf« herausfinde. Als er mein Zögern bemerkte, machte er mir dieses Angebot: »Ich kann Ihnen nichts bezahlen – aber Sie können ja unsere Gespräche auf Tonband aufnehmen. Vielleicht wird da später mal eine Doktorarbeit draus.«

Nun, es ist tatsächlich eine Doktorarbeit daraus geworden, zumindest ein wichtiger Teil davon. Dieser junge Mann, nennen wir ihn Ulysses*, brachte eine Fülle psychologisch und sozialpädagogisch interessanten Materials in die sich entwickelnde Arbeit ein. Als er sich später doch einer Psychoanalyse unterzog, teilte er mir wichtige ergänzende Einzelheiten auch aus dieser Arbeit an sich selbst mit. Außerdem gewährte er mir Einblick in seine Tagebücher und gab die Erlaubnis, daraus »im Dienste der Wissenschaft«, wie er leicht ironisch meinte, und unter Wahrung der Diskretion zu zitieren. Dieser Zusammenarbeit kam zweifellos zugute, daß wir uns beide für Leben und Werk von James Joyce interessieren.

Irgendwann hatte dieses Material, zu dem sich im Laufe der

* Namen und Ereignisse wurden, wo nötig, verändert, um die Diskretion zu gewährleisten.

Jahre die Arbeitsprotokolle über andere Drogenabhängige und Drogengefährdete gesellten, einen derartigen Umfang angenommen, daß es förmlich nach Gestaltung rief. Ich bin es Ulysses wie auch den anderen hilfesuchenden jungen Leuten gewissermaßen schuldig gewesen, diese umfangreichen Unterlagen endlich aufzubereiten. Ihnen allen sei an dieser Stelle herzlich dafür gedankt, daß sie so offen und ausführlich über ihre ureigenen Erfahrungen und Probleme gesprochen haben.

Gedankt sei auch Prof. Dr. Hans Schiefele, meinem Doktorvater, daß er diese Arbeit nicht nur betreute, sondern auch die Geduld aufbrachte, einige Jahre auf das Manuskript zu warten; und Prof. Dr. Hanns Hippius, dem Koreferenten, daß er die Arbeit wohlwollend begutachtete.

Auch meiner Frau Elke sei gedankt, die mich immer wieder behutsam daran erinnerte, daß ich die Dissertation schreiben wolle (und die auch ganz praktisch half, indem sie das Vorwort und eine ausführliche Mitteilung von Dr. Kohut übersetzte; s. Anm. 37), und meinen beiden kleinen Söhnen, daß sie mich immer wieder mit Erfolg beim Arbeiten störten, gewissermaßen für schöpferische Pausen sorgten. Dank sagen möchte ich weiterhin meinen Eltern, die die Hoffnung nie aufgegeben haben, daß ich »meinen Doktor mache«, und die mir die lange Ausbildung ermöglichten, welche nun endlich doch noch zu diesem Ziel führte. Dank gebührt ebenfalls Dr. Heinz Kohut, der im Gespräch und per Brief manchen wertvollen Hinweis gab und mit seinem Buch über den »Narzißmus« und anderen einschlägigen Arbeiten wichtige Erkenntnisse vermittelte (womit ihm natürlich keinerlei Verantwortung für meine Gedankengänge aufgebürdet werden soll).

Gedankt sei schließlich meinem Verleger, Herrn Helmut Kindler, daß er mit einem Buchvertrag und dem dazugehörenden Vorschuß den unbedingt nötigen materiellen Anreiz (und Termindruck!) bot, und seinen freundlichen, sachverständigen Mitarbeitern, allen voran Traut Felgentreff, daß sie dieses Buch entstehen ließen. Gisela Günther sei, last but not least, dafür gedankt, daß sie meine vielfach korrigierten Blätter in ein druckreifes Manuskript verwandelte und dafür so manches freie Wochenende opferte.

München, 10. März 1975 Jürgen vom Scheidt

»Wo das Verstehen aufhört, fängt das Zählen an.«

Arthur Schopenhauer

1 Zur Methode

Grundsätzlich gibt es zwei Möglichkeiten, psycho-soziale Phänomene zu erforschen:

- die Befragung möglichst vieler Betroffener im Rahmen einer repräsentativen Stichprobe (statistische Methode),
- die intensive Exploration einiger Betroffener, aus der man dann modellhaft bestimmte typische Entwicklungen herauspräpariert (kasuistische Methode).

Beide Methoden haben sowohl ihre Vorteile wie auch Nachteile. Sie liegen auf der Hand. Beim statistischen Vorgehen filtert man nach und nach alles heraus, was mit dem Individuum zu tun hat, und man erhält – dies wohl der größte Nachteil – kaum Hinweise für die Therapie und Prophylaxe. Stützt man sich vorwiegend auf die reine Kasuistik, so entsteht leicht die Gefahr, individuelle Details überzubewerten, während der wohl größte Vorteil darin besteht, daß man für die praktische Arbeit verwertbare Anhaltspunkte erhält. VIKTOR HOBI (1973) und RUDOLF G. WORMSER (1973) haben zum Teil sehr informative Stichprobenuntersuchungen über Drogenkonsumenten vorgelegt, desgleichen PAUL KIELHOLZ und DIETER LADEWIG (1970), FRIEDRICH BSCHOR et al. (1970), MICHAEL JASINKSKY (1971), K. WANKE (1971), HELMUT WALDMANN et al. (1973) und andere. Aus ihnen ergibt sich übereinstimmend, daß Drogenkonsumenten aus mehr oder minder desolaten Familienverhältnissen kommen, bereits in früher Kindheit, lange vor Beginn des Drogenkonsums, zu psycho-sozialen Fehlhaltungen tendierten und eine starke Neigung zum Suizid aufweisen.

Ich neige mehr zur kasuistischen Methode, die sich schon aufgrund seiner praktischen Arbeit mit Usern anbot (in deren Verlauf ich während etwa 2000 Stunden rund 100 Drogenkonsumenten näher kennenlernte, davon zwanzig intensiv). Sowohl im Modellfall Ulysses wie auch in den anderen Fällen wurden dieses typische Milieu, die frühkindlichen Störungen und die Suizidneigung gleichermaßen vorgefunden, wenn auch in unterschiedlichen Abstufungen. Darüber hinaus war es jedoch möglich, den Verlauf der Drogenkarriere und vor allem die Psycho- wie Soziodynamik dieser Entwicklungen herauszuarbeiten. Dieses gleiche Ergebnis läßt sich zwar, mit entsprechendem Aufwand, auch statistisch erzielen – nur stehen dort am Ende rein abstrakte Zahlenwerte, während bei der kasuistischen Methode immerhin noch das einzelne Schicksal durchschimmert. Das hat natürlich den Nachteil, daß solche Fallstudien leicht in »Novellen« ausarten – wie schon S. FREUD (1895) bemerkte. Dieser Schwierigkeit kann man wahrscheinlich aus dem Weg gehen, indem man die aus Einzelangaben gewonnenen Daten noch – soweit dies möglich ist – durch vorliegende Statistiken abstützt.

Der Statistiker hat es wahrscheinlich leichter: Sobald einmal der Fragebogen steht (dessen Ausarbeitung sicher das Hauptproblem ist), bedarf es dann nur noch fleißiger und zuverlässiger Interviewer, sachkundiger Datenaufbereitung und eines Computers. Der Kasuistiker hat (im Idealfall jedenfalls) zunächst keine »Fragen«, sondern läßt das ungeordnete Material, das seine Probanden ihm bringen, möglichst unbeeinflußt an sich vorüberziehen; wenigstens verfährt der psychoanalytisch geschulte Beobachter so. Aus dem Strom der Erinnerungen gestaltet sich dann für Beobachter wie Probanden allmählich eine psycho-soziale Struktur, die sich in der nachfolgenden Reflexion und Auswertung der Notizen zum Fall verdichtet. Ganz so ideal verläuft die Arbeit natürlich nicht, denn man liest ja auch, welche Gedanken sich andere Forscher über das gleiche Thema und verwandte Arbeitsgebiete gemacht haben. So berichteten mir zwar alle meine Probanden, daß sie schon Selbsttötungsabsichten gehabt oder eine Selbsttötung probiert hätten, aber erst Arbei-

ten des Wiener Psychiaters ERWIN RINGEL über das »präsuizidale Syndrom« (1953, 1969), eine Studie des Psychoanalytikers MAX STERN über das Sterben (1972) und Aufsätze des Stuttgarter Therapeuten ECKART WIESENHÜTTER (1974) sowie des New Yorker Analytikers K. R. EISSLER (1955) über ihre Erfahrungen mit dem Vorgang des Sterbens ließen mich klar erkennen, wie zentral die Todesproblematik, die Angst vor und zugleich die Sehnsucht nach dem Tod bei Usern sind. Unter diesen neuen Gesichtspunkten bekam das entsprechende kasuistische Material plötzlich einen ganz anderen Akzent und mußte nochmals überdacht werden.
Neue Probanden werden nun natürlich bereits unter dem Aspekt dieser neuen Erkenntnisse betrachtet, was zunächst die Unvoreingenommenheit des Beobachters einschränkt. Dies geschieht allerdings nach meiner Meinung nur da, wo nicht die Realität (z. B. Todessehnsucht, Todesangst) gesehen wird, sondern irgend etwas anderes – vielleicht unbewußte Probleme, die nur den Beobachter angehen (wenn es das überhaupt geben sollte) und die er in seine Probanden hineinprojiziert.
Erhebt sich die Frage, wieweit Ulysses wirklich als Modell für den Drogenkonsumenten schlechthin dienen kann. Hier bewegt man sich zwischen rein individuellen, auf andere User nicht übertragbaren Charakteristiken (Beispiel: »Er liest gerne Märchen«) und trivialen Einsichten, die wiederum nicht nur auf junge User, sondern auf jeden jungen Menschen zutreffen (Beispiel: »Die Pubertät macht labil«).
Ist es am Ende wirklich nur der Drogenkonsum, durch den sich die User von den Nichtusern unterscheiden – oder sind es nicht doch typische andere Merkmale, die schon sehr früh die eine Gruppe von der anderen trennen, die gewissermaßen den späteren Drogenkonsum des Heranwachsenden schon zum vorprogrammierten Schicksal des kleinen Kindes machen?
Da es sich bei der vorliegenden Arbeit nicht um eine spezielle psychoanalytische Studie handelt (was sie wegen der Beschaffenheit des Materials und der Art, wie es gewonnen wurde, auch gar nicht sein kann), müssen hier Andeutungen genügen. Ich meine aber, daß es auch ohne ein Ergründen

der letzten Tiefen von Ursachen und Ursachenbündeln möglich sein müßte, den späteren User vom Nichtuser zu unterscheiden. Doch davon mehr im Verlauf der Arbeit selbst.
Noch eine Bemerkung zum Modellfall. Ich habe diesem jungen Mann den Decknamen Ulysses (= Odysseus) gegeben, weil er zum einen den gleichnamigen Roman von JAMES JOYCE sehr schätzt und sich gerne mit dessen Held Leopold Bloom identifiziert, zum anderen, weil die Erfahrungen des Drogenrausches sehr der Erzähltechnik des inneren Monologes ähneln, den JOYCE zu unübertroffener Meisterschaft entwickelt hat. Und sind nicht auch die Irrfahrten zu den inneren Gestaden, welche die Räusche dem Drogenkonsumenten bescheren, denen des Odysseus verwandt? Es ließen sich noch mehr Gründe anführen, weshalb Ulysses und nicht Dante (seine Höllen- und Himmelwanderungen hätten sich ja auch als Paradigma für den Drogentrip angeboten!) oder sonst ein anderer Name gewählt wurde. Gedankt sei an dieser Stelle noch KLAUS LEA, der 1974 den entscheidenden Denkanstoß formulierte, nachdem er selbst solche Irrfahrten gemeistert hatte:
»Für einen Einzelgänger ist die Welt vorwiegend kalt. Die Nähe, die Wärme sucht oft der einsamste Eremit. Ungestraft verbannt keiner seinen Herdentrieb. Gäbe es nicht Mittel zu Räuschen und Versammlungen, die Leute würden sich urig die Keulen über den Kopf schlagen und Städte wären nicht möglich. Sollte dies auch falsch sein – Sesam öffnet sich leichter mit LSD. Sterben tut es sich leichter mit Opium. Das Leben vergeht wie eine Sekunde mit Haschisch. Amphetamine bringen dich in Ekstase. Und stets bist du von gleichgestimmten Brüdern und Schwestern umgeben, die dich lassen und nehmen, wie du sie läßt und nimmst. Es sind die Räusche, die Odysseus verführten. Und wenn er siegte, besiegte er eigentlich nichts als seine Räusche ...«
Diese Aussage beschreibt sehr gut den Kern von Drogenerlebnis und Drogengefahr: Verführung, vermeintlicher Sieg (über sich selbst) – und Schmerz. Auch bei Lea also Ulysses als Metapher für eine Drogenkarriere (wobei er sich auf das Abenteuer der odysseischen Mannschaft bei den Lotus-

Essern und auf den Nepenthes-Genuß der Homerschen Helden bezieht)[1].
Weiteres kasuistisches wie auch statistisches Material findet sich in den beiden von mir herausgegebenen Readern »Drogenabhängigkeit« (1972) und »Die Behandlung Drogenabhängiger« (1974), im »Handbuch der Rauschdrogen« (6. Auflage 1981), das ich zusammen mit Wolfgang Schmidbauer verfaßt habe, und in meiner kleinen Monographie über »Freud und das Kokain« (1973, jetzt enthalten in ›Handbuch der Rauschdrogen‹). Diese Bücher kann man gewissermaßen als Vorbereitung für die vorliegende Arbeit verstehen.

Lebenslauf von Ulysses

0	1945	Geburt
	1947	Sauber mit eineinhalb Jahren
	1949	Vater ist von jetzt an häufiger zu Hause
5	1950	Bruder I wird geboren (Entthronung)
	1951	Einschulung
	1952	Schwester wird geboren
10	1955	Bruder II wird geboren – Übertritt ins Gymnasium von K.
	1958–1962	Freundschaft mit Toni
17	1962	Umzug nach D. – Ende der Freundschaft mit Toni – Anpassungsschwierigkeiten – räumliche Beengung
	1962	Beginn der Onanie
	1964	Abitur – Studium der Volkswirtschaft und Soziologie (ein Semester)
20	1965	im Sommer Beginn des Studiums der Germanistik und Geschichte (Studienziel unklar, angestrebt Hochschullaufbahn oder Lehrer)
	1967	im Winter Zwischenprüfung, erfolgreich bestanden, Wechsel nach M. an die dortige Universität
22	1967	Ende des Jahres Bekanntschaft mit Freddy – erste Drogentrips
23	1968	im Frühjahr Bekanntschaft mit Sika – Neugier-Phase des Drogenkonsums (etwa ein Jahr) – im Herbst beendet Sika das Verhältnis – Reise nach Mykonos, wo Sika lebt, vergeblicher Versuch, sie wiederzugewinnen
24	1968	im Winter Beginn der Verzweiflungs-Phase des Drogenkonsums
	1969–1971	Verzweiflungs-Phase
27	1970/71	im Winter Kontakt mit der Drogenberatungsstelle, sporadische Beratungen während des folgenden Jahres
28	1972	Beginn einer Psychotherapie

»Annäherung ans Unbewußte führt zunehmend in soziale Isolierung. Allmählich ergibt sich eine enorme Steigerung der Autonomie der unbewußten Figuren bis zu Aggressionen und wirklicher Angst.«

C. G. Jung (1944)

2 Ulysses: Haschischraucher und LSD-Schlucker

Es soll zunächst ausführlich die Drogenkarriere eines jungen Mannes beschrieben werden, angereichert durch eine vorangestellte Skizze seiner psycho-sozialen Entwicklung, den familiären Hintergrund und weitere wichtige Daten. Beginnen wir mit seiner Familie.

2.1 Zur Vorgeschichte des Falles

2.1.1 Herkunft und Kindheit

Ulysses wuchs in der kleinen Provinzstadt H. im Westen Deutschlands auf. In H. ging er zur Volksschule, später auch ins Gymnasium. Dieses Städtchen übte auf ihn einen sehr zwiespältigen Einfluß aus: Einerseits fühlte er sich durch die provinzielle Enge schon früh in seiner Entwicklung behindert, andererseits war die schöne Landschaft für ihn eine wichtige Quelle seelischer Energie. Als Heimatort der Mutter hatte H. für ihn darüber hinaus emotional eine große Bedeutung, wobei auch hier mächtige Bindungskräfte ebenso starken Lösungstendenzen in etwa die Waage hielten.
Ulysses war das älteste von vier Kindern; die mehrfache Entthronung als Liebling der Mutter stellte sicher eine entsprechend große Belastung für seine psycho-soziale Entwicklung dar. Noch wichtiger dürfte aber gewesen sein, daß sein Vater in den ersten vier Lebensjahren fast nie zu Hause

war und nur sehr sporadisch während kurzer Urlaubswochen von seinen geschäftlichen Auslandsreisen zurückkam, die er dann meist ohne das Kind, zusammen mit seiner Frau, verbrachte. Dies führte zu einer unkontrollierten Idealisierung des Vaters. Sein Fernbleiben änderte sich erst mit der Geburt des zweiten Kindes in Ulysses' fünftem Lebensjahr. Damals nahm der Vater eine Stelle bei einer Firma in H. an, die ihn zwar auch noch auf häufige Geschäftsreisen entführte, die ihm jedoch eine begrenzte häusliche Präsenz, meist an den Wochenenden, ermöglichte. Wichtig ist jedenfalls, daß Ulysses in den ersten vier Jahren praktisch allein mit der Mutter aufwuchs, dann vom ersten Bruder entthront wurde, und daß bald darauf der Vater sehr unvermittelt, intensiv und dauerhaft seine Rolle in der Familie übernahm. Diese spezielle Vorgeschichte macht es verständlich, daß die Auseinandersetzungen in der ödipalen Phase eine weit über die Norm hinausgehende Intensität erreichten; Ulysses wurde dem Vater gegenüber sehr jähzornig und unfolgsam, was der Vater schließlich mit Schlägen beantwortete, seinem eigenen jähzornigen Temperament gemäß. Die Beziehung von Sohn und Vater wurde von Ulysses schließlich als so unerträglich empfunden, daß er sich emotional vom Vater völlig zurückzog[2]. Hingegen wurde die Beziehung zur Mutter sehr libidinös aufgeladen. Als Endresultat entstand ein ödipales Dreieck, das durch die offen zur Schau getragene Abneigung, ja ausgesprochene Haßgefühle gegen den Vater und ein unverhohlenes Werben um die Gunst der Mutter gekennzeichnet war – eine Prädestination also für eine spätere hysterische Neurose (von der sich bei Ulysses sicher Züge finden lassen, etwa in Form von hypochondrischem Besorgtsein um die eigene körperliche Gesundheit).

Diese Beschreibung muß nun freilich noch etwas differenziert werden. Zum einen waren da noch die drei Geschwister; vor allem zu der Schwester (dem dritten Kind in der Reihe) und den beiden Brüdern bestanden sehr intensive, durchwegs ambivalente Beziehungen, in denen offenbar die heftigen Gefühle, die Ulysses den Eltern gegenüber empfand, in abgewandelter Form (vor allem milder) wiederholt wurden. So kann man seine Haltung gegenüber den Brü-

dern als sehr aggressionsgeladen bezeichnen, während ihn mit der Schwester eine starke Zuneigung verband, wobei Aggressionen mehr unterschwellig und selten auftraten.
Aber genau wie die Aversion gegen den väterlichen Rivalen (der zudem durch sein aggressiv-autoritäres Verhalten das vorgegebene familiäre Setting noch aufheizte) durchzogen wurde von einer nicht minder heftigen Sehnsucht, vom Vater verstanden und geliebt zu werden, so wurde die starke Bindung an die Mutter immer wieder durch Wutanfälle (nicht selten somatisch getarnt als Migräneattacken) gestört. Diese Aggressionen gegen die Mutter werden verständlich, wenn man weiß, daß diese sich von der Geburt ihres ersten Kindes an aufgrund eigener psychischer Probleme und um für ihren Mann geschäftliche Besorgungen zu machen oft tagelang aus der Familie zurückzog und einem Kindermädchen die Sorge um Ulysses überließ.
Wie stark das Mutterbild von Ulysses durch diese Trennungen beeinträchtigt wurde, zeigt sich im Verlauf der Psychotherapie, der er sich später unterzog: Stand während der ersten beiden Drittel der Analyse die starke Bindung an die Mutter im Mittelpunkt der Arbeit (und natürlich auch der unterschwellige Haß gegen den Vater), so zeigte sich gegen Ende der Behandlung, daß das Kindermädchen einen großen positiven Einfluß ausübte. Wurde die Mutter eher als übermächtige, einengende Glucke erlebt, die allerdings während ihrer Anwesenheit auch sehr intensiv Zuwendung gewähren konnte, so war das Kindermächen ausgezeichnet durch unaufdringliches, einfühlsames Verständnis und existierte in der (zunächst unbewußten) Erinnerung als jemand, der abends neben dem Bett saß und vor dem Einschlafen Kinderlieder sang.
Die Beziehung zur Mutter scheint für Ulysses auch noch in anderer Form belastend gewesen zu sein. Es gibt Frauen, die ihrem Kind alle notwendige Aufmerksamkeit und unerläßliche Zuwendung schenken, solange das Kind völlig von ihnen abhängig ist, also speziell während des Säuglingsstadiums (Ulysses wurde neun Monate gestillt und dann abrupt abgestillt). Sobald dasselbe Kind jedoch zu krabbeln, zu laufen und endlich zu sprechen beginnt, also selbständig wird im wahrsten Sinne des Wortes, ist die Mutter – aus irgend-

welchen Gründen – nicht in der Lage, die weiteren Entwicklungsschritte des Kindes mitzuvollziehen (was ja auch bei ihr bedeuten würde, selbständiger zu werden, sprich: sich wieder vermehrt eigenen Belangen zuzuwenden und das Kind mehr und mehr bei seinen Aktionen gewähren zu lassen). Ulysses' Mutter scheint jedenfalls immer wieder versucht zu haben, im Sinne einer over-protection intensiven Einfluß auf die Gestaltung seines Lebens zu nehmen, und zwar noch weit bis in seine Studienzeit hinein (hierzu paßt auch die frühe, wenngleich damals so übliche Sauberkeitsdressur: Ulysses war mit eineinhalb Jahren sauber – kein Wunder, daß er später, vor allem gegen Ende der Gymnasialzeit und dann vermehrt während des Studiums, bestimmte Zwangsideen entwickelte, wenngleich diese nur milde Formen annahmen). Die Betreuung reichte vom unaufdringlichen Versorgen mit Nahrungsmitteln und dem Waschen und Flicken seiner Kleidung (auch noch zu einer Zeit, als Ulysses bereits mit einer Freundin zusammenlebte) bis hin zum Kaufen neuer Kleidungsstücke, Vorschlägen für Urlaubsziele und wohlgemeinten Geschenken wie Theaterkarten und dergleichen mehr. So bequem das für Ulysses war, spürte er doch mit zunehmendem Alter die Einengung durch diese mütterliche Fürsorglichkeit. Er rebellierte dagegen immer wieder einmal mit großem Kraftaufwand, schaffte es jedoch lange nicht, sich wirklich aus der Bindung an die Mutter zu lösen, sondern beschränkte sich auf pubertäre Trotzreaktionen (betont verschlampte Kleidung, ungepflegte lange Haare, Wutausbrüche), die die Mutter nur noch in ihrer Meinung bestärkten, daß man ihn weiterhin bemuttern müsse.
Ein Sonderaspekt, der wahrscheinlich zur Ursache von Ulysses' späterer Haschischabhängigkeit wurde, hat vielleicht seinen Anfang schon in seinem ersten Lebensjahr gehabt und mag verantwortlich sein für seine Schizoidie, über die sich dann eine (larvierte) Depression lagerte (Näheres dazu s. unten). Es handelte sich um massive Trennungsängste[3], die sich später in zwei Formen ausdrückten, speziell nachdem ein intensiver Haschischrausch bestimmte traumatische Kindheitserinnerungen wieder wachgerufen hatte:

- Die Mutter fährt mit dem Zug weg (diese typische Trennungssituation – die man als Rückzug der empathischen Zuwendung von seiten der Mutter sehen kann – tauchte in einer langen Reihe von Träumen während des ganzen Lebens immer wieder auf, bis sie – wohl unter dem Einfluß der Psychotherapie – allmählich an Kraft verlor).
- Er hat Angst, zu ersticken (dies konnte u. a. auf ein reales Erlebnis – Betäubung bei einem ambulanten operativen Eingriff im vierten Lebensjahr – zurückgeführt werden, wobei noch wichtiger als der aufgezwungene Bewußtseinsverlust die Tatsache gewesen sein dürfte, daß die Mutter vor dem Eingriff aus dem Raum geschickt wurde. Ein ähnliches Erlebnis, das hier noch verstärkend gewirkt haben mag: Etwa zwei Jahre später wurde Ulysses von älteren Kindern in einer Schneeburg eingemauert, was mit panischer Angst, zu ersticken, verbunden war. Ulysses erlebt heute noch in überhitzten oder engen Räumen erstickungsähnliche Anfälle.

Versteht man solche Erinnerungen, bei allem Realitätsgehalt, mit S. Freud (1899) als Deckerinnerungen, so kann man sie als aufgrund äußerer Anlässe sich manifestierende intensive Gefühle auffassen, die von dem erstickenden Verhalten der schon sehr früh als einengend empfundenen Gluckenmutter ausgelöst wurden. Das Ersticken (= Bewußtsein verlieren) könnte aber auch einen positiv-lustvollen Akzent gehabt haben, denn Ulysses gibt an, bei seinen Drogenräuschen immer eine »Auflösung der Persönlichkeit« angestrebt zu haben, was ja ebenfalls eine Art Bewußtlosigkeit ist und – psychoanalytisch gesehen – als Wunsch nach massiver Regression zur offenbar problemlos erlebten Symbiose mit der Mutter während des ersten Lebensjahres aufgefaßt werden darf (Sexualisierung des Traumas).
Es sollen hier noch einmal kurz die Eltern bzw. das häusliche Milieu charakterisiert werden.

Die Mutter

Die Mutter war eine vitale, willensstarke Frau, die Ulysses während seines ersten Lebensjahres oral verwöhnte, ihn dann eher streng behandelte (frühe Sauberkeitserziehung).

Verwöhnung und Strenge (letzteres vor allem, solange der Vater abwesend war und ersetzt werden mußte, was die Mutter offenbar bereitwillig übernahm) wechselten einander ab, wobei vermutlich das Wohlverhalten des Kindes ausschlaggebend war; wahrscheinlich liegen hier schon die Wurzeln für die spätere Rollendiffusion, die es Ulysses sehr erschwerte, die weibliche (mütterliche) und männliche (väterliche) Rolle voneinander zu unterscheiden, also sowohl während wie nach der Pubertät die eigene männliche Rolle zu finden, wie auch sich Männern und Mädchen/Frauen gegenüber adäquat zu verhalten. (Diese Unsicherheit wurde natürlich durch die in unserer Kultur inzwischen weit verbreitete Unklarheit über Geschlechterrollen noch verstärkt.)
Zu den Charakteristiken der Mutter darf man noch gewisse hysterische Züge zählen (die vermutlich kein krankhaftes Maß erreichten) und daß sie sich dem Ehemann wie den Kindern gegenüber gelegentlich ziemlich herrschsüchtig zeigen konnte (wahrscheinlich aufgrund einer unbewußten Identifizierung mit ihrem sehr autoritären eigenen Vater). Auffällig sind noch drei oder vier Wutanfälle, bei denen die Mutter, offenbar aufgrund lang angestauter und nicht gezeigter innerer Spannungen, bei geringfügigen Anlässen Teile des Wohnungsmobiliars zerstörte. Diese Vorkommnisse wurden von der Familie »nicht sonderlich schlimm« empfunden, wurden aber für Ulysses, wie sich während seiner Therapie herausstellte, doch zum Modell eines »typisch mütterlichen«, ihn zutiefst ängstigenden und verunsichernden Verhaltens. Man könnte in diesem Zusammenhang annehmen, daß die Mutter gewisse schizoide Züge hatte, was sich vor allem als Abspaltung von Gefühlen zeigte, wenn sie nicht gerade Kleinkindern galten (diese Gefühle wurden ja reichlich zugelassen und auch mitgeteilt). Diese Neigung zur schizoiden Gefühlsspaltung bzw. ihre Überwindung finden wir in vermehrtem Maße bei Ulysses selbst wieder, sowohl während seiner Drogenzeit als zeitweilig sehr intensive Angst, »schizophren zu werden«, wie auch als starken Wunsch, die abgespaltenen Gefühlsbereiche (im Rausch) zu erleben.

Der Vater darf als eher willensschwach und passiv gelten, als typischer *weicher* Vater, dessen leicht depressive Züge sich in einem Hang zu paschahafter Bequemlichkeit und Verwöhnenlassen (durch die Ehefrau) wie auch in den Symptomen des Kettenrauchens und einer Gastritis zeigten. Eine Vorbelastung, aus der sich später Ulysses' Drogenabhängigkeit teilweise entwickelt haben dürfte, könnte der Hang des Vaters zu alkoholischen Getränken gewesen sein, der allerdings nicht das Stadium eines regelrechten Alkoholismus erreichte. Zur Diagnose »leicht depressiv« passen ganz gut die gelegentlichen aggressiven Ausbrüche des Vaters, vor allem den Buben gegenüber und hier wieder speziell beim Erstgeborenen, Ulysses, von dem auch der Vater angepaßtes Wohlverhalten erwartete.
Beide Eltern können als sozial gut angepaßte, gut funktionierende Menschen gelten, zumindest dem äußeren Anschein nach. Bei näherem Hinsehen darf man sie wohl seelisch als relativ unentwickelt und kindhaft geblieben bezeichnen. Typisch hierfür sind die ständigen Streitereien* zwischen den beiden, von denen Ulysses immer wieder berichtete.

Aus der Kindheit von Ulysses sei noch ein Erlebnis erwähnt, das für die Genese seiner narzißtischen Störung (s. 3.4.1.2) von großer Wichtigkeit gewesen sein muß. Es trat relativ spät ein, in seinem neunten Lebensjahr. Wer mit den psychoanalytischen Theorien über die Entstehung seelischer Störungen vertraut ist, wird dies für sehr spät halten. Vor allem Melanie Klein (1962, 1974) und speziell ihr Schüler Herbert Rosenfeld (1960) setzen den Zeitpunkt der Traumatisierung bei Drogenabhängigkeit sehr früh an, im dritten (schizoid-paranoide Position) bzw. im sechsten (depressive Position) Lebensmonat. Ich neige inzwischen jedoch mehr der Auffassung Heinz Kohuts (1973) zu, der

* »Streiten verbindet«, heißt es nicht zu Unrecht – aber damit ist eine reife, erwachsene Form aggressiver Auseinandersetzung gemeint, bei der es darum geht, durch »Dampfablassen« Versöhnung vorzubereiten.

gerade bei diesem Patiententypus zwar durchaus die frühzeitige Traumatisierung, ja sogar Erbeinflüsse (»angeborene affektive Kälte des Kleinkindes«: 1973, S. 366) sieht, aber dann wiederum besonders post-ödipalen Störungen eine bedeutende Rolle zuschreibt, so dem plötzlichen Verlust eines Elternteils, der dem Kind vorher die nötige affektive Zuwendung gab; sehr instruktiv sind hierzu die Fallbeispiele in seinem Buch »Narzißmus« (speziell Kap. 9).
Bei Ulysses könnte folgendes eine ähnliche Rolle gespielt haben: Im Sommer 1954 verbrachte die Familie (Eltern und drei Kinder) einen sehr harmonischen Urlaub im Süden Europas. Der Vater verband diese Reise zwar mit geschäftlichen Aufgaben; da er dabei aber sehr gut verdiente und dennoch viel Zeit für die Familie verfügbar hatte, wurde er für diese paar Wochen ein ausgesprochen *starker* Vater. Selbst seine Frau, die sonst eher unzufrieden mit seinen beruflichen Leistungen war und ihn ständig mit ihrem eigenen Vater (also Ulysses' Großvater), der ihrer Meinung nach einen »besseren« Beruf hatte, verglich, war beeindruckt. Die Familie scheint damals ein sehr wohltuendes psycho-soziales Gleichgewicht gefunden zu haben (nicht zuletzt wahrscheinlich auch durch einen einigermaßen befriedigenden sexuellen Umgang der Eltern), das auch auf Ulysses ausgesprochen stabilisierend wirkte. Es ist bezeichnend, daß dieses sehr positive Erlebnis lange Zeit unter all dem Haß und Hader gegen den Vater verschüttet lag und erst sehr spät im Verlauf der Therapie zum Vorschein kam.
Man kann mit Heinz Kohut (pers. Mitteilung) diese Sehnsucht nach einem Vater, der sich idealisieren läßt, die nicht erfüllt wurde, als den Angelpunkt dieser gesamten Fallgeschichte betrachten.
Das Trauma, das ihm die verläßliche affektive Zuwendung beider Eltern, speziell aber des Vaters, wieder entzog, wurde nicht etwa durch das Ende des Urlaubs verursacht, sondern durch die Geburt des zweiten Bruders, der neun Monate später, also in Ulysses' zehntem Lebensjahr, zur Welt kam. Die Mutter mußte sich zwangsläufig dem jüngsten (vierten) Kind sehr intensiv zuwenden, was ihrer Mentalität außerdem mehr entsprach als der Umgang mit den älteren Kindern. Gleichzeitig mußte sie aber auch dem

Vater (der gerne die Rolle des »vierten Kindes« gespielt hatte) einen Teil ihrer Aufmerksamkeit entziehen. Der reagierte prompt mit dem depressiven Symptom einer schweren Gastritis, wurde sehr wehleidig und selbstbezogen, geriet damit zwangsläufig in Distanz zu den Kindern – worunter speziell Ulysses litt, der vor dem Übertritt ins Gymnasium stand. Diesen doppelten Rückzug der Eltern nach einem so verheißungsvollen Intervall scheint Ulysses mit dem für ihn bereits bewährten Rückzug in die schizoide Gefühlsabspaltung und Intellektualisierung beantwortet zu haben, wofür eine schubartige Hinwendung zum Lesen von Abenteuergeschichten und populärwissenschaftlichen Sachbüchern ebenso spricht wie die Abschwächung der sozialen Kontakte zu den Mitschülern (was beides durch den Übertritt ins Gymnasium dann noch einmal unterstützt wurde).

2.1.2 Die Pubertät von Ulysses

Die Volksschulzeit von Ulysses verlief ohne Aufregungen. Er lernte leicht und brachte gute Zeugnisse heim, so daß dem Übertritt ins Gymnasium nichts im Wege stand. Der Schwerpunkt der Begabung lag vor allem im sprachlichen und musischen Bereich. Hatte Ulysses während der Kindheit leicht Kontakt zu vielen Kindern bekommen, so änderte sich das während der Pubertät. Er wurde zum Einzelgänger und konzentrierte seine Freundschaft auf einen zwei Jahre älteren Jungen namens Toni, mit dem er intensive Gespräche während langer Spaziergänge führte. Man klärte sich gegenseitig sexuell auf (wobei der Freund, der wiederum durch gleichfalls ältere Freunde instruiert worden war, den Ton angab); beide waren, wie üblich, von den Eltern nicht aufgeklärt worden.
Zu onanieren begann er aber erst sehr spät, mit Ende des siebzehnten Lebensjahres. Das weist einerseits auf eine starke Verdrängung im sexuellen Bereich hin, spricht aber andererseits auch für eine relativ große Geborgenheit innerhalb des Herkunftsmilieus im weiteren Sinne, die ein Übermaß innerer Spannungen verhinderte. Schon sehr bald, etwa mit dreizehn Jahren, wurde sein Interesse an den Fächern Deutsch und Geschichte geweckt, welche er

später beide studierte (nach einem Fehlstart mit Volkswirtschaft und Soziologie). Für Germanistik, speziell moderne Literatur, begeisterte ihn ein Klassenlehrer, den er sehr verehrte; Geschichte hingegen verbindet sich für ihn vor allem mit einer sehr mütterlichen Studienrätin, die ihn betont förderte.

Im siebzehnten Lebensjahr erfolgte der Umzug der Familie in die nahe gelegene Großstadt D. (infolge neuer geschäftlicher Aktivitäten der Eltern). Dieser Milieuwechsel brachte in fünffacher Hinsicht gewichtige Veränderungen mit sich, die Ulysses starken Spannungen aussetzten und gleichzeitig seine Möglichkeiten der Spannungsabfuhr bzw. -neutralisierung kappten:

1. Der Kontakt mit dem Freund wurde infolge der räumlichen Distanz immer spärlicher und brach schließlich ab, was durch die beginnende berufliche Tätigkeit des Freundes noch unterstützt wurde. In sporadischer brieflicher Form besteht diese Verbindung allerdings trotz aller Entfremdung auch heute noch.
2. An die Stelle der intensiven geistigen Kontakte mit den beiden Lehrern in einer ziemlich kleinen Schulklasse (24 Schüler) trat zunächst ein gewisses Vakuum, nachdem Ulysses in D., mitten im Schuljahr, in eine Klasse mit fast 40 Schülern kam, wo er nur schwer Fuß fassen konnte.
3. Ein großer Verlust war auch die Kleinstadt (gewissermaßen der mütterliche Wurzelboden), in der er jedermann kannte und deren ländliche Umgebung für ihn und den Freund eine Art Refugium und »Energiespender« gewesen war. In der Großstadt fühlte er sich eine Reihe von Jahren völlig fremd, bis er nach und nach neue Freunde kennenlernte (zu denen die Kontakte allerdings eher oberflächlich, auf dem Weg über gemeinsame Hobbies, verliefen).
4. Ein großes Problem ergab sich dadurch, daß die sechsköpfige Familie nun auf weit engerem Raum zusammenleben mußte, während man vorher sehr großzügig gewohnt hatte.

   Die unbewußten ödipalen Haßgefühle (gegen den Vater und die Brüder) und libidinösen Wünsche (gegenüber der

Mutter und der Schwester) wurden auf diesem engen Lebensraum zum Ursprung starker seelischer Konflikte, die aber völlig verdrängt wurden. Eine Verschärfung speziell der aggressiven Phantasien entstand dadurch, daß Ulysses, der vorher ein eigenes Zimmer besessen hatte, nunmehr mit einem der Brüder einen Raum teilen mußte.

5. Kurz nach dem Umzug hatte Ulysses sich außerdem in ein etwa gleichaltriges Mädchen verliebt. Da dieses bald ebenfalls wegzog, in eine sehr weit entfernte andere Großstadt, und beide zudem äußerst schüchtern waren, kam es gar nicht erst zu einem näheren Kontakt, nicht einmal zu einer platonischen Freundschaft. Trotzdem hatte dieses Verliebtsein das bis dahin eher ruhende sexuelle Interesse gewaltig angefacht. Schon wenige Wochen nach dem Umzug entdeckte er die Onanie als geradezu ideale Möglichkeit der Spannungsabfuhr. Da er aber deswegen zugleich unter heftigen Schuldgefühlen litt und infolge seines sehr strengen Überichs ein massiver Kampf gegen diese masturbatorischen Phantasien und Wünsche einsetzte, entstand wiederum eine zusätzliche Quelle für innere Spannungen.

Um diesen Zuwachs an innerer Unruhe bewältigen zu können, griff Ulysses (unbewußt natürlich) zunächst auf bewährte Mechanismen zurück, die einerseits der Spannungabfuhr, andererseits aber, im Sinne von Anna Freud (1936), der Triebabwehr im sexuellen wie aggressiven Bereich dienten und schließlich natürlich auch Möglichkeiten der Selbstverwirklichung und damit einer gewissen inneren Stabilisierung boten. Gleichzeitig wurden damit Verhaltensweisen reaktiviert, die – wie ich annehme – schon in der allerfrühesten Kindheit, also in der prä-ödipalen Zeit des ersten und zweiten Lebensjahres vor allem, Ulysses geholfen hatten, mit der speziellen Familiensituation fertig zu werden. Gemeint ist der Weg der Intellektualisierung und Rationalisierung im Sinne einer schizoiden Abspaltung weiter Bereiche des Gefühlslebens. Diese Abspaltung war allerdings zunächst nicht total, sondern es gab – wohl aufgrund der früheren guten symbiotischen Beziehungen zwischen Mutter und Kind – noch Möglichkeiten, Kontakt zumindest zum eigenen Gefühlsleben bzw. zum Selbst (im Sinne der neueren Psychoanalyse[4]) aufrechtzuerhalten. Neben der Onanie als unmittelbarster Möglichkeit der Entspannung und Belebung waren dies vor allem die folgenden neun Verhaltensweisen, die alle eines gemeinsam haben: Man kann sie in gewisser Weise als abhängigkeitserzeugend[5] bezeichnen. Es waren dies:

1. Exzessiver Besuch von Filmen (Fernsehen schied wegen der Anwesenheit der übrigen Familie und den damit verbundenen Spannungen nahezu völlig aus; außerdem kam die dunkle, anonyme Kinoatmosphäre der Sehnsucht nach Kontakt mit Menschen bei gleichzeitiger Kontaktscheu sehr entgegen);
2. Teilweise exzessiver, meist leicht überdurchschnittlicher Konsum von zunächst nichtalkoholischen Getränken (Milch, Sprudel, Säfte), in der Regel ein bis zwei Liter pro Tag[6]; während des Studiums entwickelte sich daraus für einige Jahre ein Bierkonsum von etwa einem Liter pro Tag, was nicht sonderlich hoch ist, aber doch Hinweise auf jenen Selbsthilfemechanismus gibt, dessen sich auch der Vater (ein »mäßiger, aber regelmäßiger« Weintrinker) bediente.
3. Alle paar Tage eine ausgesprochene Freßgier, welcher die verwöhnende Mutter durch ihren reichlich gedeckten Tisch und stets gefüllten Eisschrank Vorschub leistete (dies zusammen mit dem Bierkonsum sowie anderen lebensgeschichtlich verständlichen Tendenzen macht auch die immer wieder auftretenden, tagelang anhaltenden Verstopfungen verständlich, die sich erst infolge der Therapie besserten);
4. Mäßiges Rauchen (maximal fünf Zigaretten pro Tag; bei bestimmten Gelegenheiten, etwa Parties, vor allem im Zusammenhang mit größerem Bierkonsum auch mehr); dabei fällt auf, daß Ulysses schon vor dem Haschischkonsum, in Zeiten besonderer innerer Anspannung und Frustration, sehr tiefe Lungenzüge machte, »um taumelig zu werden«, wohingegen er sonst nicht inhalierte, sondern lediglich »paffte«[7].

Besondere Aufmerksamkeit verdienen zwei konzentrierte Versuche, innere Leere zu füllen:

5. Migräne-Attacken (bereits als kleines Kind, sobald er sprechen konnte, klagte Ulysses über »Kopfeleweh«). Er weist darauf hin, daß nach Einnahme von Tabletten (meist genügten zwei bis drei einer beliebigen Sorte) der Schmerz zurückging und einem intensiven Gefühl innerer Ruhe, ja manchmal sogar ausgesprochenen Glücklichseins Platz machte. Bemerkenswert ist auch die Beobachtung, daß während der Migräne (die selten länger als einen Tag dauerte) Stuhlverstopfung eintrat, die nach Abklingen der Spasmen nicht selten durch einen heftigen Durchfall abgelöst wurde – auch dieses parallele Symptom ein deutlicher Hinweis auf die spannungsregulierende Funktion der Gefäßverkrampfungen, zugleich vielleicht auch ein Hinweis darauf, daß die Migräne einen wichtigen psychogenetischen Auslöser in der analen Phase gehabt haben dürfte und in den Bereich der unbewußten Auseinandersetzung mit der Mutter, der Hauptbezugsperson jener Zeit, gehört. (Ulysses wies selbst auf die Verwandtschaft von bestimmten Gefühlen während des Haschischrausches und der intensiven Spannungslösung durch die Kopfschmerztabletten hin.)
6. Bemerkenswert ist der gelegentliche Jähzorn, der seine psychischen (und wohl auch ererbten) Quellen sowohl in den aggressiven Ausbrüchen des unbeherrschten Vaters (er war ein wenig geduldiger Erzieher und schlug rasch zu) wie in der – wenngleich sehr selten – durchbrechenden schizoiden (?) Zerstörungswut der Mutter haben dürfte. Ulysses neigte von kleinauf offenbar eher zur Verdrängung von aggressiven Impulsen (hierin dem Vorbild der normalerweise sehr geduldigen und beherrschten Mutter folgend). Bei einigen Gelegenheiten allerdings verlor er die Kontrolle über sich selbst so weit, daß er rücksichtslos zuschlug; so warf er als Achtjähriger einem Freund bei einer Streiterei einen Pflasterstein an den Kopf.

Gefährdung des Selbst bzw. Verhinderung, daß Selbst entsteht	*Versuche, das Selbst zu stimulieren*
• Auflehnung gegen die einengende Mutter • Wut gegen das schizoide Abgespaltensein der Mutter (unbew.) • Haß gegen den Vater (unbew.) • sexuelle Frustration • zunehmende Handlungsunfähigkeit (Passivität, Apathie) als depressives Symptom bei a) wachsendem beruflichem Ehrgeiz, b) wachsender sozialer Isolierung, c) wachsender Unfähigkeit, Beziehungen zum anderen Geschlecht anzuknüpfen • ganz allgemein: nach dem Umzug in die Großstadt zivilisatorischer Streß infolge größerer Bevölkerungsdichte etc.	• aggressive Entladungen • Rauchen • Trinken • exzessives Essen • Onanie • Kinobesuche • Schlafen • Träumen • Migräne-Attacken • Leistungssport • Musik hören (Musizieren) • exzessives Lesen • Haschisch rauchen, (LSD schlucken)

Abb. 1: Gefährdung und Stimulation des Selbst bei Ulysses

Zu den normaleren Möglichkeiten des Spannungsabbaus gehörten

7. Sport (Schwimmen, Tennis, Skifahren), welcher aber im Verlauf des Studiums und parallel zum Drogenkonsum mehr und mehr reduziert wurde.
8. Das Hören von Musik (vor allem Blues, später moderner Jazz), während der Gymnasialzeit auf dilettantische Versuche mit Schlagzeug (er spielte sogar kurze Zeit in einer Bluesband).
9. Sicher darf man auch den langen Schlaf (neun bis zehn Stunden, zu denen sich regelmäßig noch ein bis zwei

Stunden Mittagsschlaf gesellten) als unbedingt notwendig für den Abbau überschüssiger psychischer Spannungen ansehen. Wie sich während der Haschischperiode und auch noch lange später während der Therapie zeigte, dienten in gewissem Maße auch die Träume, oft mit typischen aggressiven Inhalten, der Füllung innerer Leere.

2.1.3 Das Studium

Bis spät nach dem Abitur (das er mit durchschnittlichen Noten bestand) war Ulysses sich nicht schlüssig, was er studieren sollte. Er belegte ein Semester Vorlesungen in Wirtschaftswissenschaften und Soziologie, war aber rasch unzufrieden mit dem Gebotenen. In seiner Ratlosigkeit, aus der ihm seine Eltern nicht heraushelfen konnten, suchte er seinen früheren Deutschlehrer auf, und unter dem Eindruck dieses ausführlichen Gesprächs sattelte er um auf Germanistik und Geschichte.

Er war relativ zufrieden, absolvierte seine Seminare mit gutem Erfolg und verstand es, sich bei den Dozenten durch sein rege bekundetes Interesse beliebt zu machen. Dagegen fand er wenig Anschluß bei den Kommilitonen, und vor allem gelang es ihm lange nicht, eine Freundin zu finden. Nach dem Vorexamen zog er nach M. Dort lernte er, 23 Jahre alt, bei einem Faschingsfest einen Psychologiestudenten, Freddy, kennen, der sich als Schlagzeuger in einer Beatband sein Studium verdiente. (Als ich Ulysses später in der Drogenberatungsstelle kennenlernte, stand er im zwölften Studiensemester und hatte offensichtlich Angst, in die Schlußprüfung zu gehen; seit vier Semestern schob er diese Entscheidung vor sich her.)

Vom gemeinsamen Interesse an Musik und an Fragen der abnormen Psychologie her (für die er sich damals als Folge intensiver Joyce-Studien, unbewußt aber sicher auch infolge der wachsenden eigenen psycho-sozialen Problematik zu interessieren begann), entspann sich allmählich eine seltsame Freundschaft zwischen den beiden jungen Männern. Der fünf Jahre ältere Freddy, ein vielseitig begabter »ewiger Student«, war bereits einmal verheiratet gewesen und kurz vor der Bekanntschaft mit Ulysses geschieden worden. Er machte einen sehr selbständigen, lebenstüchtigen Eindruck auf den unsicheren Ulysses und wurde zu einer Art Guru für ihn, nicht zuletzt aufgrund seiner psychologischen Kenntnisse. Es wurde daraus gewissermaßen ein Ersatz für die Freundschaft mit dem Jugendfreund Toni.

Freddy war es, der Ulysses erstmals mit Rauschdrogen vertraut machte. Er war es ganz eindeutig, der verführte (und es liegt auf der Hand, tiefenpsychologisch hier auch eine symbolische homosexuelle Verführung[8] anzunehmen, obwohl es nie zu manifesten homosexuellen Handlungen zwischen den beiden kam), und zwar schwärmte er Ulysses von den »bewußtseinerweiternden« Wirkungen der Halluzinogene vor. Er beschaffte einige Trips (der Wirkung nach zu schließen eine Art LSD mit viel Speed*), und Ulysses machte bald seine erste Drogenreise. Er nahm nur ein halbes der ominösen Löschpapierstücke zu sich. Voller Neugier, was passieren würde, beobachtete er sich und notierte seine Reaktionen (s. S. 48f). Von der Zeit, die zwischen diesem eher milden Rausch und seinen ersten Haschischzigaretten, die er auf Mykonos von einem amerikanischen Hippie bekam, lag, kann man als von der Einstiegs-Phase seiner Drogenkarriere sprechen. Darauf folgte im Zusammenhang mit der Trennung von der Freundin Sika das, was wir die Verzweiflungs-Phase nennen wollen. Ehe diese beiden Stadien näher beschrieben werden, soll aber noch die Freundschaft mit Sika skizziert werden.

2.1.4 Die Freundin

Ulysses hatte zwar immer wieder eine Freundin (meist etwas jüngere Mädchen), aber er kam dabei sexuell nie richtig zum Zuge und erlebte diese Bekanntschaften, nach anfänglicher Verliebtheit, schon bald als zunehmend frustrierend. Keine dieser Beziehungen hielt länger als ein paar Monate und klang dann ab; sie waren gekennzeichnet durch starke Sehnsucht nach Erfüllung massiver Regressionswünsche, vor allem frühkindlicher symbiotischer Verschmelzung[9], vorwie-

* Speed ist ein Jargonausdruck für Amphetamin und verwandte aufputschende Substanzen.

gend im Sinne einer Mutterübertragung auf den weiblichen Partner. (Man könnte hier vermuten, daß er auch dem Freund Freddy gegenüber, wie wohl auch früher schon bei Toni, ähnliche auf Mutterübertragung basierende Wünsche hatte[10]. Dem Verlauf dieser Freundschaften mit den Mädchen nach zu schließen, hatten diese, vermutlich aufgrund verwandter psychischer [depressiv-schizoider] Struktur, Ulysses gegenüber analoge Wünsche und Phantasien. Es mußte also zwangsläufig zu einem Eklat nach dem anderen und endlich zur Trennung kommen, zumal der Status als Student mit seinen experimentellen Lebensbedingungen solche Lösungen fördert.)

Dann lernte er auf einer privaten Studentenfête Sika kennen, eine zwei Jahre ältere (25jährige) medizinisch-technische Assistentin. Sie gefiel ihm sofort sehr gut und er warb stürmisch um sie. Da sie relativ ich-schwach war (er bezeichnete sie später als »ziemlich verhuscht«), gab sie seinem Drängen schon nach wenigen Tagen nach; aufgrund seiner Unerfahrenheit mißdeutete er als intensive Gegenliebe, was vielleicht nur ein Die-Waffen-Strecken auf ihrer Seite war. Da sie, trotz einiger vorangegangener Männerbekanntschaften, ebenso unerfahren war wie Ulysses, blieb die Beziehung nicht ohne Folgen: schon nach den ersten sexuellen Kontakten wurde sie schwanger, ließ das Kind aber abtreiben.

Hinter seinen Beschreibungen ihres Verhaltens läßt sich eine eher willensschwache junge Frau erkennen, die sehr verängstigt versuchte, in einer als feindselig-überfordernd empfundenen Umwelt zurechtzukommen. Sie wechselte etwa jedes halbe Jahr die Stellung, weil sie sich nach anfänglicher Begeisterung und kurz aufflackerndem beruflichem Ehrgeiz bald überfordert und »ausgebeutet« fühlte. Dann kam mehr und mehr ihre depressive Grundstruktur zum Vorschein, die durchsetzt war mit hysterischen Zügen (so fiel Ulysses später auf, daß sie zu bestimmten Zeiten, wenn sie sich sehr unsicher fühlte, fast pathologisch zu lügen begann, ohne es offenbar zu merken). Sie wurde dann ausgesprochen oral fordernd, ja gierig (begann z. B. heftig zu rauchen) und versank, da Ulysses diese massiven Ansprüche nicht befriedigen konnte, allmählich in anhaltende Zustände von Verzweiflung, Sinnlosigkeit und Langeweile. Ausgeprägte Minderwertigkeitsgefühle konnten jedoch abwechseln mit fast schon manischer Selbstüberschätzung (in denen sie dann beispielsweise neue Arbeitgeber mit ihren eigentlich eher mittelmäßigen Fähigkeiten zu blenden verstand). All diese Charakterzüge fügen sich zusammen zum Persönlichkeitsbild eines jener Menschen, die Heinz Kohut als »schwer narzißtisch gestört« bezeichnet[11]. (Wie wir noch sehen werden, sind dies fast alles Merkmale, die in ähnlicher Form auch auf Ulysses zutreffen.)

Das zentrale Erlebnis für die beiden scheint gewesen zu sein, daß sowohl Ulysses wie Sika in dieser Beziehung zum ersten Mal eine tiefe sexuelle Befriedigung erfuhren; für Sika, bislang frigide, war Ulysses der erste Mann, bei dem sie einen Orgasmus erlebte. In diesen Wochen scheint die Möglichkeit, sich triebhaft ausleben zu können, die starken (unbewußten) oralen Ansprüche an den Partner bei beiden zeitweilig in den Hintergrund gedrängt zu haben. Das änderte sich intensiv, sobald die Schwangerschaft eintrat. Beide zogen sich offenbar automatisch auf ausgesprochen infantile Positionen zurück, wodurch eine reife, erwachsene Lösung des Problems unmöglich wurde: Eine Familie zu gründen und das Kind aufzuziehen, überforderte beide aufgrund ihrer unreifen psychischen Verfassung total.

Was anfänglich wie die große Liebe ausgesehen hatte, wich schon nach wenigen Wochen zunehmender Langeweile und Gereiztheit. Man blieb zwar noch eine Weile beisammen, in der Hoffnung, die ursprünglichen Gefühle könnten wieder aufleben; aber Sikas Enttäuschung über Ulysses' Verhalten gegenüber der Schwangerschaft und auf beiden Seiten massive Schuldgefühle wegen der Abtreibung ließen die Beziehung allmählich auseinanderbröckeln. Man wollte noch zusammen in Urlaub fahren. Aber daraus wurde nichts mehr. Sika flog allein nach Mykonos, und ihren spärlichen Mitteilungen konnte Ulysses entnehmen, daß kaum mehr Hoffnung bestehe, sie wiederzugewinnen.

Während er von ihr getrennt war, wuchs jedoch seine Sehnsucht nach ihr. Er glaubte, sie mehr zu lieben als zuvor (in der späteren Therapie entpuppten sich diese Gefühle dann allerdings als tiefe Übertragungsliebe, die in Wahrheit wahrscheinlich der Mutter galt). Schließlich flog er Hals über Kopf, unangemeldet, hinter Sika her. Wie sich herausstellte, lebte sie bereits mit einem anderen Mann zusammen und wollte einige Monate auf der Insel verbringen, dort vielleicht »für immer bleiben«. Er versuchte zwei Wochen lang, sie umzustimmen, aber es war aussichtslos. Daraufhin wurde er ziemlich krank, bekam eine Art psychosomatischer Grippe und hatte das Gefühl, »sterben« zu müssen.

Kurz danach lernte er in einem Lokal der Insel einige amerikanische Hippies kennen, darunter einen verkrachten New Yorker Schriftsteller, der mit Marihuana handelte. In dieser Clique rauchte er seinen ersten Joint, von dem er allerdings noch nicht viel Wirkung verspürte. Er kaufte sich aber ein kleines Päckchen »Stoff«, das er mit nach Hause nahm. Er ließ es ein Vierteljahr unberührt. Dann begann er, in immer kürzeren Abständen davon zu rauchen. Er ließ sich über Sika (die inzwischen auch mit dem Kiffen begonnen hatte) mehrmals etwas nachschicken. Dann kam er in M. über Freddy in einen Kreis von Künstlern, Intellektuellen und Musikern, wo Haschischrauchen zum guten Ton gehörte. Anfangs noch auftretende Schuldgefühle überwand er rasch (so nahm er jedenfalls an) mit Hilfe einschlägiger Literatur, die dezidiert für die als »harmlos« beschriebene Hanfdroge eintrat. Es waren dies vor allem Bücher wie Timothy Learys »Politik der Ekstase« (1970) und »Psychedelische Erfahrungen« (1971), die in verantwortungsloser Weise einer ganzen Generation von drogengefährdeten jungen Leuten Schützenhilfe bei ihrer neurotischen Selbstzerstörung leisteten. Später zeigt sich jedoch in Ulysses' Träumen, daß diese Schuldgefühle nur verdrängt worden waren.

2.2 Die Drogenkarriere von Ulysses

2.2.1 Die Einstiegs(Neugier)-Phase

Als ursprüngliches Motiv für den Drogenkonsum kann man bei Ulysses Neugier, in einem sehr weiten Sinn, annehmen. Er hatte, vor allem von dem Psychologiestudenten Freddy, allerlei gehört, hatte dann auch einiges gelesen, vorzugsweise Rudolf Gelpkes »Der Rausch im Orient und Okzident« (1966). Was ihn besonders beeindruckte, waren:

1. die Auflösung der Ich-Grenzen als Transzendierung von Zeit (Verlangsamung bzw. Beschleunigung des Zeitablaufs: »tausend Jahre wie ein Tag«) und Raum (traumähnliches Halluzinieren mit Auflösung der Formen und Intensivierung bzw. Veränderung der Farbwerte);
2. die Aufdeckung vergangener Erlebnisse, vor allem aus der frühen Kindheit (durchaus verstanden als Versuch der Selbsttherapie im Sinne einer aufdeckenden Psychoanalyse, wie dies Eberhard Haas [1974] beschreibt);
3. die Möglichkeit, Musik intensiver zu erleben;
4. das ekstatische Erleben des eigenen Körpers;
5. gewisse »übernatürliche« Gefühle zu entwickeln;
6. religiöse (allgemeiner: spirituelle) Erlebnisse zu haben.

Er las in jener etwa ein Jahr währenden Phase mit an Besessenheit grenzender Intensität fast ausschließlich Bücher, die sich mit Themen der Psychopathologie, der Parapsychologie, urtümlichen Denkweisen, Mythologie, Mystik usw. befaßten. Vor allem hatte es ihm die Wahrnehmungs- und Gedankenwelt der Wahnkranken angetan, die ihn gleichzeitig anzog und ängstigte. Ein Text des amerikanischen Journalisten Bayard Taylor (1855) sprach ihn besonders an, ja motivierte ihn direkt dazu, immer stärkere Mengen Cannabis, dann auch LSD zu sich zu nehmen:
». . . fiel das Gefühl der Begrenztheit, die Beschränkung der Sinne auf unser eigenes Fleisch und Blut von mir ab. Die Mauern meines Leibes barsten nach außen und stürzten zusammen; und ohne daran zu denken, welche Gestalt ich nun angenommen hatte . . . fühlte ich, daß ich über einen riesengroßen Raum hin existierte. Das Blut, das mein Herz weiterpumpte, durcheilte ungezählte Meilen, bevor es in meine Extremitäten gelangte, die Luft, die ich in meine Lungen einsog, weitete sich zu Meeren von klarem Äther aus, und die Rundung meines Schädels spannte sich weiter als das Himmelsgewölbe. In der Höhle, die mein Gehirn barg, gähnten unauslotbare Tiefen von unbeschreiblichem Blau; da zogen Wolken entlang, die der himmlische Wind zusam-

mentrieb, da glühte die Sonnenscheibe. Es war ... als ob mir das Geheimnis der Allgegenwart (Gottes) offenbart würde ...«

Ganz deutlich handelte es sich bei dem, was Taylor hier erlebt hat – und was Ulysses eindringlich suchte –, um eine Belebung des Größen-Selbst[12], einer archaischen psychischen Struktur, welche Heinz Kohut (1973, S. 43–47 sowie Teil II) als ein Charakteristikum der von ihm so benannten narzißtischen Persönlichkeitsstörungen[11] ansieht.

Ulysses betonte immer wieder, daß in letzter Konsequenz solche »übermenschlichen« Erlebnisse das waren, was er im Drogenrausch suchte. Er wies auch darauf hin, daß es seine Drogenerfahrungen waren, die ihn – er war spätestens seit dem Abitur ein ausgesprochener Atheist – wieder dem Bereich des Religiösen näherbrachten. Bücher wie Aldous Huxleys »Pforten der Wahrnehmung« (1954) sprachen ihn deshalb besonders an. Später – als er bereits in Therapie war und nur noch selten Drogen nahm – waren es vor allem die Schriften von C. G. Jung, die ihn fesselten. Diese Sehnsucht nach unmittelbarer Offenbarung von etwas Überweltlichem, Göttlichem, die er vor allem während seiner LSD-Experimente anstrebte, wurde jedoch stets enttäuscht – wie er später meinte »zum Glück«, denn er ahnte und fürchtete doch irgendwie die Auflösung der Persönlichkeit, die mit dieser Transzendierung[13] verbunden gewesen wäre. Das einzige signifikante religiöse Erlebnis während eines Rausches hatte er im Verlauf eines (relativ schwachen) LSD-Trips, als er mit einem Freund auf einer Wiese Ball spielte, zufällig in die Sonne blickte, erstarrte und schließlich ausrief: »Ich habe den Buddha in mir gefunden!«, womit er ausdrücken wollte, daß er in diesem Augenblick von einer tiefen inneren Ruhe erfüllt wurde.

(Es ist schwer zu sagen, wieweit dieses Streben nach spiritueller Erfahrung – und zwar unmittelbar sinnlicher Erfahrung – typisch für den Rauschdrogenkonsumenten ist. Ich habe diese Suche zumindest bei den differenzierteren, intelligenteren Usern, vornehmlich Gymnasiasten und Studenten, fast immer angetroffen, falls sie Halluzinogene konsumierten (Cannabis, LSD, Meskalin). Man könnte spekulieren, daß auch die anderen so etwas suchen, es aber aufgrund ihrer geringeren psychischen Differenzierung, Strukturiertheit und Stärke nicht erleben, geschweige denn artikulieren können. Da sie über dieselben anhaltenden Zustände innerer Leere, Langeweile und Sinnlosigkeit berichten, welche in ganz besonderem Maße durch das drogeninduzierte Erlebnis des Größen-Selbst kurzzeitig beseitigt werden, liegt es nahe, hier verwandte – unbewußte – Wünsche anzunehmen.)

In diesen narzißtischen – und das bedeutet zugleich: regressiven[14] und primärprozeßhaften[15] – Kontext paßt es, daß Ulysses sich zur selben Zeit vermehrt für surrealistische Malerei und Märchen zu interessieren begann – und für seine Träume. Diese Hobbies scheinen ihn zumindest während der Einstiegs-Phase psychisch etwas stabilisiert zu haben. Dies zusammen mit der Hoffnung, die Freundin Sika doch noch zurückgewinnen zu können, hatte wahrscheinlich geraume Zeit eine Art Bremswirkung, die einen ausgeprägteren und damit vermehrt selbstzerstörerischen Drogenkonsum hinauszögerten. Das änderte sich erst, als die Hoffnung auf Sikas Rückkehr, nach dem Besuch auf Mykonos, nicht länger aufrechtzuerhalten war.

Doch jetzt sollen zunächst einige wichtige Stationen der Einstiegs-Phase geschildert werden, wobei einige Aufzeichnungen von Ulysses sehr hilfreich sind.

2.2.1.1 Der erste Halluzinogen-Rausch

Wie schon oben erwähnt, war die erste Rauscherfahrung, läßt man solche mit Alkohol einmal außer Betracht[16], durch den Freund Freddy vermittelt worden. Ulysses nahm diesen Trip allein ein. Er beschreibt ihn folgendermaßen:

16.45 h Das Ding soll erst nach einer halben Stunde wirken. Aber meine Hände sind jetzt schon so nervös, daß ich kaum meine Beobachtungen auf einen Zettel machen kann. Versuche, einen Artikel im »Hobby« zu lesen, der den bezeichnenden Titel »Beobachtungsschwierigkeiten« hat.

18.15 h Gehe ins Kino, in einen Kulturfilm über aussterbende Tierarten, der mir für das Experiment besonders geeignet erscheint. Schon vorher dauernd in einer Stimmung, die man als aufgeregt bezeichnen könnte, aber nicht euphorisch, wie ich es manchmal habe (ich bin wohl ein bißchen manisch-depressiv).

(Ulysses entdeckt, daß er infolge einer Art rauschinduzierter Gespaltenheit im Dunkel des Kinos erstaunlich gut schreiben kann, während er gleichzeitig auf die Leinwand schaut, also nicht das Papier auf seinen Knien im Auge hat.)

19.15 h Neuer Bewußtseinszustand wie im Alkoholrausch
Töne! Schwindelgefühl
Formen (werden) anders
Leguane wie (in) Urzeit
es bleiben die Farben (konstant)

19.35 h Das eigene Gesicht ist wie aus Stein
Das Schreiben geht so komisch
Die Zeit ist irre gedehnt
während ich auf die Leinwand schaue, kann ich sehen, was ich schreibe

19.40 h Die Zeit ist aus den Fugen
Schreiben und Sehen vereinigen sich hinter der Nase
Großer Hunger
Farben! Rote Neonbeleuchtung
Die Schrift kaum zu sehen (zu zittrig)
Zeit! Farben!
Töne! zu laut (nicht unangenehm)
Günstig
Kein Zeitgefühl
– ich grinse (d. h. ich konnte auch lustig sein)
wenn die Seekuh ins Wasser rutscht, glaubt man, man taucht selbst hinein (dieser Eindruck war täuschend echt)

(Dann war der Film zu Ende. Er konnte kaum aufstehen, war wie volltrunken, aber irgendwie »trocken trunken und hellwach«. Er lief draußen herum, zunächst ziellos.)

20.05 h Ich habe mich gesetzt
Ich zittere am ganzen Leib

Ich gehe wie total blau. Ich kann (entgegenkommende) Leute nicht fixieren. Keine Temperaturempfindung. Kein Zeitgefühl. Schreiben geht im Hellen sehr gut. Verblüffend die Gleichzeitigkeit, mit der alles passiert.

20.10 h Fotos im Aushang eines Kinos scheinen sich zu bewegen, die Leute da drauf
Ich habe mich an den Zustand etwas gewöhnt. Autos fahren normal schnell etc.

20.15 h Habe beschlossen, zu Sika zu laufen

20.18 h Ich werde mir ein halbes Hendl kaufen.
Mir ist alles egal.

20.25 h Hendl gekauft. Bin irrsinnig erregt (nicht sexuell)!

(Mit diesem Huhn ging er in einen Park, setzte sich auf eine Bank und »fraß wie ein Tier«, mit einer unbändigen Gier, beobachtete dabei lauernd, ob irgendwelche Leute in die Nähe kamen, um es ihm vielleicht wegzunehmen. Er warf aber, voller Überlegung, die Knochen in einen Abfallkorb und gab nicht dem spontanen Antrieb nach, sie einfach hinter sich zu werfen. Dann lief er – mühelos, so betont er – einen langen Berg hinauf, »ohne sichtliche Anstrengung«)

20.50 h Irrsinnig heiße Hände. Auf dem Weg zu Sika

20.55 h Wenn man bergauf rennt, hat man keine Füße mehr, sondern (weiche Filz-)Pantoffeln statt dessen
Bin hellwach und doch zentnerschwer.

21.00 h Man handelt wie ein Tier: Völlig sicher. So müßte man immer leben können. Ich spüre die Schweißrolle auf meiner Stirn.
(Er ging dann mit der Freundin ins Bett, wollte mit ihr schlafen, aber »rein experimentell«. Er war völlig impotent, was ihn aber überhaupt nicht störte.)

22.45 h Es kam mir vor wie zehn Stunden, obwohl ich keine drei bei ihr war, ohne langweilig zu sein. Diese Küsse! Zeit wird einfach bedeutungslos. Und vor allem: alles wird gleich wichtig
Man wird relaxed.

23.00 h (Sika fuhr mich zur Straßenbahn.) Vorbei. Ist ganz allmählich, unmerklich ausgeklungen.

Ich will diesen Selbstversuch nicht weiter interpretieren. Es sei nur auf drei Dinge hingewiesen:

1. Bereits zu Beginn des Experiments wird eine starke Erregtheit deutlich sichtbar, die Ulysses als »nervös« bezeichnet, die sich aber spätestens bei dem Hendl-Essen (besser: Fressen) als ausgeprägte orale Gier entpuppt. Auch während er bei der Freundin ist, dominiert ganz die Oralität: die genitale Impotenz erscheint nicht als Problem, dafür wird offenbar das Küssen sehr intensiv erlebt.
2. Als sehr beeindruckend wird erfahren, daß man »in der Gegenwart« leben kann, d. h. Ulysses erlebt, daß er innerlich ganz ruhig (»relaxed«) ist und dadurch die Fülle des Daseins in sich und um sich herum spüren kann, ohne daß er sich langweilt.
3. Statt dem Rauscherleben völlig nachzugeben, notiert er ständig seine Eindrücke. Hier wird eine zentrale Funktion seiner schon weiter oben erwähnten zwanghaften Züge sichtbar: der Intellekt soll die (abgespaltenen) Gefühle unter Kontrolle halten – gerade dann, wenn sie einmal, durch den Rausch freigesetzt, zum Bewußtsein drängen.

Wie ein Auszug aus seinem Tagebuch beweist, hat dieser erste Rausch Ulysses tief erschüttert. Er hat ihm gezeigt, was und wieviel da in ihm in all den vergangenen Jahren unterdrückt worden ist, ohne daß er es inhaltlich schon richtig fassen kann. Dank der noch immer gut funktionierenden intellektuellen Kontrolle (Schreiben) wurde es kein Horror-Trip, sondern angenehme Mühelosigkeit, einen langen Berg hinauflaufen zu können, wo ansonsten wahrscheinlich die depressive Grundstimmung (die die Droge offenbar irgendwie ausschaltete) eine solche Anstrengung weit stärker bemerkbar gemacht hätte.

Er schreibt am Tag nach dem Rausch: »Nach dem ersten Versuch ist man wie auf der anderen Seite einer Grenze ... Noch etwa zwanzig Stunden nach den ersten Wirkungen ist

man relaxed. Man kann effektiv klarer, müheloser denken, kann müheloser Argumentationen folgen ...
Von Sucht ist keine Spur. Ich rauche auch nicht mehr, weil mir das nichts gibt. Ich trinke jetzt selten (nur dann, wenn ich dieses Schwips-Gefühl haben will). Aber warum sollte man nicht ab und zu dieses Mittel nehmen?
Einen schweren Stein bewegt auch nur der Dümmste ohne Hebel. Das Denken – warum sollte man es sich nicht erleichtern?
Das Glücklichwerden – warum es nicht sich erleichtern, warum nicht das Glücksgefühl vertiefen?
Die intellektuellen Fähigkeiten werden, bei dieser Dosis jedenfalls, nicht gestört. Selbst Fremdwörter und Abstrakta werden weiter verwendet. Die Kritikfähigkeit bleibt desgleichen erhalten. Man wird kreativ: siehe das Oxymoron ›hellwach und doch zentnerschwer‹.
Nächster Versuch: höhere Dosis. Mit Versuchsleiter?«

2.2.1.2 Weitere Experimente

Etwa eine Woche später unternimmt er dieses zweite »Experiment«, wie er seine Räusche von nun an nennt. Die Dosierung ist schwer auszumachen – wahrscheinlich handelt es sich um eine etwas größere LSD-Menge als beim ersten Trip. Aber es kommt mir ja ohnehin nicht so sehr auf Quantität und Qualität des Halluzinogens an, sondern auf das, was es im Berauschten freisetzt. Ulysses gibt folgendes Gedächtnisprotokoll:
»Ich nahm den Trip und ging dann mit Sika zum nahegelegenen Friedhof, wo wir eine Weile herumliefen und uns unterhielten. Nach etwa dreißig Minuten begann das Zeug zu wirken. Mir wurde ziemlich übel, und ich sagte zu ihr: ›Laß uns schnell heimgehen, ich muß, glaube ich, kotzen.‹
Wir schafften es gerade noch in die Wohnung. Ich stürzte ins Bad, während mir die Sinne bereits zu schwinden drohten. Dann wurde es total schwarz vor meinen Augen. Als ich wieder aufwachte, kniete ich vor der Badewanne, in die ich das ganze Mittagessen gekotzt hatte. Sika war neben mir und wischte mir die Stirn ab. Dann führte sie mich zurück ins

Wohnzimmer. Ich folgte ihr völlig willenlos, kam mir dabei vor wie ein kleines Kind, das von der Mutter geführt wird. Ich legte mich auf den Fußboden – und dann kam in heftigen wellenförmigen Bewegungen irgend etwas über mich, an dessen Inhalt ich mich nicht mehr erinnern kann. Sika meinte hinterher, ich hätte dauernd nur unverständliches Zeug gelallt, wie jemand, der im Schlaf redet. An eines erinnere ich mich selber aber noch sehr genau, so als würde es jetzt im Moment geschehen: Ich verstand zu einem bestimmten Zeitpunkt plötzlich, und mit beeindruckender Evidenz, warum man die Fenster der Irrenhäuser vergittert. Dies dient nicht dazu, die Außenwelt vor den Geisteskranken zu schützen, sondern umgekehrt. Die Irren sollen vor den anderen, den sogenannten Normalen, beschützt werden.

Unsere Wohnung befand sich damals ziemlich hoch oben, und ich weiß noch genau, daß in diese Vorstellung auch der Gedanke einging: die Gitter sollen die Kranken auch davor schützen, sich aus dem Fenster zu stürzen.«

Er ergänzt noch etwas, was für die weitere Entwicklung von großer Bedeutung sein dürfte:

»Einmal herzten sich Sika und ich wie kleine Kinder. Ich kam mir genauso vor wie ein zweijähriger Junge, und sie erschien mir wie ein ebenso altes Mädchen. Aber auf diese große gefühlsmäßige Nähe folgte dann immer wieder, auch in einer Art Wellen, der Eindruck, daß Sika mir völlig fremd sei. Später hat sie mir dann mal gesagt, als alles schon vorbei war mit uns, daß es ihr damals ähnlich ging.«

Wenn ich zusammenfassen darf: Anders als bei den beiden ersten Halluzinogenräuschen, die Ulysses allein beziehungsweise mit anderen, entfernteren Freunden unternahm, sucht er hier offenbar die Nähe von Sika, und zwar, wie er selbst angibt, in der Rolle der Mutter; das Ganze spielt sich zusätzlich auch noch in der elterlichen Wohnung ab. Dann wieder möchte er mit ihr zusammen Kleinkind sein (nicht spielen, sondern *sein*!). Kein Wunder, daß die ohnehin nicht sehr stabile Freundin von diesen starken Regressionstendenzen völlig überfordert war. Ich nehme an, daß hier die zweite große Bruchstelle in der Beziehung der beiden zu suchen ist: nach der Abtreibung zu Beginn der

Verbindung die emotionale Überforderung, sowohl durch die aufgedrängte Mutterrolle wie auch durch die verführerische (und von ihr wahrscheinlich sehr beängstigend erlebte) Aufforderung, wieder Kleinkind zu werden.

Außerdem kommt in der Irrenhaus-Phantasie die Annäherung an (unbewußtes) »psychotisches« Material zum Vorschein, die durch die Räusche immer wieder gefördert wurde – wenngleich sie zum Glück nie so intensiv wurde, daß es zu einem psychotischen Schub kam.

Das In-die-Badewanne-Kotzen ist schließlich noch eine Aggression, die Sika ein weiteres Mal überfordert haben dürfte. In dem Wunsch, wieder Kleinkind zu sein, kommt erneut der schon oben erwähnte Hang, die Zeit zum Stillstand zu bringen, ganz in der Gegenwart leben, ja ihr verhaftet bleiben zu können, zum Vorschein. Bei einem späteren Versuch mit Haschisch notierte Ulysses zu diesem Aspekt:

»Stieg eine steile Straße hinauf, völlig mühelos. Plötzlich wußte ich, warum alle Anstrengungen leicht ertragen werden, warum sie gar nicht als Anstrengung bewußt werden: Man hat kein Ziel mehr vor sich, das erreicht werden muß. Man lebt im Augenblick, der so ausgefüllt ist, daß kein Platz mehr für ein Ziel, für Motivation ist. Hieraus rührt auch das Glücksgefühl: von diesem Ausgefülltsein, das alle Skepsis ausschließt. Als ich den Hügel wieder hinablief: Wunderbar, sich selbst zu beobachten, mit welcher Sicherheit man geht, wie geschickt man ist, wie tierhaft geschmeidig.«

Das Tier hat ja wahrscheinlich, wie das Kleinkind, kein Gefühl für den Ablauf von Zeit. Mit dem Dahinfließen der Zeit, also dem Prozeßhaften des (erwachsenen) Lebens verbindet Ulysses aber das Gefühl des Nicht-Ausgefülltseins, also der (inneren) Leere, also der Sinnlosigkeit. Die Droge stoppt den Zeitfluß – und dadurch fühlt er sich lebendig, phantasievoll, sinnvoll.

Das dritte Experiment erfolgte zwei Wochen später. Zusammen mit einem befreundeten Pärchen (mit dem er später in einer Art Wohngemeinschaft zusammenzog: Lennie und Billa) nahm er eine etwas größere Menge. Wieder betont er in einem Gedächtnisprotokoll, daß er sich so relaxed fühlte. Vor allem aber bemerkt er, daß er die anderen als viel näher erlebt. Und er fängt bereits an, sich von den Leuten, die keine Drogenerfahrungen dieser Art haben, elitär abzugrenzen: »Der Bürger verabscheut Rauschmittel wohl deshalb, weil er nicht den Mut hat, sie zu nehmen, und deshalb nicht weiß, was in dem Junky vorgeht.« Es sei in diesem Zusammenhang auf Sigmund Freuds Erfahrung mit dem Kokain hingewiesen, die ich an anderer Stelle untersucht habe (vom Scheidt 1973a). In beiden Fällen ist das Motiv ähnlich gelagert: Man sucht sich zu entspannen. So nahm Freud die Droge beispielsweise, um sich während des Pariser Stipendiums für seine Besuche bei Charcot zu wappnen[17]. Anders freilich als Ulysses fühlte Freud sich durchaus den Bürgern zugehörig, was – neben gewichtigen anderen Faktoren – verhindert haben wird, daß er (kokain)süchtig wurde.

Noch etwas sei hier angemerkt, was später noch mehr Bedeutung gewinnen wird: Lennie und Billa (nach einiger Zeit kam noch eine weitere gemeinsame Bekannte dazu) sind Drogenkonsumenten, die Ulysses konvertiert hat. Ein viertes Opfer, das er dazu regelrecht verführen wird, ist die spätere Freundin Ina. Wir machen hier bereits Bekanntschaft mit einem typischen sozialpsychologischen Mechanismus der Drogenszene (wenngleich Ulysses zu dieser nur am Rande gehörte). So wie Freddy ihn angetörnt hatte, törnt er nun seinerseits jeden an, bei dem er auch nur einigermaßen das Gefühl hat, er/sie könnte für Drogenräusche empfänglich sein. Mit geradezu schlafwandlerischer Sicherheit und großem Einfühlungsvermögen (das ansonsten eher zu fehlen scheint) vermag der Drogenkonsument – und dies ist eine Beobachtung, die man eigentlich bei jedem User machen kann – empathisch (Kohut 1971, 1973b) Menschen mit ähnlicher psychischer Struktur und somit Drogenanfälligkeit zu erspüren; der Dealer macht sich diese Fähigkeit dann außerdem noch zunutze, um Kunden für seine illegalen Drogentransaktionen zu finden. Es dürfte sich um einen ähnlichen Mechanismus handeln, wie man ihn Homosexuellen bei der Partnersuche nachsagt.

Auch hier liefert der historische Seitenblick zu Sigmund Freud und seinen Kokainversuchen einen Beleg. 1884, als der 28jährige noch geradezu enthusiastisch von den segensreichen Wirkungen der (wie wir heute wissen, enorm gefährlichen) Droge überzeugt war, schrieb er seiner Verlobten Martha Bernays begeisterte Briefe, in denen er ihr das Kokain empfahl: »In meiner letzten schweren Verstimmung habe ich wieder Coca genommen und mich mit einer Kleinigkeit wunderbar auf die Höhe gehoben. Ich bin eben damit beschäftigt, für das Loblied auf dieses Zaubermittel Literatur zu sammeln.« (Jones 1960, S. 109)

Der Freud-Biograph Ernest Jones schreibt über dieses »Loblied«, es habe sich »eher durch seine literarischen Qualitäten als durch seine wissenschaftliche Originalität« ausgezeichnet. Die Monographie trug nicht wenig zur damaligen Kokainwelle bei. Freuds Veröffentlichung »machte aber damals großes Aufsehen und bewirkte wohl, ... daß dieses nun auch als angebliches therapeutisches Mittel in einem Teil der deutschen Psychiatrie, anschließend an die damals schon weiter zurückliegenden Versuche in Nordamerika, Eingang fand.« (Maier 1926, S. 49) Jones sagt ganz klipp und klar: »Er schickte Martha kleine Dosen, ›um sie stark und kräftig zu machen‹, drängte es seinen Freunden und Kollegen für sie selber und ihre Patienten auf, er gab es seinen Schwestern. Kurz, vom Standpunkt unseres heutigen Wissens aus gesehen, war er auf dem besten Weg, gemeingefährlich zu werden« (S. 105).

Timothy Leary und Rudolf Gelpke machten acht Jahrzehnte später nichts anderes, als sie LSD und andere Halluzinogene als ideales Mittel zur »Bewußtseinserweiterung«, als »Yoga für den Westen«[18] anpriesen.

Ulysses war sich später völlig der Tatsache bewußt, daß er Proselyten machte, weil er ein Alibi für den eigenen Drogenkonsum benötigte; weil er eine Gruppe Gleichgesinnter suchte, in deren Gemeinschaft er sich – mit der Droge und dem Rausch als verbindendem Kommunikationsmittel – wohlfühlen konnte. Freuds Motive waren sicher vielschichtiger. Aber wenn man die »Traumdeutung«, sein Hauptwerk, aufmerksam liest, wird man feststellen, daß neun der wichtigsten eigenen Träume, die er darin behandelt, mehr oder minder intensiv mit seinen Kokainexperimenten zu tun haben, und zwar vor allem unter dem Aspekt von (durchaus realen, nicht neurotischen) Schuldgefühlen: hatte er doch seinem unglückseligen Kollegen Ernst von Fleischl-Marxow das Kokain als Mittel gegen dessen Morphiumsucht empfohlen und durch die daraus entstehende Kokainsucht zum frühzeitigen Ableben des Freundes beigetragen (vom Scheidt 1973a, S. 44).

Bei Ulysses' viertem Experiment (mit ähnlicher Dosis wie beim ersten) wird deutlich, daß das eigentliche Motiv, das man hinter der Neugier und hinter der Sehnsucht nach innerer Ruhe und Ausgeglichenheit sehen muß, der (später ausgesprochen verzweifelte) Versuch ist, sich innerlich belebt, phantasievoll, erfüllt mit Bildern zu erfahren:

»Ich kam mir wie in einer Bildergalerie vor: Kandinsky, Miró, Klee, Dali, Bosch – alle Stilrichtungen waren vertreten, auch Impressionisten – aber die Inhalte waren von mir! (wenn auch nicht bewußt gesteuert).

Das Eigenartigste waren jedenfalls diese künstlich aufgetragenen Farben[19]. Nicht sehr intensiv, wie es bei Haschisch sein soll, aber doch sehr kräftig und eindeutig ... Am verblüffendsten jedoch waren die surrealistischen Bilder, eines nach dem anderen, unwahrscheinlich plastisch und deutlich erkennbar, mit winzigen Details.«

Die drei genannten Motive (Neugier, *relaxed* sein, innere Bilder) hängen natürlich aufs engste zusammen. Ohne die innere Ruhe können die Bilder aus dem Unbewußten gar nicht auftauchen; und die Neugier ist vor allem eine Neugier nach der eigenen Innenwelt, oder, anders ausgedrückt, der Wunsch, das Selbst, die eigene Identität kennenzulernen.

Drei Monate später, die Freundin ist bereits auf Mykonos, fragt er sich: »Bin ich hochgradig neurotisch? Die Angst ist da. Manisch. Dann depressiv. Selbstmordgedanken. Kann praktisch keine anspruchsvollen Texte (sprich: Sachen fürs Studium) lesen. Verdächtig? Möglich.«

Auf Mykonos, wohin er ihr bald darauf folgt, hat er (wahrscheinlich im Gefolge des ersten Marihuana-Versuchs) während der psychosomatischen Grippe eine Art Fieberbild. Er sieht einen Felsen mit Grasbüscheln, welche die Farbe von Sikas Lieblingspullover haben, »eine Art dunkles Senfgelbbraun«. Dann wird der Fels plötzlich ein Kopf mit einem Riesengebiß, eine Art bärtiger Beatnik-Kopf. Und vor diesem gewaltigen Gebiß, das ihn scheußlich angrinst, hat er

Angst. Er betont, daß es, wie bei einer Halluzination, ein sehr deutliches Wachbild war, farbig und dreidimensional. »Blödes Gefühl« notiert er.
Sechs Wochen später hat er einen »irrsinnigen Traum. Ich träumte ein Erlebnis mit Gott, das mich so aufwühlte, daß ich schrie: ›Ich glaube an dich, ja, ich glaube an dich!‹ Dann wachte ich auf und war Agnostiker wie immer ...«
(Zur gleichen Zeit liest er einen Roman des englischen Philosophen Olaf Stapledon, »The Starmaker«, in dem es um die Frage nach dem Schöpfergott geht.) Und unter demselben Datum notiert er, wieder zurück in M.: »Sika ist bereits seit einigen Tagen wieder in S. Sie hat es nicht für nötig gehalten, mich anzurufen!«
Und weitere zwei Monate später: »Mit Sika ist Schluß. Sie schrieb, sie sei so glücklich mit K. Well, okay. There'll be another one, an even better one. Some day. Die down-Periode ist vorbei.«
Man merkt bereits am Übergleiten in die englische Sprache, daß hier abgewehrt wird, daß die down-Periode keineswegs vorbei ist, sondern eigentlich erst beginnt als Zustand sich steigernder Verzweiflung. Was bei den zitierten Aufzeichnungen auffällt, ist einmal das zunehmende Erkennen der Gestörtheit (»Bin ich hochgradig neurotisch?«) Zum anderen zeigt sich, daß die Drogenerfahrungen sehr tiefe, archaische Schichten der Persönlichkeit zugänglich werden lassen, die ausgesprochen aggressiven, selbstzerstörerischen Charakter haben: der Kopf mit dem »Riesengebiß« darf, um mit dem Jung-Schüler Erich Neumann (1956, Kap. 10) zu sprechen, der Furchtbaren Mutter zugeordnet werden (obwohl Ulysses selbst, wie er sagt, ihn eher mit seinem Freund Freddy, also dem Drogenlieferanten, assoziieren würde – aber wer Rauschdrogen, wer »vergiftete Muttermilch« spendet, aus der rächenden [bösen] Brust – wie es Melanie Klein (1962, S. 148) nennt –, ist ja tatsächlich so etwas wie eine Furchtbare Mutter[20]).
Der erschreckende Traum mit Gott spricht für sich selbst. Es war seit langen Jahren der erste Traum, an den Ulysses sich wieder erinnern konnte. Wir dürfen ihn ohne Frage in engstem Zusammenhang mit den immer häufiger werdenden Drogenräuschen sehen. Wenn man interpretieren will: An-

gesichts der Bedrohung durch die vergiftende, böse Mutter-Imago wird die, im christlichen Kulturraum, mit Gott assoziierte idealisierte Vater-Imago aktiviert, gewissermaßen als rettende innere Instanz. Da diese aber in der Pubertät – zusammen mit dem realen Vater – entmachtet und abserviert worden war, kann sie ihre hilfreiche, das Ich stärkende Kraft nicht entfalten; dies gelingt erst in der späteren Therapie, im Rahmen der idealisierenden Übertragung (Kohut 1973, Teil I) auf den Therapeuten.
Betrachten wir das halluzinationsähnliche Fieberbild und den Gottes-Traum auf der Subjektstufe, so könnte man sagen: Der bedrohliche Kopf mit dem zähnefletschenden Gebiß verkörpert Ulysses' eigene orale Gier, die infantile Abhängigkeit von einer spendenden Mutter; während der Gott eine traumhalluzinatorische Repräsentation seines eigenen Selbst ist, gewissermaßen ein blitzartiges Aufleuchten der in ihm steckenden Möglichkeiten, die er (noch) nicht verwirklicht hat, deren Realisation er aber vor allem durch den Drogenkonsum behindert, eben durch die Regression zur Oralität des Säuglings.
(Im Sinne der Transpersonalen Psychologie könnte man dies allerdings auch als einen Einbruch aus der transzendenten Sphäre betrachten.)
Zu dem bedrohlichen Gebiß-Schädel passen Beobachtungen, die die englische Literaturwissenschaftlerin Alethea Hayter 1968 bei einer Analyse der opiumabhängigen Dichter Thomas de Quincey, Edgar Allan Poe, Charles Baudelaire, George Crabbe, Samuel Taylor Coleridge[21], Wilkie Collins, Francis Thompson, John Keats und anderen gemacht hat. Sie fand, daß bei allen ähnliche Metaphern und Situationen auftauchen, nämlich versteinerte Landschaften, menschenfressende Dirnen, Treibsand, eisige Kälte, überschwemmte oder verwehte Tempel, beobachtende Augen, Ausgestoßene ...
Der Schädel-Felsen, den Ulysses erblickt, während er vor Kälte zitternd in seiner Pension auf Mykonos im Bett liegt, paßt genau in diese Reihe, wenn auch seine Droge nicht Opium, sondern ein Halluzinogen war.

2.2.2 Die Verzweiflungs-Phase

Der Grund, weshalb die zweite Phase hier weit knapper behandelt wird als die vorhergehende, liegt darin, daß aus der Einstiegsphase wesentlich mehr dokumentarisches Material vorliegt, weil Ulysses damals noch viel aktiver und interessierter war. Im Stadium der Verzweiflung und Hoffnungslosigkeit gingen Aktivität und Interessiertheit zunehmend zurück; damit versiegte auch die Lust an den Aufzeichnungen (ausgenommen die Träume, die aber für unsere Zwecke wenig ergiebig sind).

Mit dem Aufenthalt auf Mykonos und der Trennung von Sika findet eine starke Zäsur in Ulysses' Leben statt (für die diese Gebiß-Erscheinung als Metapher dienen könnte, genau wie der etwas später auftretende Gottes-Traum). Trotzdem hat er noch genügend Kräfte verfügbar, die ihn vor einem weiteren Absacken in den Drogenkonsum bewahren. Er unterhält, wenngleich ziemlich oberflächlich, Kontakte zu alten Schulfreunden und Studienkollegen; geht gerne mit der einen oder anderen früheren Freundin zum Tanzen; treibt ziemlich regelmäßig Schwimmsport; besucht Seminare. Im Wintersemester 1968 lernt er auf einem Fest der Fakultät Ina, eine vier Jahre jüngere Studienanfängerin, kennen, mit der er eine zunächst recht befriedigende, vor allem sexuelle Beziehung hat. Die Kontakte mit Freddy sind wie vorher, vielleicht etwas intensiver. Und er hat immer noch die große Hoffnung, daß Sika wieder zurückkommt und alles wieder wie vorher wird – das ist es offenbar, was ihn stabilisiert. In der Phantasie beschäftigt er sich intensiv mit ihr, schmiedet Pläne für ein künftiges Zusammenleben. Die räumliche Distanz fördert diese idealisierenden Vorstellungen; gelegentliche Briefe oder Postkarten von Sika, in denen sie ziemlich vage und geheimnisvolle Andeutungen (u. a. über ihre Drogenerfahrungen mit Haschisch) macht, bestärken ihn in diesen Gedankengängen und ihrer Richtigkeit. Ina ist in dieser Zeit nur eine Art Lückenbüßer für ihn.

Dann trifft ein Brief von Sika ein, in dem sie ihm lakonisch mitteilt, daß sie nach Frankreich ziehe. Der Tenor der wenigen Zeilen macht Ulysses klar, daß seine Hoffnungen auf eine Rückkehr völlig aussichtslos waren. Er beendet in den nächsten Tagen abrupt seine Beziehungen zu Ina, zieht bald darauf von zu Hause aus und mit anderen Studenten zusammen, entwickelt eine zunehmende Scheu vor anderen Menschen: »Meine Rückenmuskulatur wird immer verspannter. Meine Beine sind beim Gehen wie aus Stein. Ich muß von Grund auf umgekrempelt werden. Ich fürchte mich davor, auf der Straße zu gehen.« Er trifft sich immer häufiger mit Freddy, wobei fast jedesmal ein Joint geraucht wird. Er lernt einen kleinen Dealer, Hanno, kennen, der ihm Kontakte zum Underground verschafft. Aber bei den Gruppen, die er dort findet, fühlt er sich nicht wohl. Allmählich zieht er sich ganz in sein neues Domizil zurück, wo er am Rande der kleinen Wohngemeinschaft lebt. Durch Gelegenheits-Jobs beim Studentenschnelldienst verdient er sich genügend Geld. Er gibt zwei Seminararbeiten, die er schon angefangen hatte, zurück, weil er sich außerstande sieht, die Themen zu bewältigen. Immer öfter verläßt er mitten unter einer Vorlesung den Raum, geht schließlich überhaupt nicht mehr in die Universität. Er gibt das Schwimmen auf. Dafür schläft er sehr viel, liegt tagsüber auf seinem Bett und hängt Tagträumereien nach. Hört viel Musik, vor allem die psychedelische Popmusik von Pink Floyd und verwandten Gruppen. Er trinkt sehr viel, meistens Säfte, gelegentlich Bier. Liest fast nur noch Märchen. Onaniert sehr viel. Und raucht immer häufiger Haschisch; bald raucht er fast jeden zweiten Tag bis zu zwei, drei Gramm.

Der eigentliche Umschwung von der Einstiegs- in die Verzweiflungsphase wurde, wie er selbst notierte, durch einen starken Haschischrausch ausgelöst:

»Die Nacht zum Samstag hat eine Art Umbruch bewirkt. Ich habe mit Ina Schluß gemacht. Und endlich bin ich zu Hause ausgezogen ... Im Rausch erlebte ich meine Liebe (und das kindliche Betteln um Liebe) zu meiner Mutter. Erinnerte mich an die Mandeloperation, die ich mit zehn Jahren hatte (bis ins letzte Detail – pfui Teufel, war das scheußlich!). Erlebte, so als passierte es im Augenblick, die Prügel, die mir mein Vater verabreichte (ich hielt mir vor Schmerzen den Hintern mit beiden Händen!) ...«

Am folgenden Morgen waren undefinierbare »Halsschmer-

zen« verschwunden, die ihn zwei Wochen lang schon »geärgert« hatten, während ein Hals-Nasen-Ohren-Arzt nichts Organisches finden konnte. Seine ständige Müdigkeit (die somit als Begleiterscheinung seiner depressiven Grundstimmung verständlich wird) war wie weggeblasen: »Das ist das ständige Schlafen des Kleinkindes, das ich jetzt nicht mehr brauche«, erklärte er sich selber. Vor allem war die Gehhemmung weg und er traute sich, mit ausgesprochener Erleichterung, ja mit Genuß, wieder unter Menschen.
Aber diese Besserung seines psychischen Zustands hält nicht lange vor. Bereits zwei Tage später ist alles wieder wie gehabt. Er spricht mit Freddy und Hanno darüber. Man kommt zu dem Schluß, daß er im Haschischrausch versuchen solle, die Kindheitstraumen aufzudecken, die seine Störungen verursachen.

2.2.2.1 »Selbsttherapie«

Er folgt dem Rat. Anderntags fühlt er sich etwas wohler, obwohl er im Rausch keine großen Einsichten hatte. Er begleitet den Vater auf einer Autofahrt. Als er sich bequem im Liegesitz ausstreckt, überfällt ihn plötzlich eine Beklemmung, er fängt zu schwitzen an und fühlt deutlich: »Das ist die Angst vor meinem Vater.« Abends, beim gemeinsamen Essen in einem Lokal, »beobachtete ich ihn beim Sprechen. Und fand das Gesicht von früher wieder, den brutalen, strafenden Vater, den ich gehaßt und gefürchtet habe«. Man übernachtet. Früh, nach dem Aufwachen, geht ihm im Halbschlaf dieser Satz durch den Kopf: »Mein Vater weiß alles, ich weiß mehr.« Gleich darauf fällt ihm ein, daß er nach dem Abitur mit Gott Schluß gemacht habe – er setzt Vater mit Gott gleich und mehr wissen mit Abitur.
Nach diesem negativen Erlebnis mit dem Vater stellt er den Kontakt mit der Familie nahezu ein. Außer zu den Studenten, bei denen er wohnt und mit denen er gelegentlich kifft, hat er eigentlich nur zu Freddy und Hanno eine engere Beziehung. Mädchen und Frauen gegenüber entwickelt er eine ausgesprochene Angst, obwohl er gleichzeitig ihre Nähe fast schon verzweifelt sucht.
Seine Räusche vermitteln ihm gewisse Einsichten in seine

Problematik: »Das Schwitzen, die Masturbationen, die Gehhemmung, Erstickungsgefühl in der Nase, dauernde Müdigkeit, Selbstmordgedanken, Unsicherheit, Nachtangst, lästiges Jucken in den Augen (dabei: Lesewut, jede Zeile muß gelesen werden), Unkonzentriertheit – alles Barrieren, die das Examen und damit die Selbständigkeit verhindern sollen.« Als Ursache all dieser Symptome, zu denen sich später noch mehr gesellen, erkennt er: »Kindheitsoperationen und -erlebnisse (Sexualität nur mäßig beteiligt). Überzärtliche Mutter, brutaler (selbst neurotischer) Vater. Aber: Hasch macht die Analyse und Therapie möglich.«
Er unternimmt ständig neue Experimente. Die Erfolgsmeldungen lauten immer wieder: »Das Jucken in den Augen nahezu weg. Desgleichen: die Müdigkeit. Die Gehhemmung: etwas noch da. Das Schwitzen: nahezu weg. Die Konzentrationsschwäche und Unruhe: weg.« Aber wie das bei solchen kathartischen Verfahren so ist: Gleichzeitig mit dem Rauschzustand verschwindet die Entlastung von den störenden Symptomen, noch krasser: Auf die manische Selbstüberschätzung (»Ich werde mich durch Hasch selbst heilen«) folgt die depressive Verstimmung um so intensiver. Der Drogenkonsum wird zur Berg- und Talfahrt, wobei die Gipfel (zumindest eine Zeitlang) immer höher werden und die Abgründe immer dunkler. Und jede neue Depression verlangt nach noch stärkerer manischer Übersteigerung des Lebensgefühls. Thomas de Quincey hat das ein Jahrhundert früher für den Opiatrausch so beschrieben, nachdem seine anfänglich schönen Visionen allmählich immer unheimlichere Formen annahmen:
»Nacht für Nacht schien ich – nicht metaphorisch, sondern buchstäblich – in Schlünde und sonnenlose Abgründe zu versinken, in Tiefen unter Tiefen, aus denen emporzusteigen es keine Hoffnung gab. Auch wenn ich erwachte, hatte ich oft nicht das Gefühl, emporgestiegen zu sein. Doch will ich hierbei nicht verweilen, denn von der Düsternis, welche jenen prachtvollen Schauspielen folgte und die sich am Ende zu einem Dunkel selbstmörderischer Verzweiflung verdichtete, vermögen Worte nicht Kunde zu geben. (1822, Neuausgabe 1965, S. 71)
Eine ähnliche Sprachlosigkeit angesichts zunehmender Ver-

zweiflung und Hoffnungslosigkeit mag sich auch Ulysses' bemächtigt haben, denn seine Tagebuchnotizen enthalten bald nur noch abstrakt-theoretische Überlegungen zur Wirkung von Drogen und ähnliches, während die Beschreibung des Erlebten in den Hintergrund tritt. Statt dessen wird er von einer Flut von Träumen heimgesucht, derer er sich nur durch die kommentarlose Niederschrift zu erwehren vermag.

Später, in der Beratung, erinnert er sich noch deutlich an zwei Rauscherlebnisse mit Haschisch, die ihn besonders erschüttert hatten; danach warf er jedesmal seinen Vorrat ins Klo und schwor sich, nie wieder bekifft zu sein.

Das eine Mal »zerriß« er seine Mutterbindung, indem er sich vorstellte, mit der Mutter zu schlafen (das hatte ihm übrigens Freddy geraten, der selbst unter einer intensiven, inzestuös gefärbten Mutterbindung litt und nicht zuletzt deswegen soviel Drogen nahm, daß er schließlich, nach einem LSD-Trip, mit Verdacht auf Schizophrenie in die Nervenklinik eingeliefert werden mußte). Anschließend wollte Ulysses ein für allemal die Haßgefühle gegen seinen Vater löschen: Er nahm ein Foto von ihm, knetete es zusammen mit Haarresten des Vaters in eine Wachspuppe, durchstieß diese Vater-Imago mit Nadeln und zerstörte sie schließlich unter wüsten Beschimpfungen mit den Fäusten. (Ein andermal schrieb er, wieder im Rausch, den Namen des Vaters auf ein Blatt Papier, schlug und trat es und verbrannte es dann: »Das hilft wirklich«, dachte er dabei.) Nach dieser Zerstörung der Erinnerung an den Vater stand er in der Küche. Er schaute ganz fasziniert den alten Kohlenofen an, der ihn an einen ähnlichen Ofen aus der frühen Kindheit in der mütterlichen Küche erinnerte. Plötzlich spürte er eine Art Sog, der ihn mit aller Macht in die Vergangenheit zu jenem echten Ofen im mütterlichen Haushalt zerrte. Er bekam eine panische Angst vor dieser Regression, rannte ins Bad, duschte sich kalt, begann gierig zu essen und unternahm auch sonst allerlei, um aus dem Rausch herauszukommen.

Das andere Mal sah er sich nach einer höheren Dosis Kongo-Gras (eine starke afrikanische Marihuana-Sorte) in einer imaginären Galerie. Er trat in eine der unzähligen Nischen – und erkannte in dem dort hängenden dreidimensionalen Bild eine typische Szene seiner eigenen Vergangenheit. Es war die bereits erwähnte Mandeloperation. Voller Schrecken spürte er, daß er für alle Ewigkeit in dieser Nische, in dieser Episode aus seinem Leben, verharren würde. Und er wußte, daß das die Hölle sein würde, genau die Hölle, von der die christliche Religion spricht. Entsetzt suchte er nach einer anderen Nische mit einer schönen Erinnerung. Er dachte dabei: Ich kann mir ja wie Gott das heraussuchen, was mir paßt. Aber dann wurde ihm klar, daß das ewige Verharren auch in einer positiven Episode nicht weniger höllenhaft sein würde, und unternahm noch größere Anstrengungen, sich aus diesem Schreckenskabinett des Rausches zu lösen.

Die weitere Entwicklung seines Cannabiskonsums war dadurch gekennzeichnet, daß er noch etwa ein halbes Jahr (insgesamt also etwa ein Jahr) ziemlich viel* Haschisch rauchte, etwa zwei Joints in der Woche mit je etwa einem Gramm (meist Grüner Türke). Danach reduzierte er, nicht zuletzt mit der Hilfe eines abstinenten Studienkollegen, mit dem er sich etwas anfreunden konnte, die Dosis, brauchte aber doch so etwa jedes Wochenende, später alle zwei, drei Wochen »mal ein Pfeifchen«. Er kam dann 1970/71 zu mir in die Drogenberatung; er wollte sein Studium irgendwie zu Ende führen und suchte deshalb professionellen Rat. Er begann eine Psychotherapie, in deren Verlauf er den Konsum nahezu völlig abbauen konnte. So jedes halbe Jahr »juckte« es ihn wieder mal, aber er stellte fest, daß mit zunehmender psychischer Stabilisierung die orale Gier, und was sonst noch hinter seinem Konsum steckte, zurückging und er schließlich ganz auf die Droge verzichten konnte.

Insgesamt dauerte seine Drogenkarriere rund vier Jahre:

- ein Jahr Einstiegs-Phase mit wenigen LSD-Trips,
- ein Jahr starker Haschisch-Konsum, danach zwei Jahre mit mehr und mehr reduziertem Haschisch-Konsum, also eine Verzweiflungs-Phase von etwa drei Jahren.

* Ich weiß, daß richtige Kiffer weitaus größere Mengen zu sich nehmen, manchmal drei, vier Gramm pro Tag. Ich hoffe aber, mit dieser Fallstudie unter anderem auch zeigen zu können, daß schon geringere Mengen zu viel sind.

Im folgenden theoretischen Teil sollen die einzelnen Schritte dieser Drogenkarriere näher untersucht werden, vor allem anhand der Beziehung zu anderen Menschen.
Kleinere Fall-Vignetten aus der Lebensgeschichte anderer User sollen diese Schritte näher erläutern.

2.2.2.2 Ergänzende Beobachtungen

Es seien noch einige Einzelheiten aus Ulysses' Leben, speziell aus der Drogenzeit, mitgeteilt, die das Verständnis der theoretischen Überlegungen im folgenden Abschnitt erleichtern könnten. Aus der später durchgeführten Psychotherapie weiß ich, daß er lange Zeit mit den verschiedensten (kastrationsähnlichen) psychischen wie physischen Traumen beschäftigt war. Bereits während der Haschisch-Experimente hatte er diverse Operationen als Ursachen für seine späteren Schwierigkeiten ausfindig gemacht. Es dauerte während der Therapie geraume Zeit, ehe deutlich wurde, daß es sich dabei zwar um reale Erinnerungen handelt, daß hinter diesen Deckerinnerungen jedoch bestimmte, eher vage, atmosphärische Stimmungen, Spannungszustände, Wünsche, Phantasien und dergleichen steckten, die in den traumatischen Situationen gewissermaßen eine Verdichtung und Gestaltung erfuhren, durch welche sie erst für das Bewußtsein des Kindes real wurden. Es würde an dieser Stelle zu weit gehen, diese Gedankengänge näher zu verfolgen. Es sei nur noch erwähnt, daß Heinz Kohut (1973, S. 74) außer den bereits von Freud so bezeichneten *Deckerinnerungen* (1899) noch eine andere Art von gewissermaßen stellvertretenden, konzentrierenden Erinnerungen nennt; sie heften sich ebenfalls an bestimmte reale traumatische Ereignisse fest; in Wirklichkeit jedoch sind mehrere solcher Geschehnisse und psychischer Verletzungen nach Art eines Teleskops ineinandergeschoben. Die Form von Ulysses' Störung legt nahe, daß auch bei ihm *Telescoping* eine wichtige Rolle gespielt hat.
Im einzelnen handelt es sich um folgende Traumen, von denen die meisten bereits erwähnt worden sind:

1. Nach neun Monaten Brustfütterung wurde er ziemlich abrupt abgestillt.

falsches/wahres Selbst – Schema: 101

2. Die sehr früh einsetzende Sauberkeitsdressur (sauber mit eineinhalb Jahren).
3. Als er etwa zwei Jahre als war, starb ein etwas älteres Kind einer benachbarten Familie, zu dem er eine sehr innige Freundschaft gehabt haben soll.
4. Es folgte mit vier Jahren die erwähnte Polypenoperation, bei der im Vordergrund der Erinnerung deutlich die forcierte Trennung von der Mutter steht, welche aus dem Operationsraum geschickt wurde. Gleichzeitig hierbei das nicht weniger traumatische Erlebnis der Betäubung durch eine Chloroformmaske (s. S. 31).
5. Mit etwa zehn Jahren eine zweite Operation (Tonsillektomie), bei welcher der Operateur als ausgesprochen bösartiger männlicher Angreifer erlebt wurde, der schimpfte und ziemlich brutal vorging, etwa beim Setzen der Spritzen, weil das Kind sich verängstigt wehrte und weinte. Dieses Trauma wurde Ulysses während eincs Haschischrausches in aller Deutlichkeit wieder bewußt, und bereits während dieser Rauschregression empfand er die Mandeloperation als eine Art Darstellung des psychischen Konfliktes mit dem Vater und dessen Aggressivität.
6. Den nächsten großen Einschnitt brachte der Umzug, der ihn vom Kontakt mit der gewohnten Umgebung (Natur, Bekannte, Freunde), also dem Mütterlichen im weiteren Sinne, abschnitt.

Fast alle diese Traumen lassen sich als Trennung des Kindes von der Mutter bzw. vom Mütterlichen verstehen. Hierzu passen sinngemäß auch die Trennungen von den Freundinnen Sika und Ina während der Studentenzeit und auch die dreifache Entthronung durch die Ankunft der Geschwister, bei der ja jedesmal die Zuwendung der Mutter reduziert wurde.
Ist es eine unzulängliche Verkürzung eines 26 Jahre langen Lebenslaufes, wenn man »Trennung von der Mutter« als das zentrale Thema herauspräpariert, ja, wenn man weiterhin als Folge dieser Trennungen (und entsprechender Trennungsängste) massive orale Frustrationen postuliert, die zu entsprechend gesteigerter oraler Gier, verbunden mit mächtiger oraler Wut gegen das versagende mütterliche Objekt führ-

ten? Der intensive, ungestillte Wunsch hinter dem späteren Drogenkonsum ließe sich demnach verstehen als Sehnsucht, mit der Mutter (wieder) zu verschmelzen, mit jener Mutter, die am Anfang des Lebens neun Monate lang Milch spendete.

Während der Verzweiflungs-Phase seines Drogenkonsums wurde Ulysses dieser Wunsch nach Verschmelzung einmal sehr klar bewußt. Er besuchte Freunde, die gerade Haschisch rauchten, als er ankam. Bereits der typische, intensive Geruch der Droge weckte in ihm eine große Gier, mitzurauchen. Dann legte jemand eine Platte mit indischer Musik auf. »Als ich die Stimme der Sängerin hörte, verspürte ich den unwiderstehlichen Drang, in diesen Plattenspieler hineinzusteigen, dieser Stimme zu folgen, bis hin zur Mutter Indien«, erinnerte er sich. Die Gier war so groß, daß er zu zittern begann und den Joint kaum halten konnte. Sobald er den ersten tiefen Lungenzug gemacht hatte, beruhigte er sich von einer Minute zur anderen, die Gier verschwand, und er fühlte sich innerlich wieder rund. Offenbar war die gesuchte Verschmelzung geglückt: in seiner eigenen Innenwelt nämlich, mit dem erinnerten mütterlichen Objekt (»Mutter Indien«).

Eine letzte Beobachtung, die wieder auf diese Sehnsucht nach (selbstgenügsamer) Verschmelzung mit einem inneren Objekt hinweist:

Eines Tages hatte er einen LSD-Trip geschluckt und saß mit einer befreundeten jungen Frau, um die er ein wenig warb, auf dem Balkon der elterlichen Wohnung. Er zupfte an den Saiten einer Gitarre, und obwohl er überhaupt nicht spielen konnte, hatte er das Gefühl, eine zauberhaft schöne, ja überirdische Melodie zu spielen, die er voller Verliebtheit der Bekannten zudachte. Als er sie später fragte, wie ihr das Ständchen gefallen habe, sagte sie, es sei ganz hübsch gewesen, aber er habe immer wieder dieselben fünf Töne gespielt und keineswegs für sie, ja, er habe ihr den Eindruck gemacht, er sei regelrecht in sich selbst verliebt. Kohut (1973, S. 140) würde hier wohl von Zwillingsübertragung sprechen, d. h. Ulysses benützte die Freundin wie einen Spiegel ohne eigene Bedürfnisse, in dem er sich selbst zu erleben und beschenken suchte.

Wir dürfen aber neben dem Mutter-Aspekt nicht die anderen Bezugspersonen vergessen. Der Vater übte, wenngleich eher durch das Vakuum, das seine Abwesenheit verursachte, seinen Einfluß aus. Desgleichen sind da noch die Geschwister. Aber Vater wie Geschwister verstärkten durch ihren eher aggressiv (rivalisierend)-negativen Akzent nur noch die Bindung zur Mutter, den Wunsch nach Verschmelzung mit dem mütterlichen Objekt. Ein empathisch etwas besser begabter Vater hätte hier wahrscheinlich eine ausgleichende Rolle gespielt. (Aber der schwache Vater ist nicht nur Ulysses' Schicksal gewesen, sondern das seiner ganzen Generation.)
Daß er bei der Mutter relativ gute, wenngleich durch Störungen getrübte Erfahrungen machen konnte, wodurch ja erst der Wunsch nach regressiver Verschmelzung verständlich und sinnvoll wird, scheint schon eher ein typisches Merkmal bei Drogenkonsumenten, hier speziell von Halluzinogen-Usern, zu sein. Fixer, die mit stärkeren Drogen sich physisch selbst zerstörenden User, haben offenbar schon mit der Mutter – allgemeiner: dem Mütterlichen – intensivste negative Erfahrungen gemacht und versuchen deshalb, gleichzeitig mit der drogeninduzierten Verschmelzung, das sehnsüchtig verlangte innere Mutter-Objekt haßvoll zu zerstören: Ein Verhalten nahe an der Psychose, was den Berliner Psychiater Jürgen Götte 1972 zu der Formulierung veranlaßte, Drogenkonsum sei ein psychischer Abwehrmechanismus, der gerade das Abrutschen in eine manifeste Psychose verhindern helfen solle. Eigene Beobachtungen – etwa am Fall Stefan A. (s. S. 104, 107, 133) – bestätigen dies.
Spekulierend könnte man sagen: Jedes Kind erfährt wahrscheinlich aufgrund vermeidbarer wie unvermeidlicher Frustrationen die Eltern ambivalent. Aber je nach den Vorbedingungen entsteht in diesem Milieu der spätere

- seelisch gesunde Erwachsene, der diese Ambivalenz mehr oder minder nur unbewußt (beispielsweise in Träumen oder Fehlhandlungen) erlebt, bewußt aber eine deutlich liebevolle Beziehung zu beiden Eltern hat;
- der spätere Neurotiker, der eine positive, relativ unproblematische Beziehung zur Mutter hat (der negative

Aspekt der Ambivalenz bleibt überwiegend unbewußt), während er dem Vater gegenüber offen ambivalent ist (S. Freud könnte man dieser Kategorie zurechnen);
- Konsument von Halluzinogenen (Beispiel: Ulysses), der den Vater deutlich ablehnt oder gar haßt und der Mutter gegenüber mehr oder minder deutlich ambivalent ist;
- Konsument harter Drogen (vor allem Opiate und Amphetamine), der zusätzlich der Mutter gegenüber immer wieder auch deutliche Haßgefühle hat;
- Psychotiker, bei dem die Ambivalenz so stark ist, daß er die Realität wahnhaft verkennen muß, um seine intensiven, für ihn unerträglichen Haßgefühle gegen beide Eltern nicht bewußt wahrnehmen zu müssen.

Letztlich dürfte es sich um ein Problem der (zum Teil wohl auch angeborenen) Ich-Stärke handeln, wie sie sich beispielsweise im Intelligenzgrad und dem Vorhandensein und der Ausprägung von Begabungen zeigt.

»Man kann jungen Menschen keine Gewißheiten geben. Man kann ihnen nur versprechen, daß man sie nie belügen wird.«

Albert Camus

3 Die Drogenkarriere: ein Modell

3.1 Notwendige Vorbemerkungen

Wie kommt es, daß jemand zu Rauschdrogen greift? Im vorher beschriebenen Fall Ulysses habe ich versucht, möglichst ausführlich Material aus der Lebensgeschichte eines Konsumenten vorzustellen, den ich aus mancherlei Gründen für typisch halte. Er mag nicht typisch sein in punkto Intelligenz, sozialer Herkunft, Ausbildung, Lebenserfahrung und dergleichen Persönlichkeitsmerkmalen mehr. Vor allem nach dem Höhepunkt der Halluzinogen-Welle (Haschisch, LSD) Anfang der siebziger Jahre wurde die Avantgarde der eher intellektuellen, aus Kreisen der Studentenschaft und der gymnasialen Oberstufe kommenden Konsumenten abgelöst durch jüngere, weniger differenzierte, weniger intelligente und sozial schlechter gestellte User. Ulysses muß man eindeutig der erstgenannten Gruppe zuordnen. Wenn ich ihn trotzdem als Modellfall apostrophiere, so deshalb, weil mir andere Faktoren wichtiger und typischer erscheinen – und diese hat Ulysses sehr wohl gemeinsam mit vielen, vielleicht sogar den meisten Usern.

Die Frage, wie es zu einer Drogenkarriere kommen kann, ist für mich die zentrale Frage überhaupt; denn nur wenn man diese Frage beantworten kann, lassen sich Gegenmaßnahmen, therapeutische Ansätze und Prophylaxe verbessern. Gemäß meiner psychoanalytischen Erfahrung und Ausrichtung sehe ich natürlich zunächst den mehrmaligen Ansatz einer Genese derartiger psychosozialer Störungen.

Außer typischen Entwicklungen in der Pubertätskrise (hier ist auf die Arbeiten E. H. Eriksons [1970a] und Peter Blos' [1972] zu verweisen) würde ich entsprechende Traumatisierungen in der frühen Kindheit in den Vordergrund stellen, und hier wiederum speziell die prä-ödipalen Störungen aus den ersten zwei, drei Lebensjahren, mit denen sich Melanie Klein, Michael Balint (er spricht 1970 von der *Grundstörung*) und Heinz Kohut befaßt haben. Neben bestimmten sexuellen Problemen haben inzwischen mehr und mehr aggressive und narzißtische Faktoren die Aufmerksamkeit der tiefenpsychologischen Forscher auf sich gezogen. Ich würde die unbewältigten (unbewußten) aggressiven Konflikte[22], zumindest in einer wichtigen Zwischenschicht der User-Psyche, als die eine Hauptquelle sehen, welche den Wunsch nach dem Rauscherleben immer wieder belebt. Ohne eine entsprechende Durcharbeitung dieser Haß- und Wutgefühle ist an eine Besserung oder gar Heilung nicht zu denken. Für die Prophylaxe wichtig: Wie kann man dafür sorgen, daß solche Aggressionen gar nicht erst (in diesem Ausmaß) entstehen – oder daß sie rechtzeitig entschärft und kanalisiert werden?
Beim User zeigen sich die Aggressionen zunächst in der verinnerlichten, gegen die eigene Person gewandten Form depressiver Verstimmungen; S. Freud hat in seinem klassischen Aufsatz über »Trauer und Melancholie« 1917 diesen Mechanismus der Ziel-Verschiebung von aggressiven Affekten sehr präzise und einleuchtend aufgedeckt. Spätestens beim tatsächlichen Mißbrauch wird die Selbstaggression dann auch im körperlichen Bereich deutlich sichtbar, auch im Fall des so leichtfertig verharmlosten Haschisch[23]; geradezu verheerend sind sie selbstzerstörerischen psychischen Veränderungen, der allmähliche Verfall der Ich-Funktionen (Wahrnehmung, Gedächtnis, Willensstärke etc.), die sich schließlich auch im sozialen Bereich negativ bemerkbar machen – man denke nur an den Alkoholiker, der seine Familie tyrannisiert[24].
Gewiß soll die sexuelle Komponente nicht vernachlässigt werden (s. auch Amendt 1973). Die libidinöse Besetzung der Umwelt, speziell der Mitmenschen, ist beim Drogenkonsumenten bestenfalls labil. Latente oder manifeste Ho-

mosexualität (Rosenfeld 1960) sind typisch für die meisten User. In dieses Bild passen wieder gut die weichen Väter und die Mütter, die ihre Kinder aus mancherlei Ursachen zu eng an sich binden. (Nur nebenbei: Mir ist kein Fall eines Users irgendeiner Droge bekannt, der auch nur einigermaßen vernünftig durch die Eltern sexuell aufgeklärt worden wäre!)

Aber wichtiger noch ist die Störung des nazißtischen Bereichs, also der »libidinösen Besetzung des Selbst«, wie Kohut (1973, S.13) den Narzißmus definiert. Hier hat die Grundstörung (Balint 1970) ihre Wurzeln. Lange ehe aggressive oder gar sexuelle (objekt-libidinöse) Äußerungen oder Konflikte möglich sind, die eine relativ stabile psychische Struktur (welche Objekte als solche erkennen und auf sie reagieren kann) voraussetzen, ist das Individuum bereits so sehr traumatisiert und damit in seinen Möglichkeiten eingeschränkt, daß es gar nicht mehr in der Lage ist, von sich selbst abzusehen und sich intensiv dem Nächsten zuzuwenden. Die Forderung »Liebe deinen Nächsten wie dich selbst« ist für den narzißtisch gestörten Menschen eine totale Überforderung, hat er doch aus mancherlei Gründen sein Selbst, seine Identität noch gar nicht verläßlich gefunden. Wie kann er also seinen Nächsten lieben? Er muß ja froh sein, wenn er genügend libidinöse Energien verfügbar hat, um wenigstens sich selbst (narzißtisch) mit Libido zu besetzen, sprich: sich selbst zu lieben.

Da ihm dies nur unvollkommen gelingt, braucht er die Hilfe seiner Mitmenschen. Er braucht sie als Spiegel, in denen er sich projizierend, identifizierend selbst erleben kann. Als omnipotente Objekte (idealisierte Eltern-Imago), aus denen er sich magisch-infantil Kraft (Mana) holen kann. Oder als minderwertige Objekte, denen gegenüber er sich selbst als allmächtig erleben kann (Größen-Selbst). Bei Kohut (1973) läßt sich das alles sehr anschaulich nachlesen.

Triebdynamisch gesehen, kann man also sagen, daß aufgrund der narzißtischen (Vor)Störung sowohl die aggressiven wie die sexuellen Kontakte des Users sehr problematisch sind. Es spricht vieles dafür – und anhand des Falles *Ulysses* glaube ich entsprechende Belege erbracht zu haben –, daß die Rauschregressionen primär als Selbsthei-

lungsversuche im narzißtischen Bereich anzusehen sind. Mit einer typischen Eigentümlichkeit:
Während Menschen mit narzißtischen Persönlichkeitsstörungen sonst ihre Mitmenschen als Spiegel, Zwilling, Alter ego, idealisierte Elternimago oder Größen-Selbst benützen oder mißbrauchen, verwendet der User ab einem bestimmten Zeitpunkt hierzu seinen Rausch. Er verwendet den Rauschzustand gewissermaßen so, als sei er dabei mit einem oder mehreren anderen Menschen beisammen, die er im eben zitierten Sinne als spiegelnde, kraftspendende Objekte ausnützt; ähnlich wie der Fetischist seinen Fetisch oder der Homosexuelle seinen gleichgeschlechtlichen Sexualpartner stellvertretend für einen andersgeschlechtlichen benützt. Aber der User ist noch ärmer dran: Er spiegelt sich, mit Hilfe des Rauschs, gewissermaßen in sich selbst. Ein Narziß also, dem nicht einmal mehr die Oberfläche einer Wasserquelle zur Verfügung steht, nachdem er seine (menschliche *Spiegelfläche*) Nymphe Echo vergrault hat, sondern der nur noch die Augen schließen und in die eigene Innenwelt starren kann.[37]
Wie schon bei Ulysses stellenweise zu sehen war, bewegt sich der Drogenkonsument mit seinen Räuschen gefährlich nahe an der Psychose entlang. Der Psychotiker ist psychisch schon so weit zerfallen, daß er seine eigene Innenwelt, wenigstens bruchstückhaft, in der Außenwelt wiederfindet, als Projektion (Stimmen, Wahnbilder, Geruchshalluzinationen etc.): er kann sein Inneres nicht mehr in sich halten. Der Berauschte hat noch diese Kraft, »bei Sinnen« zu bleiben. Fragt sich nur: Warum strebt er dann immer wieder danach, im Rausch seine Sinneskontrolle aufzugeben, warum sucht er die Ekstase, das Aus-sich-selbst-Heraustreten?
In der Beantwortung dieser Frage liegt für mich auch der Schlüssel nach jener anderen Frage, nämlich wie es zur Drogenkarriere kommt, warum jemand die Drogenräusche haben will, endlich in zunehmendem Maße braucht – existentiell braucht.
Um es vorwegzunehmen: Ich bin der Auffassung, daß er das Rauscherleben braucht, um sich lebendig zu fühlen, genauer: um zu *sich selbst* zu gelangen, um Kontakt mit jenen zentralen Schichten seiner Persönlichkeit zu bekommen, die

ihm das Gefühl einer sinnvollen Existenz vermitteln. Da es sich bei der Applikation von Psychopharmaka (und was sind die Rauschdrogen anderes?) um den Aufbau synthetischer Ich-Funktionen handelt, liegt es nahe, diese Drogen mit den Herzschrittmachern zu vergleichen, die man Menschen mit Herzrhythmusstörungen einsetzt, um sie am Leben zu erhalten. Der User setzt sich mit seinem Drogenkonsum einen nicht minder gewichtigen Schrittmacher ein. Vielleicht sollte man ihn *Gefühlsschrittmacher* nennen?

3.2 Gruppenprozesse

Neben den bislang geschilderten psychodynamischen (intrapsychischen) Prozessen müssen selbstverständlich auch sozio- bzw. gruppendynamische Aspekte beachtet werden. Wie sieht es damit beim User aus?
Zumindest für die Dauerkonsumenten gilt ja als charakteristisch, daß sie sich Gruppen Gleichgesinnter anschließen, ja sogar eine Art eigener Subkultur suchen, annehmen, perpetuieren helfen. Eigene Kleidung, Haartracht, Musik[25] (psychedelische Musik nach Art der Pink Floyd, harte Rock-Musik, Blues), Sprache, Verhaltensmuster dienen sowohl dazu, ein rauschfreundliches Setting herzustellen, als auch in drogenfreien Intervallen Erinnerungen an das Rauscherleben herbeizuführen[26]. Speziell die kleine Gruppe (in der man sich Opiate spritzt, den Joint kreisen läßt oder einen Trip einwirft, um »auf die Reise zu gehen«) spielt, über diese Äußerlichkeiten hinaus, noch eine wichtige sozialpsychologische Rolle: In ihr kann sich der Drogenkonsument angenommen fühlen. Da sich die User in ihrer psychischen Struktur sehr ähnlich sind, vor allem in Richtung depressiv-schizoid, tolerieren sie gegenseitig ihr vom Üblichen abweichendes Verhalten, ja sie bestätigen einander sogar höchst intensiv darin. Es handelt sich dabei um den klassischen Fall einer unterdrückten Minorität, die sowohl tatsächlicher (Polizei) als auch eingebildeter (paranoider) Verfolgung ausgesetzt ist. Entsprechend intensiv ist das Wir-Gefühl, das noch verstärkt wird durch die oft haßerfüllte Ablehnung des Establishment, in dem all jene Maximen, die man verab-

scheut, wie Leistung, Konkurrenz, Askese (auch das Gegenteil: Konsumzwang) hochgehalten werden. Warum verabscheut man sie? Weil man aufgrund der narzißtischen Störung, des mangelnden Selbstwertgefühls, der (noch) nicht gefundenen Identität gar nicht in der Lage ist, ihnen zu genügen, nicht einmal in einer gemilderten, vernünftigen Form. Dieses Nicht-Können wird dann umgemünzt in die Gegenideologie des Nicht-Wollens. Aber was ist mit den Bedürfnissen, an die man gewöhnt war? Werden sie so ohne weiteres aufgegeben?
Die Antwort ist: Als Junkie kann man

- seine Bedürfnisse beliebig herabschrauben, weil man sie sich ja halluzinierend jederzeit und in jedem Ausmaß befriedigen kann, eben in der Phantasie;
- die Mängel in der Außenwelt oder in seiner eigenen Leistungsfähigkeit großzügig übersehen.

Will man bei der Beurteilung der User nicht in eine Haltung des Diskriminierens verfallen, so muß man einfach wissen, daß sich der User ja nicht aus freien Stücken so anti-sozial oder anti-etabliert verhält – oder gar aus einer echt sozialkritischen Protesthaltung heraus. Er ist gewissermaßen die Gegenfigur zum Terroristen, der seine Frustrationen und Aggressionen gegen seine Umwelt abreagiert. Der User hingegen ist schon zu kraftlos und kann nur noch gegen sich selbst wüten.[27]
Die Gruppen der Drogenkonsumenten bieten zunächst ein Bild, das religiösen und quasi-religiösen Sekten ähnelt. (Zumindest die Jesus People sind ja nachweislich aus der Drogenszene entstanden, und eine Reihe von Sekten wie die Hare-Krishna-Bewegung, die Scientology Church und die Transzendentale Meditations-Bewegung des Maharishi Mahesh Yogi nehmen sich mit auffälliger Vorliebe solcher drogenverseuchter junger Leute an.) Die oft unterstellte Verwandtschaft, zumindest des Halluzinogenrausches mit mystischen Erlebnissen[28], paßt ganz gut in dieses Bild. Man darf sich aber von äußerlichen Ähnlichkeiten nicht täuschen lassen: Während selbst bei der merkwürdigsten Sekte die menschlichen Beziehungen eine zentrale Rolle spielen,

kann man wirkliche soziale Kommunikation unter Usern allenfalls im Anfangsstadium der Gruppenbildung bemerken. Sehr rasch jedoch unterbleibt jede soziale Interaktion, so sie nicht der Besorgung der Droge(n) oder der äußeren Unterstützung des Rauscherlebens (Musik, Kommunikation des jeweils erlebten Rausches, Gewährleistung der allernötigsten Lebensumstände) dient.
Alle gruppendynamischen Kräfte und Elemente werden letztendlich für Drogenzwecke eingesetzt. Auch jenes Sentiment (Homans 1950), das die Erfahrung therapeutischer wie anderer Gruppen so heilsam macht, wird überflüssig. Ja, es wird gar nicht erwartet oder gesucht – trifft doch der User seine Freunde im Grunde genommen von vorneherein nur in der Absicht, zu kiffen oder zu fixen. Es sei hier an das von Ulysses berichtete Erlebnis erinnert, wie er zur Gruppe seiner haschenden Freunde kommt, die Droge riecht, gierig wird, die indische Musik hört – und sich zur »Mutter Indien« magisch hingezogen fühlt! Nicht die Freunde, nicht die Gruppe interessierten ihn primär, sondern die Regression, und die wiederum verspricht er sich nicht von den Freunden[29], sondern eben von der Droge, genauer: vom Rauschzustand.
Die Gruppe wird zum Spiegel-Kabinett, das den User selbst reflektiert, die Gruppenmitglieder werden zu uninteressanten Objekten, die allenfalls als Besorger des Stoffes und/oder als möglichst anspruchlose Lieferanten für angenehmen Trip-Hintergrund dienen. Da sich alle über diese Spiegel-Funktion mehr oder minder einig sind, ergeben sich kaum Komplikationen, zumindest nicht, solange Stoff verfügbar ist. Erst in Zeiten der Abstinenz, wenn jeder in der Gruppe wieder mit seinen Frustrationen, Ängsten und Aggressionen, mit seinen sexuellen und anderweitigen sozialen Bedürfnissen konfrontiert wird, ist diese Idylle gefährdet. Da der Drogenkonsum das zentrale, wenn nicht einzige Gruppenziel ist, werden jetzt alle Kräfte für die Beschaffung neuen Stoffs mobilisiert. Gelingt das, geht es wie gehabt weiter. Gelingt es nicht, zerbricht die Gruppe sehr rasch. Am krassesten kann man das bei Fixern beobachten, bei denen diese Form der Notgemeinschaft ganz extrem nur noch auf die Opiat- oder Amphetamin-Beschaffung ausgerichtet

ist. Sobald die Drogen knapp werden und Ersatzstoffe wie Haschisch oder Schlaftabletten (Mandrax) usw. nicht mehr die Versorgungslücke decken, wird man nicht nur gegenüber der Welt außerhalb der Gruppe kriminell (Apothekeneinbrüche, Rezeptfälschungen usw.), sondern man betrügt, bestiehlt und beraubt sich sogar gegenseitig – im Fixer-Jargon *linken* genannt.
Bei Halluzinogen-Usern ist dies alles nicht so kraß ausgebildet, man redet durchaus miteinander, hört Musik, musiziert auch selbst, macht allerlei Kreatives oder Pseudo-Kreatives. Aber der Grundtenor ist doch auch hier ein sehr narzißtisches Verlangen nach Selbstbestätigung, die gerade nicht – wie der seelisch und sozial reife Mensch das normalerweise tut – im Zusammenleben mit dem anderen, in der Ich-Du-Beziehung gesucht und schließlich gefunden werden kann; für den User ist der Rausch anstelle des personalen Gegenübers getreten. Und zwar schon ehe er in eine solche Gruppe eintaucht.
Der beste Beweis für diese Behauptung: Jede Gruppe, gleich welcher Art, hat eine Art Aufnahmezeremoniell, einen Initiationsritus. Selbst eine simple Arbeitsgemeinschaft, ein Büro-Team oder eine Putzerkolonne verlangt gewisse Kleinigkeiten (Mutproben, Vorleistungen etc.), bei denen der Neue beweisen muß, was er kann und wer er ist (Identitäts-Prüfung). Sicher erfüllt hier auch oft eine Runde Schnaps, die man zum Einstand spendiert, diesen Zweck. Aber der Alkohol ist dabei nie das Zentrale, sondern er soll nur Hemmungen lockern, für Stimmung sorgen. In der Haschergruppe oder irgendeiner dieser anderen, um Drogenkonsum gescharten Gruppen steht der erste Joint oder sein Äquivalent im Mittelpunkt. Die Gruppe hilft dem Neuling, den Rausch auch richtig zu erleben, er bekommt einen *Guru* gestellt, der sich schon auskennt. Man berichtet über sein Rauscherleben – aber nicht, um Kontakt mit den anderen Gruppenmitgliedern zu bekommen, sondern um zu erfahren, ob man es richtig gemacht hat, genauer: ob man auch die richtigen Pfade seiner eigenen Innenwelt betritt.
Wir sind hier bereits mitten in der Drogenkariere. Aber ehe ich diese näher analysiere, muß das eben über den User und seine Gruppe Gesagte noch genauer erklärt werden. Eigent-

lich muß man zwei Grundtypen von Drogenkonsumenten unterscheiden, die man bereits bei Alkoholikern vorfindet:

- Einen eher geselligen User-Typ, der die Gruppe braucht, um den richtigen Genuß von seinem Rausch zu haben (das berüchtigte, unheimlich weitverbreitete *social drinking* kann man hier getrost als Vorstufe betrachten; es dürfte nahe verwandt mit den ersten Zigarettenrauchversuchen Pubertierender sein).
- Einen eher einzelgängerischen User-Typ, wie er als stiller Säufer am geläufigsten sein dürfte.

Unser Modellfall *Ulysses* gehörte offenkundig der zweiten Art an. Er zog die Isolation vor; Kontakte mit Gruppen des Undergrounds waren Ausnahmen, waren ihm nach eigener Aussage sogar eher unangenehm. Was er allerdings immer wieder brauchte, war der Kontakt zu einzelnen Individuen wie Freddy aus der oder am Rande der Drogen-Szene.
Der englische Psychoanalytiker Michael Balint prägte für diesen Typus (nicht speziell als Drogenkonsument, sondern überhaupt als psychisch Gestörter) den Begriff des Philobaten (1960, S.23–27). Das ist der narzißtisch gestörte Einzelgänger, der die »freundlichen Weiten« liebt und den Nervenkitzel, die Angstlust, den *thrill*. Anschauliches Paradigma: der Akrobat. Hermann Argelander hat 1972 in seiner psychoanalytischen Fallstudie »Der Flieger« einen solchen Menschen geschildert. Das Gegenstück nennt Balint den Oknophilen. Es ist der Mensch, der sich verzweifelt an jedes erreichbare Objekt anklammert, der nicht loslassen kann. Der also genau das nicht hat, was der Philobat im (eventuell ungesunden) Übermaß besitzt; und letzterem wiederum fehlt jenes gesunde Quantum von Bindungsfähigkeit (an Objekte), die den Oknophilen für seine Umwelt oft so lästig werden läßt.
So anschaulich Balints Beschreibungen dieser beiden Ausprägungen der Grundstörung sind, und so gut sie sich auch auf unsere beiden Arten von Usern übertragen lassen – die Alkoholiker und Opiat-Fixer als Oknophile, die Halluzinogenkonsumenten und Amphetamin-Fixer als Philobaten –, so führt uns doch eher der Ansatz weiter, den Heinz Kohut

entwickelt hat. Letzterer ist weniger beschreibend als dynamisch-erklärend. Er ist außerdem praktisch-therapeutisch besser anwendbar und hat zudem den Vorteil, sich nahtloser in das bestehende Theoriengebäude der Psychoanalyse einfügen zu lassen. Ich will hierauf nur verweisen, nicht näher auf diese sehr diffizile Materie eingehen.)

Für das Verständnis des Drogenkonsumenten sind besonders Kohuts Arbeiten über »narzißtische Wut« (1973a) sowie über »Formen und Umformungen des Narzißmus« (1966) relevant. Für unser Thema ganz gut brauchbar ist seine Unterteilung in zwei Abarten der narzißtischen Abspaltung von Gefühlen:

Die schizoide Form der psychischen Abwehrorganisation »ist das Ergebnis der (vor)bewußten Wahrnehmung eines Menschen, daß er nicht nur narzißtisch verwundbar ist, sondern auch und spezifischer, daß eine narzißtische Kränkung die Gefahr einer unkontrollierten Regression auslösen kann, die ihn unwiderruflich hinter die Stufe der kohärenten narzißtischen Kernkonfigurationen zurückwerfen könnte. Diese Menschen haben daher gelernt, sich von anderen zu distanzieren, um die spezifische Gefahr zu vermeiden, die eine narzißtische Kränkung für sie darstellen würde« (1973, S.29).

Ich will mit diesem Zitat nicht behaupten, daß der von mir gemeinte, bei Ulysses sehr charakteristisch zutage tretende Typus des einzelgängerischen Drogenkonsumenten mit diesem schizoiden Typus* identisch sei. Aber zumindest weisen beide Persönlichkeitsstrukturen doch sehr nahe Verwandtschaft auf. Kohut hält diesen schizoiden Typus für charakteristisch bei Menschen, die zur Entwicklung von Psychosen neigen, und sagt ausdrücklich: »man findet sie jedoch nicht bei Patienten mit analysierbaren narzißtischen Persönlichkeitsstörungen«. Die weitere Beschreibung, die Kohut dann gibt, paßt aber so gut auf eine Reihe bekannter Halluzinogen-Konsumenten, daß ich sehr zu der Annahme neige, beim User von Haschisch und LSD zumindest liege viel-

* Kulturgeschichtlich interessant ist in diesem Zusammenhang, daß Cervantes in seiner Novelle vom »Gläsernen Lizentiaten« einen Menschen beschreibt, der durch ein Gift – Ololiuqui? – eine Wesensänderung zum typisch Schizoiden hin erfährt (von Jan 1954).

leicht eine Art von psychischer Struktur vor, die zwischen dem prä-psychotischen Schizoiden und den eigentlichen (analysierbaren) narzißtischen Persönlichkeitsstörungen angesiedelt ist, wobei gerade der Drogenkonsum den Unterschied ausmacht.
Der Alkoholiker entspräche dann eher dem Typus des Depressiven, der noch nicht so stark beeinträchtigt ist (vor allem in seinen Objekt- resp. Gruppenbeziehungen) wie der Schizoide.
Den Fixer schließlich muß man wohl den (prä-psychotischen) Borderline-Fällen in noch größerem Maße zuordnen, als es beim Halluzinogenkonsumenten der Fall ist.

3.3 Die einzelnen Stadien der Drogenkarriere

Nach diesem Rückgriff in die Gruppendynamik und Psychodynamik, der das Verständnis für die User-Psyche vertiefen sollte, will ich nun anhand unseres Modellfalles die Drogenkarriere näher untersuchen. Einstiegs-Phase und Verzweiflungs-Phase dienten uns schon als eine erste grobe Unterteilung. Ehe ich hier weiter differenziere, seien zwei andere Studien speziell zur Frage der Drogenkarriere erwähnt: die von Wolfram Keup (1972) und die von Helmut Waldmann und Mitarbeitern (1973). Beide Arbeiten betonen die multifaktorielle Genese der Entwicklung einer Drogenabhängigkeit.

3.3.1 Das Modell von Keup

Wolfram Keup unterscheidet zunächst zwischen fünf verschiedenen User-Typen auf der Basis ihrer Motivation zum Drogenkonsum, wobei er von der Beobachtung ausgeht, »daß die Anzahl der mißbrauchten Substanzen und der Erfolg mit verschiedenen psychiatrischen Behandlungsvorgehen in gewisser Weise korreliert sind« (S.73):

1. Die *Sucher* sind sich vage bewußt, daß mit ihnen etwas nicht in Ordnung ist, haben große Kontaktschwierigkeiten und andere neurotische Symptome. Sie nehmen Drogen meist als Selbsthilfe. Die Therapie sollte ähnlich wie

bei Psychosen aussehen, Psychopharmaka helfen oft. Drogenfreiheit wird relativ leicht erreicht durch Einsichtigmachen des Selbsthilfecharakters des Drogenkonsums, wird aber durch darunterliegende psychische Störungen begrenzt.

2. Die *Experimentierer* machen etwa ein Viertel der User aus. Sie probieren die verschiedenen Mittel in fast wissenschaftlicher Weise aus, sind gut informiert, aktiv und sozial aufgeschlossen. Als Therapie bietet sich erfolgreich an, sie zu konvertieren und anderen Usern helfen zu lassen. Die Prognose ist günstig, wenn sie sich von Opiaten und anderen harten Drogen ferngehalten haben.
3. Die *Dionysier* leben sorglos dem Augenblick, sind unbeschwert, kontaktfroh, von mittlerer Intelligenz, im Grunde selbstisch und unreif (dem widerspricht, daß Keup sie als »bindungsfähig« apostrophiert). Ein großer Teil zeigt keine ausgesprochene Psychopathologie, aber Anpassungsschwierigkeiten und ähnliches beherrschen jedoch das Bild. Therapeutisches Ziel ist zunächst die Bewußtmachung der selbstzerstörerischen Antriebe; Reorientierung im sozialen Kontaktmodus ist schwierig.
4. Die Wahllosen oder *Nimmersatten* zeichnen sich durch rücksichtslose Aggressivität, Wahllosigkeit (hier beim Drogenkonsum), Selbstüberschätzung, hochgradige Egozentrizität und Einzelgängertum aus, sowie durch Rücksichtslosigkeit gegen sich selbst. Deshalb sind sie durch Opiate, Überdosierung und wirkliche Sucht gefährdet. Bisweilen treten wegen des erhalten gebliebenen Realitätssinnes ernste depressive Phasen auf, aus denen man sich durch Drogen zu retten versucht. Die Therapie ist äußerst schwierig, da es sich im wesentlichen um Psychopathien und Charakterveränderungen handelt. Sie sind den Dionysiern verwandt, aber bindungsunfähiger, aggressiver und haben schlechtere Therapieaussichten.
5. Die *Konformisten* nehmen Drogen aus dem Wunsch nach Anpassung an ihre Umgebung; sie stellen etwa ein Sechstel der User (an Colleges der USA). Sie sind manchmal schwache, unselbständige Naturen, noch öfter auch einfach unreif. Die Therapie muß auf Herauslösen aus der Drogenszene ausgerichtet sein.

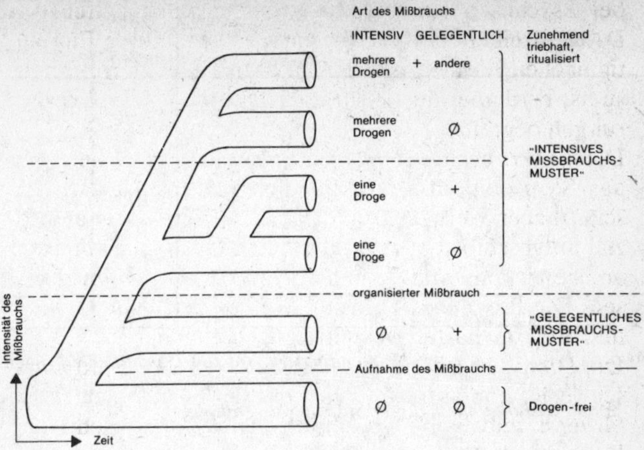

Abb. 2: Die Stufen der typischen Drogenkarriere (nach W. Keup)

Keup, der annimmt, daß »diese Typen gleichermaßen für deutsche Verhältnisse zutreffen« (S.76), hat außerdem ein Schema für eine typische Drogenkarriere entwickelt (s. Abb.), das er in Kombination mit den oben beschriebenen fünf Motivationstypen in der Anfangssituation der jeweils untersuchten User zum Ausgangspunkt für die Diagnose und einen Therapieplan verwendet.
Wie sich die mittlere Stufe (A) der Drogenkarriere, der »gelegentliche Mißbrauch«, bei 204 von Keup 1969 in New York City untersuchten College-Studenten pro Motivationstyp der User verteilte, zeigt die folgende Tabelle.
Meine Kritik an diesem Modell einer Typischen Drogenkarriere gilt, wie auch beim folgenden Modell von Waldmann u. a. der Tatsache, daß hier sehr schematisch aufgrund von oberflächlichen Statistiken ein in Wahrheit wesentlich differenzierter psycho- und gruppendynamischer Prozeß allzusehr vereinfacht wird. Wie ich in meinem eigenen Modell zeigen will, läßt sich mit solchen Etiketten, auf denen Dionysier oder Konformist steht, für die praktische Arbeit ebenso wie für theoretische Überlegungen recht wenig anfangen. Ich bin mir dessen bewußt, daß die enorme Frequenz von Drogenberatungsstellen, psychiatrischen Ambu-

STUFE der Drogenkarriere		Konformisten	Dionysier	Sucher	Experimentierer	Wahllose	(Nicht klassifiziert)	SUMME
C_2	7	—	3	10	15	19	3	50
C_2*)	6	—	8	10	18	2	2	40
C_1	5	—	5	4	3	—	2	14
B_2	4	—	9	5	4	—	4	22
B_1	3	2	7	2	—	—	1	12
A	2	11	13	2	4	—	4	34
Drogenfrei*)	1	20	2	5	3	—	2	32
SUMME		33	47	38	47	21	18	204

Abb. 3: Mittlere Stufe der Drogenkarriere von 204 US-Studenten (nach W. Keup)
(Von einer höheren zu dieser Stufe herabgemindert)*

lanzen und dergleichen solche Diagnosehilfen zunächst einmal notwendig macht. Aber sowohl für die Psychotherapie wie für den gesamten sozial-pädagogischen bzw. prophylaktischen Ansatz ist ein solches Modell zu rigide.

Gewiß könnte man jeden der im folgenden erwähnten Fälle dem einen oder anderen dieser fünf Motivations-Typen zuordnen, bei entsprechend grobem Raster geht das allemal. Aber schon wenn man diesen Raster in entsprechend langen Zeitabständen anlegt, zeigt sich rasch die Unzulänglichkeit dieser statischen und statistischen Methode. Wenn man schließlich nach Ursachen und schon gar nach Ursachenvermeidung fragen möchte, kommt man ohne den von mir vorgezogenen psychodynamischen und sozial-pädagogischen Ansatz erst recht nicht mehr weiter.

Beispielsweise kann man Ulysses für den Zeitraum, den ich *Einstiegs-Phase* nenne, bestimmt als Experimentierer im Sinne des Keupschen Modells bezeichnen. Aber während seiner Verzweiflungs-Phase zeigte er wesentlich deutlicher Züge des Suchers. Andererseits zeigte er, zumindest bei Beginn der Einstiegs-Phase, deutlich ausgeprägte dionysische und wohl auch konformistische Züge.

Stefan A., ein junger Fixer, war sicher ein ausgesprochen Wahlloser oder Nimmersatter – aber genauso stark waren seine Züge als Experimentierer und Sucher ausgeprägt und

zumindest zu Beginn seiner Drogenkarriere war er ein typischer Konformist (s. S. 104f., 107, 133).
Keup schwächt die Aussagekraft seines Modells insofern selber ab, als er meint: »Wie alle solche Typen, sind auch die unseren als Verdichtungen in einem sonst fließenden Spektrum der Population anzusehen, ohne qualitativen oder quantitativen Absolutheitsanspruch im Einzelfall ...« (S. 73).
Sein Fehler liegt meiner Auffassung nach darin, daß er diese Typen als relativ selbständige Charakterstrukturen sieht (wie seine Kurzbeschreibungen zeigen) – wohingegen ich diese fünf nicht als parallele, voneinander unabhängige Formen betrachten, sondern als verschiedene Durchgangsstufen in einem kontinuierlichen Entwicklungsprozeß. Sehr vereinfacht könnte dieser so aussehen (wobei der Grad der psychosozialen Schädigung und damit dementsprechend die Qualität und Quantität des Drogenmißbrauchs den Standort bestimmen; in eckigen Klammern die Bezeichnungen aus meinem eigenen Modell, s. S. 91, 93):

1. Konformisten (mit extremer Anpassung infolge von Selbstunsicherheit fängt die Drogenkarriere an) [Einstiegs-Phase, vor allem 3.4.2.1 und 3.4.2.2].
2. Sucher (psychodynamisch gesehen liegt Suchverhalten – Suche nach der Identität, nach Selbstverwirklichung – allen Stufen der Drogenkarriere mehr oder minder intensiv zugrunde; hier liegt bereits eine weitgehende Lockerung der Konformisten-Haltung vor) [Einstiegs-Phase, vor allem 3.4.2.1, 3.4.2.4 und 3.4.2.5].
3. Experimentierer (im Grunde experimentiert jeder, der Drogen nimmt, sehr intensiv; darüber hinaus sind die meisten User wahrscheinlich ohnehin polytoxikoman, d. h. sie nehmen nacheinander oder gleichzeitig mehrere Mittel [Einstiegs-Phase, vor allem 3.4.2.3, 3.4.2.4 und 3.4.2.5].
4. Dionysier (diesen Aspekt des Genießerischen, Sichselbst-Verwöhnenden finde ich als Antwort auf depressive Zustände mehr oder minder stark eigentlich bei den meisten Usern) [alle Stadien der Einstiegs-Phase, vor allem 3.4.2.2 und 3.4.2.3].

5. Wahllose oder Nimmersatte (dies ist eigentlich nur ein anderer Ausdruck für Menschen, die von oraler Gier getrieben werden, wie ich sie in unterschiedlicher Abstufung bei allen Usern vorfand) [Verzweiflungs-Phase, speziell 3.4.3.3 und 3.4.3.4].

Tatsächlich dürften sich Keups Modell und meines weniger widersprechen, als es zunächst den Anschein hat. Die Unterschiede rühren daher, daß er mehr die äußeren Faktoren (soziales Gebaren, Anzahl und Art der Drogen usw.) berücksichtigt, während ich das Schwergewicht auf den intrapsychischen Aspekt lege. Beide Sehweisen ergänzen sich.

3.3.2 Das Modell von Waldmann, Schönhöfer und Hasse

Helmut Waldmann, Peter S. Schönhöfer und Heinz E. Hasse unterscheiden vier Stadien in der Entwicklung der Drogenabhängigkeit, speziell bei Jugendlichen. Es sind dies:

Stadium I: Drogenmotivation

Hier wird die rebellische Haltung der Jugendlichen hervorgehoben, welche sich gegen die Anpassung an die starre Ordnung einer auf Konsum und Leistung festgelegten Gesellschaft wehren. Sie »befinden sich in einer entwicklungsspezifischen Konfliktsituation zwischen individuell intendierter Lebensform und geforderter Anpassung an die Umwelt. Auf der Suche nach Selbstverwirklichung und Identifikation streben sie nach Entfaltungsmöglichkeiten außerhalb tradierter Normen ...« (S. 328). Als Anlaß zur Überschreitung der Schwelle bei der ersten Drogeneinnahme »kommt also nicht nur die (äußere) ›Griffnähe‹ der Droge [Kielholz 1972] in Betracht, sondern vor allem die Affinität zum Rauscherleben und der Wunsch, ›in‹ zu sein, die als innere Griffnähe umschrieben werden kann. Jedoch sind dabei solche Motivationen wie ›Neugier‹ oder ›Genuß‹ nicht Ursache, sondern Symptom eines tieferen Strebens, den phasenspezifischen Rollenkonflikt durch den Einsatz unkonventioneller Methoden prinzipiell neu zu lösen«. In diesem ersten

Stadium findet man Jugendliche, die »keine Distanz mehr zu den psychoaktiven Drogen haben, die grundsätzlich drogenmotiviert sind«. Solange sie ihre ersten Rauscherfahrungen sammeln, werden sie von den Autoren »Probierer« genannt, davor »potentielle Rauschmittelkonsumenten«.

Stadium II: Drogenerfahrung

Hier steht das Gruppenerleben mit oft ritualisiertem Drogenkonsum und Gemeinschafts-Feeling im Mittelpunkt. In diesem Stadium dienen die Räusche nicht dazu, Probleme persönlicher oder anderer Art zu lösen, »sondern Konflikte werden im Gegenteil unter der Wirkung der Drogen akzentuiert wahrgenommen«. Die Halluzinogene haben dabei »eine Verstärkerfunktion bei gleichzeitiger drogeninduzierter, veränderter Wahrnehmung der Situation«. Diese speziellen Drogenwirkungen führen, zusammen mit den für die jeweilige Phase der Persönlichkeitsentwicklung typischen Arten der Reizverarbeitung, »zu einem eindrucksvollen Erleben mit dem Charakter des Neuartigen und Erstmaligen, das als ›psychedelische Erfahrung‹ interpretiert wird«.
(Nicht mitgehen würde ich mit den Autoren bei der Beobachtung, daß in diesem Stadium eine Abnahme »der affektiven Bindung an frühere Erfahrungen« eintritt – im Gegenteil: nicht nur bei Ulysses läßt sich eine ausgesprochene Faszination und intensive Beschäftigung mit Kindheitserinnerungen bis hin zum tagtraumartigen Grübeln über die traumatische Bedeutung solcher Erlebnisse feststellen. Wo diese Zunahme der affektiven Bindung an Vergangenes nicht zu beobachten ist, würde ich annehmen, daß sie wohl auch vorhanden, aber so negativ besetzt ist, daß sie verdrängt bleibt. Sie läßt sich aber, etwa in der Therapie, sehr wohl nachweisen, beispielsweise anhand von Träumen. Man lese hierzu auch die drei Fallstudien von Amedeo Limentani, 1968).
Jedenfalls entscheidet sich in diesem Stadium, ob der Jugendliche in die früheren sozialen Bindungen zurückfindet und eventuell nur gelegentlich noch einmal die eine oder andere Drogenerfahrung macht, und zwar nicht im Rahmen einer speziellen Underground-Gruppe – oder ob »die Droge

zum alleinigen Organisationsprinzip des Lebens wird«. Im letzteren Fall kommt es zum

Stadium III: Drogenbindung

Nun spielt die Droge (ich ziehe es vor zu sagen: der Rausch) eine neue Rolle, die der Konfliktverdrängung. Die Gruppe tritt mehr und mehr in den Hintergrund, während sich die »Zunahme der pharmakodynamischen Durchschlagskraft der Drogen« (Wanke 1971) in den Vordergrund schiebt. Drogenwirkung »ist schließlich zum alleinigen Prinzip der Lebensbewältigung geworden« (S. 329). Diesen Typ des Konsumenten bezeichnen die Autoren als »entsozialisierten User«. Schließlich kommt es zum

Stadium IV: Drogenkonditionierung

Hier läßt sich, speziell bei Opiatfixern, eine Koppelung des Suchens und Erlebens an die Drogenwirkung nach Art des bedingten Reflexes beobachten. Bei Wegfall der Droge kommt es zu ausgesprochenen körperlichen Entzugserscheinungen (die übrigens inzwischen immer häufiger, wenngleich nicht so ausgeprägt wie bei Fixern, auch bei Haschern beobachtet werden!). Rausch und Droge sind gewissermaßen fester Bestandteil des psychosomatischen Haushalts geworden.
Meine Kritik an dieser Stadieneinteilung bei Waldmann u. Mitarb. (wie auch bei Wanke u. Mitarb. 1972, S. 25) richtet sich nicht gegen die Unterscheidung der Stadien an sich, die man ja tatsächlich beobachten kann. Vielmehr stört mich, daß bei der Beschreibung und Erklärung derart intensiver psycho- und gruppendynamischer Vorgänge immer wieder die Droge selbst und ihre Einnahme das wissenschaftliche Kriterium, den Parameter abgeben. Waldmann und seine beiden Kollegen sprechen bezeichnenderweise von Drogenmotivation, Drogenerfahrung, Drogenbindung, Drogenkonditionierung – dabei sind es doch der *Rausch*, das Rauscherleben mit seiner Regression, seiner Ich-Entgrenzung, seiner Veränderung des Farb-, Raum-Zeiterlebens, seiner Bewußtseinserweiterung, seiner Intensivierung des Musikerlebens, ja sogar seiner Annäherung an religiös-

transzendentale Erfahrungen, welche der Drogenkonsument sucht! Solange man – und das gilt auch für Keups Modell – die Droge in den Mittelpunkt der Aufmerksamkeit stellt und nicht den Rausch, wird man zum einen die eigentliche Motivation des Users nicht verstehen können und zum anderen keine neuen Ansätze zur Therapie und Prophylaxe entwickeln können. Das führt dann im Extremfall zu so grotesken Fehlentwicklungen wie den Methadon-Programmen in den USA[30], wo man Heroinsüchtigen das nicht weniger gefährliche Methadon (Polamidon) gibt, also eine Droge einfach durch eine andere ersetzt, obwohl doch die Ursachen der Heroinsucht in psychischen und sozialen Fehlentwicklungen gesehen werden müssen, also nur psychotherapeutisch und sozialpädagogisch angegangen werden können[31]!

Aus ähnlichen Gründen läßt sich auch die Abhängigkeits-Definition der Weltgesundheitsorganisation (von N. B. Eddy u. Mitarb.) selbst in der (bereits verbesserten) Form von 1965 nicht halten. Sie ist noch mechanischer drogenorientiert als dies die referierten Arbeiten sind, und unterscheidet lediglich sieben Wirkungstypen (»Abhängigkeit vom Alkohol-Typ, Cannabis-Typ«, etc.). Für entwicklungspsychologische Fragen ist da überhaupt kein Platz mehr. Aber auch Waldmann u. Mitarb. bleiben beim Hinweis auf eine »innere Griffnähe« der Droge stehen. Auch der Frage bleibt man die Antwort schuldig, warum der eine User ins Stadium III der Drogenbindung überwechselt, während der andere in die tradierte Wertewelt zurückkehrt (?) und sich mit einem gelegentlichen Joint am Wochenende bescheidet, während ein dritter – siehe Ulysses – über eine Psychotherapie den Weg zu sich selber findet und damit die Drogen, die Räusche und die Drogenszene nicht mehr benötigt. Bei einem ersten Gespräch in der Drogenberatungsstelle bescheidet man sich doch nicht mit der Frage, welche Drogen jemand genommen hat und wie sie (formal) gewirkt haben, sondern man läßt sich möglichst detailliert die Inhalte der Rauscherlebnisse schildern, um zu sehen, welches Konfliktmaterial aus dem Unbewußten hochgespült wurde, damit man einen therapeutischen Ansatzpunkt findet; zumindest habe ich es in meiner Arbeit immer so gehalten. Was mich schließlich bei den referierten Arbeiten noch stört, ist die ausschließliche Berücksichtigung des Gruppenmilieus zumindest in den Stadien I und II (Waldmann u. Mitarb.). Nach meinen Beobachtungen – siehe Ulysses – ist der Einzelgänger durchaus ein eigener Typ von Anfang an.

3.4 Eine Verlaufsanalyse

Sowohl Keup wie Waldmann und Mitarbeiter gehen eher mechanisch-statistisch vor. Mein Ansatz sieht etwas anders aus. Ich will analysieren, wie die Dynamik der Objektbeziehungen bei jemandem aussieht, der so ganz allmählich in den Drogengenuß, den Mißbrauch und endlich in die Abhängigkeit hineinschlittert. Entsprechend meiner weiter oben vorgenommenen Unterscheidung zwischen einem depressiven und einem schizoiden Konsumententypus müßte ich eigentlich zwei Arten von Drogenkarriere unterscheiden. Die erste (depressive) läuft mehr über eine Gruppe, die zweite (schizoide) mehr in der Vereinzelung bzw. in der sporadischen Zweierbeziehung ab. Da zumindest bei den Halluzinogenkonsumenten, soweit sie mir bekanntgeworden sind, depressive und schizoide Züge nebeneinander vorkommen, und zwar mit einem Übergewicht in Richtung Schizoidie (dies ist allerdings eher eine Vermutung aufgrund meiner praktischen Erfahrungen als eine solide untermauerte Tatsache), wäre es immerhin denkbar, daß auch der depressive User, nach anfänglicher Gruppenorientierung, unter dem Einfluß des Halluzinogens allmählich in die Schizoidie driftet. Dafür würde schon die grundlegende Innengerichtetheit sprechen, die – wie oben schon erwähnt – eigentlich auch den Gruppenbezug von vornherein in einer schizoiden Weise mißbraucht: eben nicht als Gemeinschaft von Menschen, sondern als quasi nicht-menschliche, vor allem anspruchslose, spiegelnde Objekte.

Ein noch sehr einfaches psycho- und gruppendynamisches Modell der Drogenkarriere würde demnach so aussehen:

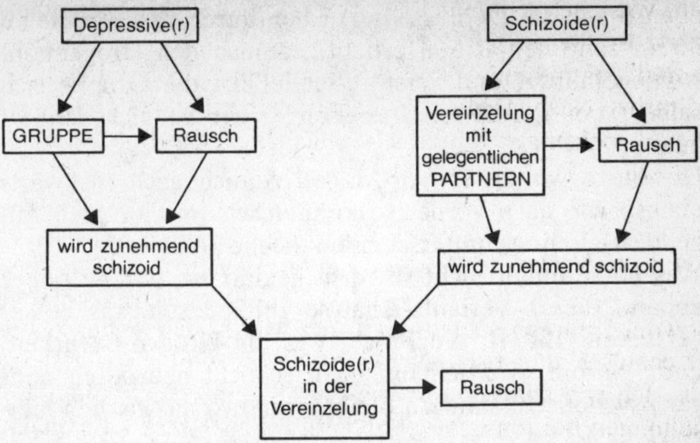

Abb. 4: Vor-Modell der Drogenkarriere. Zwei Charakterstrukturen, die – über die Rauschzustände – zu einem Ziel führen: zunehmende Schizoidie. Den Depressiven muß man sich mit schizoidem, den Schizoiden mit depressivem Einschlag denken. Die Pfeile geben die Interessenrichtung (libidinöse Besetzung) bzw. die pathologische Veränderung an.

In Worten: Sowohl der depressive wie der schizoide User haben zunächst außer der Droge (= Rausch) noch Bezugsobjekte, nämlich die Gruppe bzw. den gelegentlichen Partner. Erst in einem der nächsten Schritte werden diese – ohnehin schon ziemlich wertlosen – Objekte noch mehr ihres menschlichen Wertes beraubt und Droge/Rausch nehmen an subjektivem Wert für den User zu. Was heißt das aber? Es bedeutet, daß der User seine Pseudo-Besetzungen von Gruppe/Partner aufgibt, denn etwas anderes als pseudo waren sie von Anfang an kaum für ihn; man könnte hier von einer Art Übergangsobjekt sprechen, wie David Winnicott (1974, S. 143–147) das nennt. Statt dessen ermöglicht der Rausch ihm endlich den Kontakt mit dem, was er schon lange vorher, und zwar ziemlich verzweifelt, gesucht hat: sich selbst, *sein Selbst*.

Es sei hier nur am Rande angemerkt, daß der Drogenkonsum den Zerfall dieser ohnehin nur oberflächlichen (Pseudo)Objektbeziehungen noch fördert, denn er verstärkt offenbar bereits auf pharmakologischem Weg die Schizoidie

ebenso wie die Depressivität. Eben durch das, was sie zu ihrem zentralen Ritual erhebt, nämlich den Drogenkonsum, gefährdet und zerstört schließlich die Gruppe sich selber; bei der Zweierbeziehung sieht es nicht anders aus.
Erweitern wir unser Vor-Modell zeitlich nach rückwärts ebenso wie nach vorne, so können wir im einzelnen folgende Teilschritte unterscheiden: (siehe Tafel S. 93).
Was noch immer nicht so recht geklärt ist, was sich aber anhand dieser Verlaufs-Analyse zumindest etwas besser verstehen läßt, ist die Frage, was die Drogen bewirken, und: Warum wird jemand nicht schlicht neurotisch oder gar psychotisch, sondern bleibt irgendwo dazwischen hängen?
Da die Drogenräusche, und zwar alle (das macht ja gerade das Wesen eines Rausches aus) die Persönlichkeitsstruktur lockern, die Ich-Funktionen schwächen (vor allem die Realitätskontrolle und die Selbstkritik) und zeitweilig sogar die Identität beeinträchtigen, muß der User genau dies erreichen wollen: Lockerung der seelischen Struktur, Schwächung der Ich-Funktionen und Beeinträchtigung der Identität. Er tut also genau das, was für den Neurotiker noch kein Problem zu sein scheint und was den Psychotiker mit großer Angst erfüllt! Die Lösung liegt nach meiner Meinung darin, daß der Drogenkonsument aus irgendwelchen (unbewußten) Gründen zunächst glaubt, nach den ersten positiven Rauscherlebnissen aber sicher weiß, daß der Rausch ihn in Wahrheit zu sich selbst führt, daß die Kraft der Droge(n) seine Identität herstellt[4].
Es muß dies eine Identität (ein Selbst) sein, die er bereits irgendwann in seinem Leben einmal als zu sich gehörend, als ihn repräsentierend erfahren hat. Aus irgendwelchen Gründen (s. unten) wurde dann dieses Selbst/Identitäts-Gefühl gestört; der spätere User verlor es gewissermaßen zunehmend aus den Augen. Es entwickelte sich das, was D. W. Winnicott (1974, Kap. 12) und Ronald D. Laing (1974) das Falsche Selbst nennen. Da dieses Falsche Selbst aber weitgehend mit der allmählich entstehenden Persönlichkeitsstruktur und den reifenden Ich-Funktionen

3.4 *Die einzelnen Schritte der Drogenkarriere*

3.4.1 Vorbereitende Phase
3.4.1.1 Schädigungen in der frühen Kindheit
2 Narzißtische Schädigung
3 Schädigungen in der Pubertät
4 Prägendes Intervall
3.4.2 Einstiegs-Phase
3.4.2.1 Verführung zum Rausch
2 Positive Rauscherfahrungen
3 (Pseudo)Stärkung des Selbstbewußtseins
4 Affektive Koppelung von Rausch und rauschvermittelndem Objekt
5 Lösung der äußeren und Verstärkung der inneren Bindungen
3.4.3 Verzweiflungs-Phase
3.4.3.1 Mißlingen einer (reifen) Objektbeziehung
2 Totaler Rückzug von den äußeren und Hinwendung zu den inneren Objekten
3 Weitere Aufwertung der Räusche (Fetischierung)
4 Totale Entwertung der Objekte
5 Kontakt mit dem Selbst nur noch über den Rausch
6 Selbst-Vernichtung

Wenn keine Wendung in positiver Richtung eintritt (zum Beispiel durch eine Psychotherapie), wird das Seelenleben des (späteren) Users immer mehr gestört. Vor allem werden Wahrnehmung, Gedächtnis, Aktions- und Reaktionsfähigkeit zunehmend eingeengt. Gleichzeitig wird das Gleichgewicht von Außenwelt- und Innenwelterleben zunehmend nach innen verschoben, und zwar schon bevor der erste Drogenrausch erlebt wird. Dieser setzt dann eine eigene Dynamik frei, welche vor allem durch eine fortlaufende Entwertung der Außenwelt und ihrer Objekte, eine vorübergehende Überbewertung von (der Selbst-Spiegelung dienenden) Pseudo-Objekten und vor allem eine Überschätzung sowie libidinösen bzw. aggressiven Überbesetzung der Innenwelt und ihrer Objekte gekennzeichnet ist. Schließlich überwiegen die aggressiven Kräfte die libidinösen und zuletzt die selbstaggressiven alle anderen.

(vor allem nun in Form von psychischen Abwehrmechanismen) samt Realitäts- und (Falsches) Selbst-Kontrolle identisch ist, verwundert es nicht weiter, daß der User danach strebt, dieses Falsche Selbst über den Rausch aufzulösen, immer wieder, um endlich an das lange vermißte Wahre Selbst zu gelangen! Der Neurotiker hat ja seine wahre Identität schon gefunden, erlebt Probleme offenbar nur im Randbereich, wo persönliche Bedürfnisse (vor allem sexuelle Triebwünsche) und kulturelle Normen aufeinander prallen, sich nicht miteinander vereinbaren lassen. Deshalb kann sich der Neurotiker mit der relativ milden Entspannung und Euphorie eines Weinschwipses oder eines Tranquilizers zufriedengeben. (Genau dies erstrebte übrigens der vermutlich depressiv-neurotische Freud mit seinen Kokain-Euphorien.)

Der Psychotiker aber hat noch nie eine nennenswerte Identität besessen, verfügt nur über ein »fragmentiertes Selbst«, wie Heinz Kohut (1973) das sehr anschaulich nennt. Auch er zieht also aus einem regelrechten Rausch keinen Nutzen, kann aber mit der stark dämpfenden Wirkung eines Neuroleptikums ruhiggestellt werden – was bedeutet, daß er gar kein Selbst mehr braucht, denn er ist ja nun kein funktionstüchtiger, von Innen- wie Außenwelt geforderter Mensch mehr, der eines integrierenden Selbst im üblichen Maße bedürfte.

Ähnlich wird es, um diesen Versuch einer Differentialdiagnose zu ergänzen, mit dem Perversen sein (der sein wahres Selbst durch die Perversion, etwa einen sadistisch mißhandelten Partner oder einen Fetisch, erfährt oder wenigstens erahnt) oder mit Borderline-Fällen, anderen narzißtisch Gestörten, Kriminellen und so weiter. Aber wie bewerkstelligt der Rauschzustand beim User die Annäherung an das Wahre Selbst? Die Ausschaltung des Falschen Selbst durch Lähmung der Ich-Funktionen wurde bereits erwähnt. Es muß aber noch ein Weiteres hinzukommen, nämlich die Überwindung dessen, was Freud in einem nachgelassenen Fragment »Die Ichspaltung im Abwehrvorgang« genannt hat. Er schreibt 1938:

»Es ist mir ... aufgefallen, daß das jugendliche Ich der Person, die man Jahrzehnte später als analytischen Patienten kennenlernt, sich in bestimmten Situationen der Bedrängnis in merkwürdiger Weise benommen hat ... Das Ich des Kindes befindet sich also im Dienste eines mächtigen Triebanspruchs, den zu befriedigen es gewohnt ist, und wird plötzlich durch ein Erlebnis erschreckt, das es lehrt, die Fortsetzung dieser Befriedigung werde eine schwer erträgliche reale Gefahr zur Folge haben. Es soll sich nun entscheiden: entweder die reale Gefahr anzuerkennen, sich vor ihr beugen und auf die Triebbefriedigung zu verzichten, oder die Realität verleugnen, sich glauben machen, daß kein Grund zum Fürchten besteht, damit es an der Befriedigung festhalten kann. Es ist also ein Konflikt zwischen dem Anspruch des Triebes und dem Einspruch der Realität.« Und nun kommt der entscheidende Punkt: »Das Kind tut aber keines von beiden, oder vielmehr, es tut gleichzeitig beides, was auf dasselbe hinauskommt. Es antwortet auf den Konflikt mit zwei entgegengesetzten Reaktionen, beide gültig und wirksam. Einerseits weist es mit Hilfe bestimmter Mechanismen die Realität ab und läßt sich nichts verbieten, andererseits anerkennt es im gleichen Atem die Gefahr der Realität, nimmt die Angst vor ihr als Leidenssymptom auf sich und sucht sich später ihrer zu erwehren.«

Der Preis für diesen faulen Kompromiß, der im Grunde ja nicht einmal gelingt, ist hoch: »Der Erfolg wurde erreicht auf Kosten eines Einrisses im Ich, der nie wieder verheilen, aber sich mit der Zeit vergrößern wird. Die beiden entgegengesetzten Reaktionen auf den Konflikt bleiben als Kern einer Ichspaltung bestehen. Der ganze Vorgang erscheint uns so sonderbar, weil wir die Synthese der Ichvorgänge für etwas Selbstverständliches halten.« (S. 59f.).

Freud versteht hier unter dem »mächtigen Triebanspruch«, der durch Ichspaltung bewältigt wird, ganz deutlich genitale Sexualität. Das zeigt er mit dem anschließenden Beispiel eines Knaben, der im Alter zwischen drei und vier Jahren durch ein älteres Mädchen verführt wird (sie zeigt ihm ihr Genitale) und nach Abbruch dieser Beziehung manuell zu onanieren beginnt, schließlich ertappt und mit Kastration bedroht wird. Um trotz Kastrationsdrohung weiter masturbieren zu können, schafft er sich einen Fetisch ...

Im Falle der Drogenkonsumenten kann der »mächtige Triebanspruch« nur etwas Orales sein. Interessanterweise regrediert der Knabe in Freuds Fall ebenfalls auf die orale Phase – er bekommt nämlich Angst, vom Vater gefressen zu werden. Ich würde zumindest beim Drogenkonsumenten annehmen, daß er Angst hat, von der *Mutter* gefressen zu werden (s. oben S. 58). Das Beispiel bekommt dadurch eine besondere Note, weil Freud die kindliche Onanie als die Ursucht apostrophiert hat[5]. Und zwar würde ich eine Gefährdung durch gewaltige orale Gier annehmen. Um diese Gier einerseits abspalten, aber ihr andererseits doch frönen zu können, schafft sich vielleicht auch der Drogenkonsument einen Fetisch!

In der Tat kann man die Droge als einen solchen Fetisch betrachten (s. auch 3.4.3.3).

Eine derartige Ichspaltung (die dann zu einer Trennung der Persönlichkeit in ein Wahres und ein Falsches Selbst führt), dürfte der Kern der User-Genese sein. Dieser Spaltungsprozeß wird dementsprechend die Vorbereitende Phase strukturieren. Es ist einleuchtend, daß dieses Wahre Selbst nur ein Potential, keineswegs schon eine reife, stabile psychische Struktur sein kann (s. auch Anm. 37).

Ich will hier noch einen Gedanken anschließen, der das Verständnis der Funktion des Drogenrausches erleichtern könnte. Oskar Pfister hat 1930 Gedanken und Phantasien von Leuten untersucht, die sich überraschend mit dem Tod konfrontiert sahen. Er fand, daß dann die Aufmerksamkeit ganz zurück in die frühe Kindheit gerichtet wird und, wie bei einem rasch ablaufenden Film, wichtige Erlebnisse noch einmal in komprimierter bildhafter Form ins Bewußtsein dringen. Da für diesen Erinnerungsvorgang lediglich wenige Sekunden zur Verfügung stehen, handelt es sich um skizzenhafte Eindrücke, bei denen nur wenige Details wahrgenommen werden. Dennoch hatten die Informanten Pfisters das Gefühl gehabt, daß ihr gesamtes Leben wie auf einer Bühne noch einmal vor ihnen abrollte. Kurt R. Eissler interpretiert diesen Vorgang in

»The Psychiatrist and the Dying Patient« (1955) folgendermaßen: »Es scheint, daß das Ich im Augenblick der höchsten Gefahr *eine neue Persönlichkeit konstruiert*, indem es so tut, als durchlaufe es noch einmal die gesamte Vergangenheit – wobei der Nachdruck auf Situationen liegt, in denen erfolgreich Gefahren abgewehrt wurden –, und diesen Vorgang in eine Zukunft weiterführt, die glücklich, schön und völlig frei von dem entsetzlichen Unglück ist, das sich der Person nun in der Wirklichkeit nähert.« (S. 182, Hervorhebung von J. vom Scheidt)
Ich habe mir überlegt, daß etwas Ähnliches den User zum Drogenkonsum motivieren könnte. Er befindet sich ja ebenfalls in einer Art Todesgefahr, wenn auch keiner so unmittelbar bedrohlichen: nämlich in der Gefahr, seelisch mehr und mehr zu erstarren, einen psychischen Tod zu sterben, bei dem das Falsche Selbst über das Wahre Selbst endgültig triumphiert. Das Eintauchen in den Rauschzustand, bei dem ja ebenfalls Erinnerungen aus vergangenen Kindheitstagen in direkter oder verschlüsselter Form reaktiviert werden und in einem raschen Strom von Assoziationen durchs Bewußtsein eilen, manchmal als ausgesprochenes Gedankenjagen erlebt, könnte ebenfalls ein Versuch sein, eine neue Persönlichkeit zu konstruieren, wie Eissler es nennt. Diese neue Persönlichkeit könnte dann das Wahre Selbst sein. Da dieser Rekonstruktionsprozeß jedoch gleichzeitig auch das Produkt einer Vergiftungsreaktion ist, kann es sich nur um Verzerrungen und dergleichen handeln, genau wie der Traum zwar auch die Persönlichkeit oder Teile der Persönlichkeit des Träumenden repräsentiert, aber eben als Ergebnis der verzerrenden, verschiebenden, transformierenden Traumarbeit (Freud 1900).
(Dieses als »Lebenspanorama« bezeichnete Phänomen wird allerdings in der Thanatologie [Moody, vom Scheidt 1982] ganz anders interpretiert: nämlich als tatsächliche Betrachtung des gesamten Lebens »angesichts der Ewigkeit«.)

3.4.1 Die vorbereitende Phase

3.4.1.1 Schädigungen in der frühen Kindheit

Für unseren Fall *Ulysses* habe ich genügend Belege für eine Frustrierung oraler Bedürfnisse und entsprechende Abspaltung der oralen Gier aufgeführt (s. die Zusammenfassung auf S. 40). Frühkindliche und Pubertäts-Traumatisierung (3.4.1.3) schließen dabei nahtlos aneinander an, desgleichen finden wir die narzißtische Schädigung (3.4.1.2) gleich in mehrfachem Ansatz (Entthronung durch die Geschwister und Rückkehr des Vaters ins Elternhaus nahmen die vorher oral sehr spendable Mutter in Beschlag und dämmten deren emphatische Zuwendung spürbar ein).

Damit aber diese Phase wirklich zu einer Vorbereitung des späteren Drogenkonsums wird, muß meines Erachtens noch etwas hinzukommen, das die Ichspaltung aufrechterhält und es nicht bei einer simplen Verdrängung der oralen Gier (wie sie bei vielen Depressiven, die nicht süchtig werden, zu beobachten ist) bewenden läßt. Ich meine, daß es eine Art ständig vorhandener Verlockung, ja Verführung sein könnte, welche die Lust nach Erfüllung der oralen Wünsche wachhält, mit der Erfüllung aber gleichzeitig kastrierende Elemente verknüpft, um bei Freuds Terminologie zu bleiben. In der Tat läßt sich diese prekäre Konstellation bei Ulysses vorfinden, wiederum mehrfach:

Die Mutter wendet sich ihm zu und ist einfühlsam (und wahrscheinlich ist das für das Kleinkind Befriedigung oraler Bedürfnisse in mindestens so intensiver Form wie die Brustfütterung für den Säugling!), solange er ihren Vorstellungen entspricht. Sobald er aber eigene Ideen entwikkelt, selbständig etwas tun will, seinen Willen durchsetzen möchte, entzieht sie ihm die Zuwendung. Also: Gerade zum Zeitpunkt höchster Befriedigung eine massive Kastration – das Abschneiden der mütterlichen Zuwendung im frühen Kindesalter dürfte einer realen Kastration recht nahekommen.

Ein 19jähriger Fixer, Stefan A., demonstrierte diese Kastrationsangst nicht nur in versteckter Form durch große

Furcht vor dem (friedlichen) Schäferhund, dem er stets begegnete, wenn er in die Beratung kam, sondern auch ganz offen. So träumte er, ein Panther (den er von einem Bild bei einer Tante kannte, wo er die Kindheit verbrachte) beiße ihm die Genitalien ab – »aber es tat nicht weh«, wie er betonte. Während der ganzen (zweijährigen) Behandlung deutete er immer ein Geheimnis an, das der Kern seiner Schwierigkeiten sei, von dem er aber nicht sprechen könne. Unsere Vermutung stellte sich dann als zutreffend heraus: Er befürchtete, einen zu kleinen Penis zu haben.

Hinter dieser Unfähigkeit, seine sexuelle Identität zu erleben, verbargen sich allerdings noch tiefere Identitätskonflikte. Er gelangte aus einem Stadium latenter Homosexualität (mit Verdacht auf gelegentliche manifeste homosexuelle Episoden) dahin, daß er fähig wurde, längere Zeit eine einigermaßen stabile Beziehung mit einer etwas älteren Frau aufzunehmen.

Traumatisierend dürfte bei Ulysses auch die zu frühe Sauberkeitsdressur gewirkt haben, wo allzu rasch in die ersten Regungen der eigenen Produktivität eingegriffen wurde, genau wie später in der Trotzphase die Willensentfaltung massiv manipuliert wurde (wenngleich dies aufgrund des fehlenden Vaters nicht so recht geklappt haben dürfte).

Von der Mutter des 17jährigen Haschers Klaus M. (angeblich nahm er bis zu 5 Gramm Schimmelafghan pro Tag) erfuhr ich, daß sie mit ihrem Mann für einige Wochen ins Ausland reiste und den damals acht Monate alten Jungen bei der Großmutter in Pflege gelassen hatte. Schon die Mutter litt unter dieser Trennung so, daß sie einmal mitten auf der Straße in jener fernen Stadt in Tränen ausbrach, als sie an ihr Kind dachte. Der Beginn des Drogenkonsums in einem Internat, der später zu Dealing und einer Jugendstrafe führte, fällt zeitlich ziemlich genau mit dem Tod dieser sehr liebgewordenen Großmutter zusammen, die während der Berufstätigkeit der erfolgreichen Mutter weiter den Haushalt und – bis zum Wechsel ins Internat – den Jungen betreute.

Ich möchte betonen: Wichtig ist dieses *ambivalente* Verhalten einer viel versprechenden – und, wenn das Kind fügsam war, auch viel spendenden – Mutter, die aber, wohl wenn sie enttäuscht oder anderweitig absorbiert war, ihre reichliche affektive Zufuhr ziemlich abrupt entziehen konnte. Das rasche Abstillen nach neun Monaten Brustfütterung bei Ulysses war hier nur das Modell für eine Reihe weiterer ähnlich gearteter Wechselbäder von oraler Verwöhnung und darauffolgender oraler Versagung, beides im weitesten Sinne. Der Umzug von der Kleinstadt H., dem mütterlichen Urgrund, in die Großstadt D. und dann, noch später, die Beendigung der Beziehung zu Sika durch die Freundin selbst, waren nur intensive Bestätigungen der immer wiederkehrenden Erfahrung:

»Ich bekomme sehr viel – und plötzlich ist gar nichts mehr da!« So entsteht gewissermaßen das Grundmuster Unzuverlässigkeit, in das sich der Drogenkonsum nahtlos einpaßt. Nur hat dieser einen gewichtigen Vorteil: Der Rausch stellt keine eigenen Ansprüche, erfüllt zuverlässig die in ihn gesetzten Erwartungen, ist nicht wetterwendisch in seiner affektiven Zufuhr wie die Mutter! Das aber bedeutet: Die Ichspaltung muß nicht länger aufrechterhalten werden, zumindest nicht, solange der Rausch anhält. Danach freilich wird die Sehnsucht nach dem schwindenden Gefühl der Einheit-mit-sich-selbst um so größer und frustrierender erlebt. Dem Junkie kann man sich also recht gut als Tantalus vorstellen …

In der psychischen Realität, in der Innenwelt, dürfte das Ganze sich als Rückkopplungsprozeß abspielen. Wie Freud 1901 betont hat, ist das Unbewußte ja zeitlos[32]; ein Jahr davor schrieb er: »Es ist sogar eine hervorragende Besonderheit unbewußter Vorgänge, daß sie unzerstörbar bleiben. Im Unbewußten ist nichts zu Ende zu bringen, ist nichts vergangen oder vergessen.« (1900, S. 583) Vor allem aber speichert das Unbewußte offenbar alle Sinneseindrücke, zumindest jedoch die affektiv gefärbten wichtigen Ereignisse. Man kann sich also vorstellen, daß das zeitliche Nacheinander im Gedächtnis in irgendeiner Form als räumliches (?) Nebeneinander gespeichert wird. Wenn wir einmal nur die Grobunterteilung des Drei-Phasen-Schemas benützen, so können wir uns überlegen, daß eine Drogen-

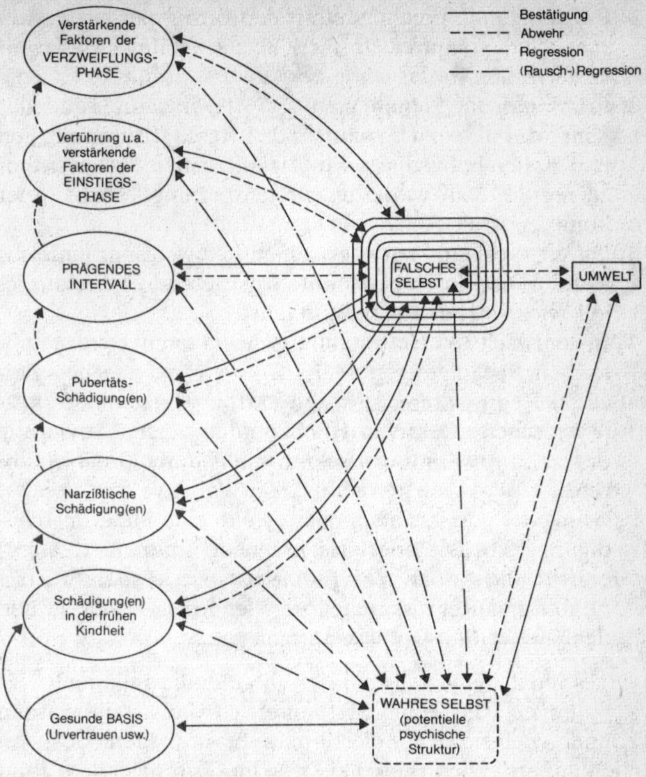

Abb. 5: Die Drogenkarriere als Rückkopplungs-Prozeß. Jeder der Entwicklungsschritte bringt die Chance einer Besserung und die Gefahr einer Verschlechterung des psychischen Zustands wie des Reifegrads der psychischen Struktur (Selbst) mit sich. Wenn immer wieder Schädigungen (psycho-soziale Traumen) vorfallen, kann das Wahre Selbst nicht reifen, während das Falsche Selbst, als Resultat verzweifelter Anpassung an eine pathogene Umwelt, immer einflußreicher wird. Im ungünstigen Fall verstärken die späteren Traumen das Falsche Selbst und damit die Anfälligkeit für weitere Traumatisierung. Das Wahre Selbst bleibt Potential – wenn es nicht noch sekundär geschädigt wird.

abhängigkeit folgendermaßen konditioniert oder gespurt wird:

1. Befriedigende Erlebnisse mit den Bezugspersonen, hier speziell der Mutter, formen eine tragfähige Basis mit Urvertrauen.
2. Frühkindliche Schädigungen (3.4.1.1) veranlassen das Kind, der nicht zu bewältigenden Realität auszuweichen und zu den befriedigenden Gefühlszuständen von früher zu regredieren, wobei es zur Ichspaltung kommt (oder kommen kann).
3. Dieser Vorgang kann zu einem Abwehrmechanismus werden, der durch bestimmte frustrierende Reize ausgelöst wird und zur Regression führt.
4. In dem nächsten Entwicklungsschritt kommt es zu narzißtischen Schädigungen (3.4.1.2), welche ähnliche (gleiche?) Regressionen auslösen und, im Zuge einer intrapsychischen affektiven Rückkopplung, zur Aktivierung der oben erwähnten frühkindlichen Basis-Gefühle führen.
5. Ähnliches passiert auch dann, wenn eine Pubertätsschädigung (3.4.1.3) oder das prägende Intervall (3.4.1.4) eintritt und – noch später – die entsprechenden Frustrationen und Regressiosauslöser der Einstiegs-Phase und der Verzweiflungs-Phase auftauchen.

Es kommt dabei jeweils zu rasch ablaufenden inneren Rückkopplungen, die lediglich theoretisch dargestellt werden können, weil sie sich in der Praxis oft nur in kleinen Anzeichen äußern, eben typischerweise im Griff nach dem Joint oder vergleichbaren Ausweichreaktionen, die zu Regression führen.

3.4.1.2 Narzißtische Schädigung

Kohut, der in seinem Buch »Narzißmus« leider nur en passant auf Drogenmißbrauch eingeht (s. aber seine persönliche Mitteilung, Anm. 37, sowie sein Vorwort zum vorliegenden Buch), äußert sich zu unserem Thema folgendermaßen:
»Im Bereich des Narzißmus können sehr frühe traumatische Störungen in der Beziehung zu dem archaischen idealisierten Selbst-Objekt und besonders traumatische Enttäuschungen von ihm in großem Ausmaß die Entwicklung der

Fähigkeit behindern, ein narzißtisches Gleichgewicht der Psyche zu erhalten (oder es wiederherzustellen, wenn es gestört wurde). Dies gilt zum Beispiel für Menschen, die süchtig werden. Ihr Trauma ist sehr häufig eine schwere Enttäuschung durch die Mutter, die wegen ihrer mangelhaften Einfühlung in die Bedürfnisse des Kindes (und aus anderen Gründen) diese Funktionen nicht ausreichend übernehmen konnte (als Reizschutz; als optimale Quelle benötigter Reize; als Spender von spannungsbehebender Befriedigung und so weiter), die der reife seelische Apparat später überwiegend selbst erfüllen (oder in die Wege leiten) sollte. Traumatische Enttäuschungen in diesen archaischen Entwicklungsstadien des idealisierten Selbst-Objektes hindern das Kind an der schrittweisen Verinnerlichung von frühen Erfahrungen des optimalen Beruhigtwerdens oder der Hilfe beim Einschlafen. Solche Menschen bleiben daher an einzelne Aspekte archaischer Objekte fixiert und finden sie zum Beispiel in Form von Drogen ... als Ausgleich für einen Defekt in der psychischen Struktur.« (1973, S. 66)

Kohut macht nun darauf aufmerksam, daß solche narzißtischen Schädigungen keineswegs am Anfang des Lebens auftauchen müssen, wie man wegen der starken Beeinflußbarkeit des Säuglings und Kleinkindes anzunehmen geneigt ist, sondern daß sie auch relativ spät, auch nach der ödipalen Phase und nach Ausbildung des Überichs (so um das sechste Lebensjahr) noch eintreten können (persönliche Mitteilung).

Bei Ulysses könnte man die Geburt der Geschwister, zumindest der beiden ersten, für solche Traumen halten. In der Tat weist Kohut aufgrund seiner Erfahrung mit (nicht unbedingt drogenabhängigen) narzißtisch gestörten Patienten darauf hin, daß Mütter, die ihrerseits narzißtisch vorgeschädigt sind, anscheinend nur zu jeweils einem Kind eine Beziehung aufrechterhalten können:

»Diese emotionale Einengung der Mutter kann häufig in der Kindheitsgeschichte jener Patienten mit narzißtischen Persönlichkeitsstörungen festgestellt werden, deren bewußt werdende Erinnerungen scheinbar auf die Geburt eines Geschwisters als Ursache ihrer Störung hinweisen. Die Geburt eines Geschwisters kann dafür jedoch nicht verantwortlich gemacht werden – die meisten Kinder überleben tatsächlich dieses Ereignis ohne pathogene Fixierungen im narzißtischen Bereich –, sondern vielmehr die vollständige und plötzliche Abwendung der Mutter von der narzißtischen Verklammerung mit dem älteren Kind zugunsten einer gleichermaßen einseitigen Beschäftigung mit dem neuen Baby. Um genau zu sein: Solche Mütter können anscheinend echte Gefühle nur für den kleinen, prä-ödipalen Knaben empfinden (der Vater wird gewöhnlich abgewertet, und ältere Kinder werden gewöhnlich affektiv fallengelassen oder in ambivalenter Weise von ihr infantilisiert); diese Beziehung ist jedoch, solange sie andauert, in der Tat sehr intensiv. Der präödipale Knabe wird von der Mutter stark mit narzißtischer Libido besetzt, und die Verherrlichung des Kindes wird über die Zeit hinweg aufrechterhalten, in der eine solche mütterliche Haltung noch phasenadäquat auf die Bedürfnisse (des Kindes) abgestimmt ist. Sobald jedoch ein anderes Kind unterwegs ist, verschiebt die Mutter die narzißtischen Besetzungen, die sie dem älteren Kind mit traumatischer Plötzlichkeit entzieht, auf das neue Baby.« (1973, S. 289 f.)

Eine solche Verherrlichung des Kindes wird natürlich erleichtert, wenn – wie bei Ulysses – der Vater viel abwesend ist und die Mutter eventuell unbewußt im Kind eine Art Ersatz für den Ehemann sucht.

Vielleicht können bei entsprechend vorgeschädigten, besonders sensiblen Kindern derartige narzißtische Schädigungen sogar noch später auftreten? Ich denke dabei an den Fixer Stefan A., der mit etwa neun Jahren seine Tante auf sehr üble, fatalerweise mit Morphiummedikation verbundene Art verlor. Diese Ziehmutter spielte für ihn eine hervorragende Rolle, denn sie verfügte offenbar über jenes notwendige Einfühlungsvermögen in die Bedürfnisse des Kindes, von dem Kohut weiter oben spricht; deshalb muß ihr Tod das Kind zutiefst verletzt haben. Die Mutter hingegen dürfte das genaue Gegenteil gewesen sein. So brachte sie es, wie sie uns selbst berichtete, tatsächlich fertig, bei einem Arzt Nierenschmerzen vorzutäuschen, um für den bereits schwer süchtigen Sohn ein Opiat zu erschwindeln!

Charakteristisch ist in diesem Zusammenhang, daß er be-

tonte, die Ampullen, von denen er immer träumte, wären rot: Rot sei früher die bevorzugte Kleiderfarbe seiner Mutter gewesen – und er verabscheue Rot. Hier ist die Bezeichnung »vergiftete Muttermilch« für Rauschgifte fast buchstäblich wahr geworden.
Bei einem anderen Jungen, dem erwähnten Hascher Klaus M., markierte zu einem noch späteren Zeitpunkt der Tod der Großmutter diese narzißtische Schädigung; die alte Frau fungierte in ähnlicher Form als Ersatz für eine einfühlende Mutter (diesmal, weil die eigentliche Mutter wegen ihrer anstrengenden Berufstätigkeit viel abwesend war); Klaus war bereits dreizehn, als das traumatisierende Erlebnis eintrat, dem bald darauf der erste Drogenkonsum folgte.

3.4.1.3 Schädigungen in der Pubertät

Der Umzug in die Großstadt, der Ulysses so zu schaffen machte, erscheint eher harmlos, verglichen mit dem, was andere User während ihrer Pubertät, speziell im sexuellen Bereich, erlebt haben.
Von einem Fixer und von einem Halluzinogenkonsumenten weiß ich, daß sie in dieser Zeit mit der eigenen Schwester Inzest hatten. Der Fixer wurde offenbar von seiner Mutter ziemlich offen sexuell stimuliert, und der Inzest mit der Schwester dürfte wohl mehr ein angstvolles Ausweichen vor Inzestphantasien gewesen sein, welche sich auf die Mutter bezogen. So berichtete er mir einmal von einem Traum, den er erst nach langem Zögern preisgab:
Ein Direktor im Irrenhaus (er trägt ein Netzhemd wie der Stiefvater, den er nicht ausstehen kann), zieht seine Hose aus und fordert seine (des Jungen) Mutter auf, »ihm einen runterzuholen«. Das Glied des Mannes ist erst ganz klein und wird dann immer größer. Der Fixer denkt, seine Mutter dürfe das doch nicht tun, und sie tut es auch nicht. Aber als er aufwacht, »schoß ich einen ab«, d. h. er hat eine Pollution, ist also offenbar im Traum selbst der Mann, der die Mutter begehrt.
Eine Hascherin, die sehr früh schon beide Eltern verloren hatte und in einem sehr strengen konfessionellen Waisenhaus aufgewachsen war, gab an, während ihrer Lehrzeit vom Betriebsarzt bei einer Untersuchung mit dem Finger deflo-

riert und dann geraume Zeit sexuell mißbraucht worden zu sein.

Es ist gut vorstellbar, daß potentielle User während der Pubertät solche zusätzlichen Traumen geradezu auf sich ziehen,

- eben weil sie einerseits infolge ihrer Vorschädigungen unreifer sind,
- zum anderen weil sie aus dem gleichen Grund vermehrt auf der Suche nach verwöhnenden, die ersehnte Zuwendung und Liebe spendenden Menschen sind
- und schließlich, weil sie aufgrund ihrer Ichschwäche und ihres instabilen Selbst gerade solche ihrerseits unreifen und entsprechend skrupellosen Leute anziehen – ebenso wie sie sich dann später als User zielsicher (unbewußt) andere User als Freunde suchen (s. unten Kapitel 3.4.2.1).

3.4.1.4 Prägendes Intervall

Es scheint noch ein weiteres Moment wichtig zu sein, eines, das dem Aprilwetter-Grundmuster zwischen Mutter und Kind gewissermaßen noch eine festere Struktur, einen Angelpunkt gibt, an dem später der Drogenkonsum einrasten kann. Ich habe es im Schema das (positiv oder negativ) prägende Intervall genannt. Was ist damit gemeint? Ulysses' Vater trank gerne alkoholische Getränke und war Kettenraucher. Aus einer kanadischen Studie ist bekannt, daß vierzig (!) Prozent der Kinder, deren Mütter täglich Tranquilizer benützen, ebenfalls solche Beruhigungstabletten konsumieren (Smart 1972). Zum Zeitpunkt des Abschlusses unserer Arbeit lagen mir über den negativen prägenden Einfluß solcher Vorbilder keine weiteren Angaben vor. Wichtiger als die Eltern dürfte hierbei wahrscheinlich ohnehin die Verführung durch die Angehörigen der Peer group oder durch den altersnahen Freund sein. Letzteres war deutlich bei Ulysses der Fall und wird auch regelmäßig von Mädchen berichtet, die durch ältere Jungen zum Haschen oder Fixen verführt wurden. Was man aber bei der Analyse sicherlich nicht vernachlässigen darf, ist ganz allgemein das soziale Klima, in dem die Erwachsenen, besonders die Eltern, den

Jugendlichen, ja schon den Kindern vorleben, wie man jede problematische Situation des Alltags mit einer Zigarette, Alkohol oder der einen oder anderen Tablette meistern kann. Selbst der Hascher, der verachtungsvoll auf seinen trinkenden Vater herabsieht, befindet sich ja keineswegs in einer (emanzipatorisch wirksamen) Protesthaltung, sondern haargenau in jenem fatalen Grundtrend, der da heißt: Probleme löst man am besten durch biochemische Substanzen. Eine Arzneimittelfirma brachte dies in der Werbung für einen Tranquilizer einmal auf die sehr prägnante Formel: »Keine Scheinlösung für Probleme, sondern eine Lösung für Scheinprobleme.«

Scheinprobleme – das sind die Konflikte, mit denen der Mensch nicht fertig wird. Die angepriesene Lösung ist der Tranquilizer. In Wahrheit beseitigt die Tablette keine Schwierigkeiten, genausowenig wie der Alkohol oder die Zigarette, sondern hilft nur, Konflikte zu verdrängen, ja schafft sogar nicht selten ein zusätzliches neues Problem: eine Tranquilizer-Sucht.

In einer Gesellschaft, die jährlich mehr als vierzig Milliarden DM für Alkohol und Zigaretten ausgibt und bereits 1968 fünfzig Millionen Packungen Tranquilizer, 1,6 Millionen Packungen Amphetamine und mehr als dreißig Millionen Packungen Schlafmittel konsumierte – in einer solchen Gesellschaft (in diesem Falle der BRD) gibt es prägende Vorbilder für Drogenkonsum mehr als genug. Das prägende Vorbild kann aber noch intensiver wirken. So erinnere ich mich an einen jungen Fixer, der folgendes traumatische Erlebnis hatte:

Da seine (ledige) Mutter berufstätig war, kümmerte sich eine Tante um ihn, die er sehr liebte. Diese Tante starb, als er etwa neun Jahre alt war, an einer äußerst schmerzhaften Krankheit. Um die schrecklichen Qualen zu lindern, gab man ihr ständig Morphium. Als der Junge, der eine rege Phantasie hatte, sie einmal besuchte, erzählte sie ihm – in der Euphorie – von herrlichen Dingen, die sie »an Bord eines Flugzeuges« erlebe. Diese Halluzinationen der sterbenden Tante, die er so liebte, hinterließen in ihm einen unauslöschlichen Eindruck, ja waren vielleicht so etwas wie die Haupterinnerung an die bald tote Frau. Sieben Jahre später

spritzte er sich selbst Morphium ein, um solche »schönen Halluzinationen« zu erleben. Der Zusammenhang mit jener Krankenhaus-Situation war nur noch ganz vage vorhanden – aber er war dem Fixer durchaus geläufig.
Der Vater eines anderen Klienten war schwerer Alkoholiker und setzte Piet B. schon während seiner Kindheit zu, wenn er volltrunken heimkam. Während der Schulzeit kam es nicht zuletzt (wahrscheinlich sogar in erster Linie) wegen dieses negativen Vorbilds zu massiven Arbeits- und Konzentrationsstörungen. Es ergaben sich während der Pubertät Kontakte mit der Drogenszene, in deren Verlauf Piet auch zu dealen begann. Als er deswegen mit dem Gesetz in Konflikt geriet, brachte es der Vater zuwege, daß man den Jugendlichen mit größtmöglicher Strenge bestrafte und einsperrte – von Verständnis (schon aufgrund der eigenen Abhängigkeit vom Alkohol) keine Spur. »Der Balken im eigenen Auge«, kann man hier nur mit der Bibel sagen. Als Piet sich später einer Therapie unterziehen wollte, mußte diese bald wieder abgebrochen werden, weil der Vater – obwohl gut verdienender Universitätslehrer – sich weigerte, die Kosten zu übernehmen. Es hieß, daß er einen Gutteil seiner Einkünfte »lieber mit seinen Studenten und Assistenten vertrinkt«.
Der Vater eines anderen Users, der Haschisch und LSD nahm, war lange Jahre Alkoholiker gewesen und hatte dann, infolge einer Krankheit, jeglichen Alkoholkonsum plötzlich aufgegeben. Während der Therapie Olaf W.s kam es, zuhause, mehrere Male zu massiven Auseinandersetzungen zwischen Sohn und Vater (in die auch die Mutter gelegentlich mit einbezogen wurde), bei denen es zu Bedrohungen und sogar Handgreiflichkeiten kam, einmal mit einer abgebrochenen Flasche und ein andermal mit einem Messer. In diesem Fall wurden jedoch durch eine allmähliche Durcharbeitung der unbewußten Aggressionen mit dem Klienten ein wachsendes Verständnis und eine bessere Kommunikation in der Familie erreicht. Vater und Sohn unternahmen später gemeinsam Geschäftsreisen ins Ausland und kamen auch sonst besser miteinander aus.
Der Vater von Bonnie G., einer 21jährigen Hascherin und Alkoholikerin, war als Trinker ortsbekannt gewesen und endete im Delirium tremens, als sie etwa sechs Jahre alt war.

Ulysses erinnerte sich, auf Befragen, deutlich an seinen ersten Rausch, allerdings mit Alkohol. Damals war er noch nicht sechzehn Jahre alt und trank mit mehreren Freunden in der Wohnung eines älteren Schulkameraden (dessen Eltern verreist waren) mehrere Flaschen irgendeines Likörs aus. Der mächtige Schwips weckte eine tiefe Traurigkeit in ihm, die er später mit jener Sehnsucht nach Verschmelzung mit der »Mutter Indien« im Haschischrausch verglich (s. S. 68). Ein weiteres, wohl ebenfalls prägendes Erlebnis, das Ulysses im selben Zusammenhang einfiel, war die erste Zigarette. Das Schwindelgefühl, das Sausen in den Ohren, die leichte Übelkeit waren ihm damals, mit dreizehn Jahren, eher unangenehm – aber sie beeindruckten ihn als etwas Außergewöhnliches, als etwas, was aus dem alltäglichen Erlebnisstrom deutlich herausragte. Dieses Gefühl, daß die Welt ihre Konsistenz verändert, hat er dann später in den Haschisch- und LSD-Räuschen, wenngleich wesentlich intensiver, wiederentdeckt. Nur hatte es dann einen anderen Stellenwert, war doch inzwischen die relative Geborgenheit in der Familie nicht mehr da bzw. fragwürdig geworden, waren doch große Anforderungen an die Selbständigkeit des Studenten vor dem Examen gestellt, dessen Freundin noch dazu von ihm schwanger war.

3.4.2 Die Einstiegs-Phase

Augenscheinlich gelingt es dem potentiellen User während der ersten oder Vorbereitenden Phase, die »Ichspaltung im Abwehrvorgang« (S. Freud) mit allerlei Hilfsmitteln in Grenzen zu halten. Dazu wird nicht wenig beitragen, daß – trotz aller Generationenkonflikte – das Elternhaus noch einen gewissen äußerlichen Schutz und Zusammenhalt sowie ordnende Struktur auch der Innenwelt des jungen Menschen gewährt. Schulbesuch, Lehre und Studium vermögen wohl ebenfalls noch eine geraume Zeit Halt zu vermitteln, durch entsprechende Anforderungen, Gratifikationen, Gruppeneffekte und Freizeit-Kompensationen. Besonders bevorstehende Abschlüsse solcher Ausbildungszeiten (Ende der Lehrzeit, Abitur, Examen) scheinen, nach unseren Erfahrungen, die überdeckte Ichspaltung wieder mehr ins Bewußtsein zu bringen. Man wird mit der Notwendigkeit konfrontiert, demnächst selbständig(er) sein zu müssen, eigene, teils sehr gewichtige Entscheidungen zu treffen. Damit wird aber die Forderung unüberhörbar, der Welt eine eigene Identität, ein aktions- und reaktionsfähiges, möglichst »kohärentes Selbst« (Kohut) zu präsentieren. Was freilich in Wahrheit gezeigt wird, ist zunehmend eine Maske: das Falsche Selbst.

In besonderem Maße scheint dies die sexuelle Beziehung zum anderen Geschlecht zu verlangen. Da die sexuelle Identität aber ein Kernstück des Selbst darstellt, ist jeder sexuelle Kontakt, ja überhaupt jeder Kontakt mit dem anderen Geschlecht etwas Bedrohliches, eben weil es so deutlich die Unsicherheit, die Minderwertigkeitsgefühle, das Gefühl innerer Leere und Langeweile, das Mit-sich-nichts-anfangen-Können zutage fördert.

Wenn der User nicht von vornherein – und das läßt sich bei vielen Usern häufig beobachten – solche Kontakte, ja überhaupt mitmenschliche Kontakte meidet oder auf einem Minimum hält, dann beginnt er in diesem Stadium der Einstiegs-Phase, sich mehr und mehr nur noch auf solche Leute einzulassen, die nichts von ihm verlangen, weder sachliche Leistung noch Gefühl, Engagement und so weiter. Da er doch nicht gern allein sein möchte, sucht er sich einen gleichgesinnten Freund oder eine Gruppe Gleichgesinnter. Dort wird ihm die Droge angeboten (3.4.2.1). Die Erfahrung mit diesem ersten Trip oder Joint ist gut (3.4.2.2), wobei dieses *gut* keineswegs an schöne Inhalte gekoppelt sein muß, schon das Aufregende, Sensationelle eines Horror-Trips kann als positive Erfahrung gewertet werden, weil es trotz aller geweckten Ängste (und die überwiegen bei weitem die schönen Erlebnisse!) die depressive Langeweile und Sinnlosigkeit durchbricht. Helmut Qualtinger läßt seinen Halbstarken in jener berühmten Moritat sagen: »I was net, wo i hinfahr – aber I bin schneller dort!« Der User könnte abgewandelt sagen: »Ich weiß nicht, was ich erlebe – aber Hauptsache ist, es passiert etwas Intensives!«

Die zum Teil sehr starken Gefühle, die da ins Bewußtsein quellen, während die Droge durch den Kreislauf und das Gehirn jagt, flicken für eine gewisse Zeit den »Einriß im

Ich«, der zwar nach Freud »nie wieder verheilt«, ja sich sogar »mit der Zeit vergrößern wird« (s. S. 95), der aber eben im Rauschzustand doch irgendwie aufgehoben oder zumindest reduziert erscheint. In Ulysses' erstem Rauschprotokoll finden sich hierauf einige Hinweise, etwa der, daß er mühelos einen Berg hinauflaufen konnte, also seinem Körper-Selbst irgendwie näher war.

Beate M., eine 19jährige Hascherin, erklärte auf die Frage, warum sie denn die Cannabis-Droge rauche: »Weil es dann so schön warm ist.« Sie suchte mit Vorliebe eine der trostlosesten Beat-Kneipen ihrer Heimatstadt auf, wo die Musik aus riesigen Lautsprechern dröhnte, jeder für sich allein, selbstversunken tanzte und niemand mit irgend jemandem Kontakt hatte – nicht einmal mit sich selbst. Aber hier sprang die Droge ein, hier überbrückte der Haschischrausch die Abspaltung des Wahren Selbst, löste für eine gewisse Zeit die Depression mit ihrer Sinnleere auf – und dann fühlte man sich »so schön warm«. Daß man sich dieses gute Gefühl auch – und gerade! – ohne die Hilfe anderer, meist als frustrierend erlebter Menschen verschaffen kann, ist der besondere Vorteil des Drogenkonsums. Diese Tatsache alleine stärkt (3.4.2.3) das Selbstbewußtsein, schafft ein Hochgefühl, erhebt über die anderen Menschen. Bei dieser Belebung des Größen-Selbst scheint auch die von den drogenkonsumierenden Jugendlichen bevorzugte Musik eine wichtige Rolle zu spielen. In diesem Traum von Beate M. kommt das deutlich zum Ausdruck:

Es ist kalt und dunkel. Sie läuft ziellos herum. Da sieht sie in der Ferne einen Lichtschein. Nach einiger Zeit, die ihr endlos vorkommt, erreicht sie eine Art Burgruine. Am Eingang stehen einige Beduinen. Einer von ihnen begrüßt sie mit einer Verbeugung und führt sie ins Innere des Gebäudes. Sie merkt, daß es sich um eine Art Labyrinth handelt, mit Mauern, die gerade bis zu den Augen reichen, so daß sie nur ahnen kann, was in den benachbarten Gängen los ist. Überall scheinen da Menschen zu wimmeln. Am meisten fällt ihr auf, daß es zunehmend wärmer wird. Schließlich erreicht sie mit ihrem Führer das Zentrum der Ruine. Dort steht um eine dröhnende Musikbox ein malerisches Völkchen versammelt, das bei ihrem Auftritt in lautes »Hallo!« ausbricht.

Es ist hier nicht der Platz, näher auf die Funktion der Musik[25] einzugehen. Wahrscheinlich hat sie für den User (wie auch für Nicht-User, wenngleich in geringerem Ausmaß) eine rauschähnliche Funktion – vielleicht indem sie in tieferen seelischen Schichten (kurzfristig) die Ichspaltung überbrückt? Auch die Sehnsucht nach fernen Ländern, wie sie im zitierten Traum durch die begrüßenden Beduinen und das malerische Völkchen ausgedrückt wird, könnte eine verwandte Rolle spielen; man denke nur an das intensive Fernweh der jungen Generation, das Zehntausende von jungen Leuten vor allem nach Indien, Nepal und Nordafrika gelockt hat (Hess 1969). Einer der Gründe war sicher auch, daß es dort billiges und starkes Haschisch gibt, aber unter Umständen reisten noch mehr deshalb, weil sie dort eine heile Welt erwarteten, ohne Leistungsdruck, Streß und lästige Anforderungen des täglichen Lebens. Verwandtes wird man schließlich auch in der Science Fiction[33] und – wie Ulysses – im Märchen suchen. Auch das Interesse für möglichst exotische Religionen oder für Yoga (vom Scheidt 1971, 1976) und für Parapsychologie (vom Scheidt 1972c) in der Drogenszene dürften hierher gehören. Allemal wird in mehr oder minder großer Ferne das Heil gesucht, soll heißen: Heilung von der Ichspaltung und der Behinderung der Kreativität (s. S. 113). Da es sich bei den Usern aber, wie ich weiter oben schon zu zeigen versuchte (s. S. 102), um seelisch (narzißtisch) gestörte Persönlichkeiten handelt, wird bei der Regression durch Musik, Religion, Fernweh, Utopisches, paranormale Phänomene (was keine Reduktion dieser Bereiche auf Pathologisches bedeuten soll) wie bei der Regression durch den Drogenrausch keine stabile Vorstufe des Selbst beziehungsweise des Ich erreicht, von der aus man mit neuer Energie und Stabilität wieder progredieren könnte, sondern es wird das Größen-Selbst aktiviert oder eine andere unreife Vorform des kohärenten Selbst bzw. des reifen Ich.

Ich sehe hierin einen – leider zum Fehlschlag verurteilten – Versuch, mit dem der User Selbständigkeit erlangen möchte. Vom Künstler und Wissenschaftler nimmt man an, daß er in kreativen Phasen ebenfalls regrediert; der New Yorker Psychoanalytiker K. R. Eissler (1961, 1963, 1967, 1971a,

1971b) hat dies in verschiedenen umfangreichen Arbeiten am Beispiel J.W. von Goethes, Leonardo da Vincis, S. Freuds und anderer aufgezeigt. Aus der Regression empfangen diese ihre schöpferischen Impulse, die sie dann in ihren Werken gestalten. Heinz Kohut verwies 1974 in einem Vortrag am Beispiel Sigmund Freuds und seines Freundes Wilhelm Fließ darauf, daß es neben den pathologischen Formen der Übertragung auch noch eine Kreativitäts-Übertragung gibt, bei welcher der Partner als eine Art Projektionsfläche für die schöpferischen und gestalterischen Impulse dient.

Ich verweise auf diesen zunächst etwas sachfremd erscheindenden Sachverhalt, weil der Drang, kreativ zu sein, nicht wenige User zu den Drogen geführt und an die Räusche gefesselt hat. Bereits 1858 war Baudelaire fasziniert von dem imaginären Universum, dem »Seraphim-Theater«, das Haschisch und Opium dem Konsumenten aufschließen. Vor allem die Intellektuellen wie Timothy Leary, Aldous Huxley und Rudolf Gelpke wurden von dem trügerischen Versprechen begeistert, die Räusche des Cannabis, des LSD und des Meskalin vermöchten die schöpferische Phantasie anzukurbeln. Da jede Form der seelischen Störung aber die schöpferische Potenz vermindert, und da diese Verminderung in Anbetracht der stärkeren Störungen, unter denen User in der Regel leiden, entsprechend gravierender ist, verwundert es nicht länger, daß gerade differenziertere Menschen sich mit großer Neugier auf die Halluzinogene gestürzt haben. Die Botschaft wurde dabei sowohl durch die Publikationen der Drogen-Propheten wie auch durch die wohlmeinenden missionierenden Freunde verbreitet: siehe Ulysses' Freund Freddy.

Offenbar verlangt der schöpferische Akt eine bestimmte Ich-Stärke und ein einigermaßen kohärentes Selbst. Nur dann ist eine Regression ohne Drogen möglich. Der ichschwache, selbstunsichere Neurotiker ist nicht allein in seiner Kreativität* und Gestaltungskraft gehemmt, sondern er

* Mit Kreativität ist hierbei nicht nur der großartige Akt des Künstlers und Wissenschaftlers gemeint, sondern auch jene Alltags-Kreativität, deren Fehlen das Leben des Depressiven und anderer seelisch Gestörter so sinnlos macht.

vermag auch nicht, angstarm zu regredieren. Wir vermuten: Weil er Angst vor der Regression hat. Nicht zufällig verweist deshalb Amedeo Limentani besonders auf die Eigenschaft von Halluzinogenen, Ängste zu beeinflussen: » . . . selbst der geschickteste Psychoanalytiker kann sich auf die Dauer nicht mit der angstmildernden Kraft des Marihuana messen, nicht einmal für kurze Zeit« (1972, S. 39).

Ob es diese Kombination von Angstmilderung, Kreativitäts-Aktivierung und Regressionsförderung ist, welche den User letztendlich zum Drogenkonsum verführt? Zumindest für die Einstiegs- oder Neugier-Phase würde ich dies bejahen. Sieht man einmal vom alkoholtrinkenden Intellektuellen ab (der Weinfreund Goethe allen voran), so wird Alkohol lediglich zum Abbau innerer Spannungen verwendet. Der Konsument jener anderen Rauschmittel, die uns hier vorwiegend interessieren, möchte offenbar mehr. Er will ausflippen, antörnen, *high* werden, *stoned* sein, also ungewöhnliche existentielle Erfahrungen machen, schließlich sein Bewußtsein erweitern. Er ist mit oberflächlichem Spannungsabbau und Tagträumen allein nicht zufrieden, sondern möchte dabei erhöhte Intensität, möglichst auch Veränderungen von Farben, Formen und Zeitgefühl erleben – sonst würde er sich ja mit dem Alkohol begnügen. Und selbst der Fixer sucht primär nicht die Betäubung, sondern den orgasmusähnlich erlebten *Flash*, der freilich nur bei den ersten Räuschen in voller Wucht erlebt wird.

Wahrnehmungsveränderung und Bewußtseinserweiterung aber würde ich als Voraussetzungen, ja als Synonyme für die kreative Phantasie betrachten, zumindest wie die User sie schildern. »Wenn du bekifft bist, das ist, wie wenn ein Ventil zwischen Kopf und Körper, zwischen Verstand und Phantasie aufgemacht wird«, beschrieb Ulysses diesen Sachverhalt einmal. In diesem Wunsch vieler Jugendlicher, kreativ (im allgemeinsten Sinne) sein zu wollen, ohne es letztlich zu können, würde ich den zentralen sozialpädagogischen Ansatz zur Bewältigung des Drogenproblems sehen. Gewiß, auch andere Menschen sind unkreativ, überangepaßt, »langweilen« sich, »können nichts mit sich anfangen«. Aber der User gibt sich mit Anpassung und mehr oder minder stillem Erdulden seiner neurotischen

Sinnlosigkeitsgefühle nicht zufrieden. Er spürt – angeregt und unterstützt durch entsprechende Informationen in den Massenmedien und von der Peer-group im Underground –, daß er in sich ein kreatives Potential hat, das nur aktiviert werden müßte. Aber niemand hat ihm gezeigt, wie dies auf natürliche Weise geschehen könnte. Also beschreitet er den falschen Weg, einen Weg, den ihm Eltern und andere Vorbilder ungewollt weisen: Er nimmt die Biochemie zu Hilfe.

Als natürlichen Weg würde ich die Aktivierung der Kreativität ebenso wie die Selbst-Reifung (beides hängt eng zusammen) durch die Beziehung zu anderen Menschen, Freunden und Gruppen bezeichnen, im Sinne der von Kohut so bezeichneten Kreativitäts-Übertragung. Aber wie wir schon weiter oben gesehen haben, ist genau dieser Weg dem User verschlossen oder verstellt – und zwar lange vor dem ersten Rausch. Hierzu passen die Beobachtungen, die Klaus Wanke 1971 in Frankfurt an einer großen Zahl von Drogenkonsumenten aller Art gemacht hat. Demnach (S. 24)

- hatten 56 Prozent dieser Jugendlichen schon als kleinere Kinder typische neurotische Auffälligkeiten wie Bettnässen und Nägelkauen gezeigt
- fühlten sich 36 Prozent schulisch überfordert und
- hatten 25 Prozent von ihnen bereits einen Selbstmordversuch hinter sich – und zwar vor dem Drogenkonsum.

Mangelnde Kommunikation innerhalb der Familie wurde als typische Beschwerde vorgebracht. Diese Tatsache wie die genannten drei Prozentzahlen lassen den Schluß zu, daß es geradezu verheerend um jene Gruppen bestellt sein muß, in denen der junge Mensch soziale Beziehungen erlernen soll: nämlich Familie und Schulklasse. Auch jene andere Möglichkeit, Kontakt mit den kreativen Schichten der Persönlichkeit zu erhalten und das Selbst zu erfahren, das Selbst reifen zu lassen, ist mehr und mehr verlorengegangen: der Weg über die kulturellen und hier wiederum speziell über die religiösen Werte und Vorstellungen. Die Familien der User sind genauso gespalten und unharmonisch wie das Ich der User. Die Ansprüche jedoch, die Familie wie Schule und

die übrigen Institutionen an die jungen Menschen stellen, sind trotz Wegfall der Gratifikationen (Geborgenheit, Ichstärkung etc.) nicht geringer, sondern manchmal sogar größer geworden.
Etwas leisten, in der Schule wie im Beruf wie im menschlichen Zusammenleben (speziell als Liebespartner) kann man aber nur, wenn man seine Identität, sein Selbst* verfügbar hat,

- sei es von außen her durch die Stütze des Elternhauses beim Kind,
- sei es in verinnerlichter Form durch ein kohärentes Selbst, eine stabile Identität beim Erwachsenen.

Offenbar wird gerade der Drogenkonsument durch das langjährige Moratorium der Jugendkrise (Erikson 1970) mehr verwirrt als zu sich selbst geführt. Ein pubertierender User hat dies einmal sehr klar ausgeführt, als er sagte: »Du bist ein Lehrer. Du bist ein Polizist. Du bist ein Vater, eine Frau, ein Bürger, ein Wähler, ein Hausbesitzer, eine Hausfrau. Ich, ich bin ein Junkie. Ein Junkie ist eine Person, kein Ding.« (Chein 1969)
Durch den Drogenkonsum schafft sich der User also selbst eine Identität.** Das Ritual des Drogeneinnehmens, die Beschaffung des Stoffes, schließlich die Rauscherlebnisse selbst und das Gefühl der Zugehörigkeit zur Scene vermitteln dem User das Gefühl, auch jemand zu sein. Freilich gewinnt er auf diese Art wiederum nur ein Falsches Selbst. Läßt man nämlich das synthetische Moment der Droge, dieses Deus ex machina, weg, so bleibt nicht viel Originelles übrig. –
Ehe ich wieder ins Detail gehe und Beispiele zu den einzelnen Stadien der zweiten oder Einstiegs-Phase bringe, sei noch auf einen weiteren Aspekt des Selbst/Identitäts-Problems beim User hingewiesen. Wer mit diesen Menschen zu tun hat, wird immer wieder mit einer geradezu beängsti-

* Identität und Selbst werden aus Gründen der Einfachheit synonym gebraucht (s. hierzu Anm. 4!).
** In diesem Fall muß allerdings klargestellt werden, daß der Süchtige sich zwar eine *Identität* schafft – aber gerade kein *Selbst*!

genden Todessehnsucht konfrontiert, wie sie sich auch in der hohen Anzahl von Selbstmorden respektive Suizidversuchen ausweist. Die (zeitweilige) Zerstörung der bestehenden Persönlichkeit im Rausch, die einen (andauernden) Persönlichkeitszerfall in Gang setzen kann, erscheint mir eng gekoppelt mit der physischen Zerstörungswut, welche der Fixer, in abgeschwächterer Form jeder User, gegen seinen Körper richtet – mit dem Suizid(versuch) als letzter Steigerungsmöglichkeit. Drogenkonsum, speziell das Spritzen von Opiaten, wurde ja schon des öfteren als »protrahierter Selbstmord« bezeichnet. Aber warum möchte der User seinen Körper, seine Psyche zerstören? Ist es wirklich die »Rückkehr des Todestriebs«, wie es 1968 H. R. Brickman formulierte?

Ich würde eher meinen, daß dieses Sich-zerstören-wollen (in psychischer und/oder physischer Form) letzte verzweifelte Versuche sind, mit aggressiven Mitteln zum Wahren Selbst vorzustoßen, nachdem dies mit libidinösen (mitmenschlichen Beziehungen) nicht geglückt ist. Der Rauschzustand, der den User in Kontakt mit (irgend etwas in) sich selbst bringt, nimmt hier eine Art Mittelposition ein. Ich denke dabei an jenen 18jährigen Uli I., der folgenden LSD-Trip schilderte:

»Ich flog durch ein grünes Universum, völlig nackt. Ich flog auf ein gleißendes goldenes Licht zu. Dann wuchsen große männliche und weibliche Gestalten aus dem Nichts vor mir auf, ehrfurchtgebietend und unnahbar. Sie versperrten mir den Weg. Es passierte noch sehr viel anderes. Aber ich konnte nicht zu diesem goldenen Licht vordringen. Da möchte ich das nächste Mal hin.«

Da möchte ich das nächste Mal hin – und sei es, wie die Drogenkarriere vieler User zeigt, um den Preis der psychischen oder gar physischen (Selbst-)Zerstörung. Das Ziel, in diesem Traum als goldenes Licht apostrophiert, können wir im tiefenpsychologischen Sinne ruhig als das Selbst bezeichnen. Wie groß muß die Sehnsucht nach diesem Erlebnis der Ganzheit (theologisch-philosophisch: Transzendenz) sein, wenn Menschen bereit sind, mit der eigenen Vernichtung dafür zu zahlen! Aber vielleicht spüren sie im Innersten, daß das, was sie zerstören, nur ihr Falsches Selbst ist?

Jörn F., ein 25jähriger Halluzinogenkonsument, hat während eines intensiven Haschischrausches folgendes Gedicht geschrieben, in dem seine ganze depressiv/aggressive Gefühlswelt zum Ausdruck kam (s. auch S. 130f, 138):

Selbsterkenntnis

Ich habe den Spiegel gefunden
in meinem Schädel
bleiern blank:
mein Gesicht von Fleisch eine Maske
gefüllt mit dem Haß
und der Angst
mein Rumpf ein knöcherner Käfig
belebt vom Herz
und den Lungen
Meine Beine wie Säulen
auf endloser Straße

In einer Art Umwertung der Werte erscheint im Extremfall der Tod als das einzig Lebenswerte. So wurde mir von einem Fixer berichtet, der nur noch schlafen konnte, wenn neben seinem Lager eine rote Laterne brannte, die er auf einem Friedhof entwendet hatte. Ursula Dechêne schildert in einem eindrucksvollen Buch mit dem bezeichnenden Titel »Der lange Tod des Fixers P.« das Ergebnis ihrer Recherchen über einen jungen Mann, der mit 22 Jahren völlig entkräftet starb. Der Umgang mit dem Tod, etwa anhand des »Tibetanischen Totenbuches«, wurde in der Kommune, in der er zum Schluß lebte, zu einer wichtigen Gepflogenheit.

Man kann dieses Falsche Selbst auch anders, gewaltloser, auflösen; beispielsweise durch eine Psychotherapie, wie Ulysses es getan hat. Jedoch bedurfte es bei ihm erst der Regression mit Hilfe der Drogenkarriere, um ihm die Notwendigkeit einer solchen Befreiung des Wahren Selbst klarzumachen.

Norman Spinrad, ein amerikanischer Schriftsteller, charakterisierte 1971 in einer utopischen Kurzgeschichte die verzweifelte Situation des Users in einem Gespräch zweier katholischer Kardinäle. Der eine, McGavin in New York, hat die Hostien mit einem neuen Halluzinogen präparieren lassen. »In der psychedelischen Kommunion«, sagt er zum römischen Kardinal Rollo, »erfährt man die Liebe Gottes unmittelbar. Sie ist immer nur eine Hostie entfernt; Glaube ist nicht länger eine Voraussetzung zu ihrer Erfahrung.«

Sein Gegenüber, Abgesandter des drogengegnerischen Papstes, droht mit dem Ausschluß aus der Kirche:

»Ich glaube, daß das, was Sie und Ihre Schäflein bei der psychedelischen Kommunion erfahren, nichts Geringeres als ein Meisterstück des Satans ist, Kardinal McGavin. Die Fäden des Bösen sind fein gesponnen. Warum sollte der Teufel, der nicht umsonst der Vater der Lügen genannt wird, nicht den Versuch machen, sein Werk als ein Gottesgeschenk auszugeben? Ich glaube, daß Sie in dem, was Sie aufrichtig für einen Gottesdienst halten, in Wahrheit Satan dienen. Gibt es irgendeine Möglichkeit für Sie, die Gewißheit zu erlangen, daß ich irre?«

»Haben Sie die Gewißheit, daß ich irre?« fragte Kardinal McGavin zurück. »Wenn ich recht habe, versuchen Sie den Willen Gottes zu unterdrücken und entziehen sich willentlich seiner Gnade.«

»Wir können nicht beide recht haben«, sagte Kardinal Rollo.

McGavin, der vor dem Erscheinen Rollos – wie schon öfter – eine Droge eingenommen hat, um die Verhandlung »auf einer religiös-mystischen statt auf einer politischen Ebene« führen zu können, hat auf diese Abfuhr des Römers hin eine Erkenntnis:

Und die brennende Glut einer schrecklichen mystischen Einsicht füllte McGavins Seele mit Entsetzen, eine grelle Beleuchtung seiner existentiellen Beziehung zur Kirche und zu Gott: Sie konnten nicht beide recht haben, aber sie konnten beide unrecht haben. Außer Gott und Satan existierte nur die Leere.

Vielleicht ist es auf eine biochemische Wirkung der Drogen selber zurückzuführen, daß der User im Verlauf seiner Drogenkarriere allmählich entseelt wird*, bis er innerlich völlig

* Kohut (1973, S. 72) spricht vom »Entleerungsgefühl des Süchtigen«.

hohl und leer ist, so wie er sich in der Verzweiflungs-Phase dem Betrachter darbietet. Ich meine allerdings, daß bei näherem Hinsehen auch die Einstiegs-Phase, welche die Verzweiflungs-Phase vorbereitet, schon ein gerüttelt Maß an Verzweiflung und innerer Not zeigt. Deshalb hatte jeder vierte User, den K. Wanke (1971) befragte, bereits einen Selbstmordversuch unternommen. Kein Wunder: jeder zweite dieser Klientel litt schon als Kind unter psychosozialen Störungen. Ähnlich desolat war die Bilanz, die Paul Kielholz und Dieter Ladewig 1970 in der Basler Psychiatrischen Universitätsklinik bei 120 Jugendlichen zwischen 14 und 22 Jahren zogen:

- 52 Prozent davon stammten aus zerrütteten Familien,
- 72 Prozent lebten in schweren Konfliktsituationen und in Opposition zu ihren Eltern,
- 56 Prozent litten an verzögerter oder verlängerter Pubertät.

Kielholz bezeichnet 26 Prozent als »unauffällig« – aber wenn man weiß, wie grob das übliche explorative Instrumentarium des Psychiaters ist, verglichen mit dem Möglichkeiten einer längerdauernden psychotherapeutischen Beobachtung, dann darf man getrost annehmen, daß sich auch bei diesen 26 Prozent Unauffälliger entsprechende Vorschädigungen hätten finden lassen.

3.4.2.1 Verführung zum Rausch

Nur wenn man das (im psychischen Sinne) Lebensbedrohende begreift, das die Situation von Drogenkonsumenten kennzeichnet, *bevor* sie nach den Drogen zu greifen beginnen, versteht man, wie eine solche Drogenkarriere in Gang kommt. Der nette Mensch, der einem den ersten Joint spendiert oder den ersten Trip besorgt, wird nicht selten als eine Art Erlöser erlebt, durchaus im (pseudo-)religiösen Sinn. Nicht zufällig hat zumindest die psychedelische Avantgarde diese Leute als Gurus bezeichnet. Ein Guru ist jemand, der über größeres existentielles Wissen verfügt als man selbst[34]. Er verspricht geistig-seelisches Leben durch seine Lehre (besser: Ideologie) – und er wirkt um so glaubwürdiger, als er diese innere Lebendigkeit umgehend erzeugen kann, eben durch Drogenräusche. Typische Gurus dieser Art waren viele Pop-Musiker, allen voran die weltberühmten Beatles, die schon in den Titeln mancher Songs die Drogen und den Rausch besangen: »Lucy in the Sky with Diamonds« enthält die Initialen von *LSD* und im Lied selber werden halluzinatorische Visionen heraufbeschworen[35]. Gotho von Irmer hat die Pop-Musik als »Transportmittel« für die Drogenideologie bezeichnet. Sie schreibt:

»Nach vorsichtiger Schätzung enthalten sechs von zehn progressiven Pop- und Underground-Langspielplatten direkte oder verschlüsselte Anspielungen und Hinweise auf den Inhalt und Gebrauch (Drogen-Kult), was schon auf den Platten-Hüllen erkennbar ist (assoziative Montage-Technik symbolhafter Figuren und Objekte).«

Die Autorin zitiert aus einem Radio-Interview des NDR mit der Pop-Gruppe »Xhol« im Jahre 1970: »Wir geben Informationen weiter, und die Informationen werden von den meisten, die uns zuhören, verstanden, weil sie vielleicht ein ähnliches Leben führen wie wir, weil sie vielleicht dieselben Probleme haben wie wir ...«

Aus der Fülle von *Initiationen*, die mir von Usern beschrieben wurden, sei stellvertretend eine angeführt, die ich für typisch halte:

Marian S. war fünfzehn Jahre alt, als man ihr auf einer Party die erste Haschischzigarette anbot. Sie wurde ihr von einem etwas älteren Jungen offeriert, den sie schon seit längerem heimlich anschwärmte. Während des bald einsetzenden Rausches (der sie ziemlich stark beeinflußte, weil sie ohnehin sehr labil war) hatte sie visionsartige Erlebnisse, in denen sie glaubte, mit dem betreffenden Jungen ekstatisch zu verschmelzen. Aber als er sich ihr tatsächlich körperlich näherte, bekam sie panische Angst und rannte ins Freie.

Beate M. (s. oben S. 111) wurde von einem amerikanischen Deserteur initiiert. Sie hatte sich der kleinen Gruppe um ihn angeschlossen, weil dort »niemand etwas von mir verlangte«. Sie war fasziniert von dem geheimnisvollen Lächeln und der Verschlossenheit des Zwanzigjährigen, die sie als

Zeichen frühreifer Weisheit und Schweigsamkeit interpretierte. Zwei Jahre lang war sie ihm regelrecht verfallen, ehe ihr allmählich klar wurde, daß er im Grunde nichts weiter war als ein primitiver, skrupelloser Dealer, der alle Leute in seiner Umgebung rücksichtslos ausnützte – sie selbst am allermeisten. Er benützte sie, für Außenstehende deutlich sichtbar, als sexuelles Objekt, ließ sie aber ohne weiteres allein, wenn sie ihn emotional benötigte. Verführung zum Drogenkonsum und sexuelle Verführung gehen in diesem Beispiel deutlich Hand in Hand.
Ein anderes Mädchen war mit einer Reihe von Jungen nacheinander liiert, von denen jeder kiffte oder LSD-Trips nahm. Wenn sie die Partner wechselte, veränderte sich im Grunde nur das Äußere; die psychische (narzißtische) Struktur blieb haargenau dieselbe. Ulrich Moser hat 1957 in seinem Buch über die »Psychologie der Partnerwahl« scharfsinnig neurotische Formen von Liebesbeziehungen analysiert; die Partnerwahl von Drogenkonsumenten ist eine Fundgrube ähnlicher, wenngleich meist noch archaischerer Objektsuche.
Was man im Verhalten dieser Mädchen, wenn man nicht genauer hinsieht, leicht mit rein sexueller Objektwahl verwechselt, wird bei den männlichen Usern deutlicher erkennbar. Gewiß spielen, worauf schon Karl Abraham (1908) und einige andere Analytiker hingewiesen haben, latente wie manifeste Homosexualität hierbei eine Rolle. Aber abgesehen davon, daß Homosexualität im hohen Maße eine Suche nach der eigenen (männlichen oder weiblichen) Identität ist, hat gerade der Freund des Users, vor allem des männlichen Users, die Funktion eines Seelenführers oder Guru. (Übrigens ist mir nicht ein einziger Fall bekannt geworden, in dem ein weiblicher User einen männlichen in dieser Funktion zum Drogenkonsum verführt hätte!) Und was habe ich mich bei Beratungen von Usern und in der Therapie mit den Argumenten des Drogen-Chefideologen und Pseudo-Gurus Timothy Leary herumschlagen müssen, die mir allenthalben vorgehalten wurden!
Da es hier eindeutig vor allem um geistig-seelische Werte geht, die der (spätere) User auf der Suche nach seinem Selbst in der einschlägigen Literatur und bei Gurus zu finden

hofft, soll an dieser Stelle wenigstens auf das gefährliche kulturelle Vakuum hingewiesen werden, das durch den Wegfall solcher prägender Vorbilder und Seelenführer – die es ja auch in unserer Kultur einmal gegeben hat – entstanden ist. Hier wartet noch eine pädagogische Leistung ungeahnten Ausmaßes auf uns. Denn ehe nicht die Vermittlung existentiellen Wissens gleichberechtigt an die Seite der reinen Fakten-Vermittlung getreten ist, werden unsere Schulen und anderen pädagogischen Einrichtungen die geistige Verarmung der Kinder und Jugendlichen nur weiter vermehren. Kein Wunder, daß jeder, der mit einem Joint lockt und pseudophilosophische Sprüche klopft, den orientierungslosen, identitätslosen jungen Leuten zum modernen Rattenfänger von Hameln wird. Mit dieser Problematik habe ich mich an anderer Stelle (1974b) bereits ausführlicher beschäftigt.
Hier noch ein Traum, von dem eine junge Halluzinogenkonsumentin nach zwei Jahren Therapie berichtete: Sie hatte ihren Konsum bereits weitgehend eingeschränkt, bis auf gelegentliche Rückfälle alle paar Monate. Auch sie suchte immer wieder bei jungen Männern, die kifften und Trips warfen, Hilfe bei ihrer Identitätssuche. Allerdings hatte sie inzwischen im Therapeuten einen verläßlichen Führer gefunden, außerdem gleichzeitig einen neuen Freund kennengelernt, der keine Drogen nahm, sich dafür aber politisch und sozial sehr engagierte. Alle diese männlichen Figuren werden im Traum vorgeführt. Sie weisen auf den Vater hin, während die Traum-Königin die Mutter sein dürfte – beide Elternfiguren sind allerdings, als idealisierte Imagines, narzißtisch-grandios überhöht:
Es war ein riesiges Gebäude voll großer Säle. Jedes Stockwerk, fast jeder Saal, bedeutete ein Jahrhundert, eine Ära. Es war alles irgendwie grausam, viele Säle waren voll Gefangener, die grausig schrien.
Ich ging mit irgendjemand, der eine Art Führerfigur war, durch dieses Gebäude, über Treppen bis schließlich ganz hinunter in eine Art Mausoleum. In ihm ruhte eine Königin, in diesem untersten Gemach, das das tiefste und somit eines der ersten Jahrhunderte war.
Wir stiegen aber die Treppen nur so weit hinab, bis ich den

Sarkophag sehen konnte; ich hatte schreckliche Angst vor der Leiche. Wir stiegen nicht ganz hinunter und dann sehr schnell wieder hinauf. Diesmal mußten wir nicht wieder durch alle Jahrhunderte, sondern waren gleich im Heute. Dort befand sich F. (kann auch sein H. oder W.), und ich weinte. Seine Frau war auch dabei. Ich heulte vor Angst, und weil ich es nicht geschafft hatte, alles zu sehen. Der Mann, der mich geführt hatte, stellte mich in einen angrenzenden Saal, der länglich war und leer; Netze unten längs an der Wand sollten den Boden darstellen. Ich hörte, wie einige Leute in dem darunterliegenden Raum wimmerten. Der Saal war ein Krankensaal, weiß, steril. Angsteinflößend. Plötzlich saß F. neben mir auf einer Matte. Wir redeten über die verschiedenen Ären, und plötzlich berührten wir uns und je näher wir dem heutigen Jahrhundert kamen, desto erregter wurde ich. Er hielt mich mit beiden Händen fest, und ich starb fast vor Lust. Er sagte, das sind erst die ersten zehn bis zwanzig Prozent von allem, und dabei wachte ich auf.*
Sofort fiel mir der Satz (aus dem Film »2001 – Odyssee im Weltraum«) ein: Wir würden den nächsten Schritt auch tun, soviel war sicher.
Einen fast identischen Traum schilderte mir das oben schon erwähnte Mädchen Beate M. Beide Male zeigten die Träume in einem fortgeschrittenen Stadium der Behandlung an, daß die Rauschregression abgelöst wurde durch die in sexueller Partnerbeziehung mögliche Regression, ganz besonders deutlich am Schluß des eben zitierten Beispiels. Es dauert allerdings nach dem ersten Auftauchen solcher Träume noch geraume Zeit, oft einige Jahre, bis das träumend Vorweggenommene dann in der Wachwelt realisiert werden kann.

* Dieser Sarkophag mit Leiche, ein Symbol aus dem archetypischen Bereich, könnte eine Darstellung des Wahren Selbst der Träumerin sein – das jedoch (noch) tot ist.

3.4.2.2 Positive Rauscherfahrung

Der nächste Schritt in der Drogenkarriere ist nach meiner Erfahrung der entscheidende: Es muß zu einer positiven Rauscherfahrung kommen. Dies mag trivial klingen, ist es aber nur vordergründig. Es ist nämlich nicht unbedingt erforderlich, ich habe schon weiter oben darauf hingewiesen, daß es sich um ein angenehmes oder schönes Erlebnis handelt; es kann auch ein Horror- oder Angst-Trip sein. Ich würde sogar noch einen Schritt weitergehen und behaupten, daß die *peak experience*, der ekstatische oder mystische Trip, enorm selten ist – unter jungen Usern wahrscheinlich kaum jemals anzutreffen. Was hingegen recht häufig erlebt wird, ist – je nach Stärke der Droge – ein von psychoseähnlichen Angstzuständen durchsetztes Dahinjagen halluzinatorischer, mitunter auch illusionistischer oder intensiv tagtraumartiger Gedanken und Bilder. Wenn diese Zustände dennoch als etwas Positives erlebt, ja gepriesen werden, so liegt dies einfach daran, daß überhaupt »etwas passiert«. Nur wer sich jemals so gelangweilt hat, sich so sinnlos und innerlich leer gefühlt hat wie ein Drogenkonsument, wird wahrscheinlich verstehen, was für eine Erlösung es in dieser existentiellen Öde und Verzweiflung bedeutet, wenn sich im Rausch die psychischen Abwehrmechanismen lockern, die den Zugang zum Unbewußten, zur Phantasie, zur Kreativität versperren – und wenn sich die innere Leere füllt, der Defekt im Selbst vorübergehend durch Stimulation ausgeglichen wird.

Wer die »richtige« Drogenerfahrung macht, wer psychedelische Bewußtseinserweiterung erfährt, der »blickt durch«, der hat plötzlich das Knowledge, das tiefe Wissen über die Zusammenhänge des Universums. Miriam K., 22, berichtet über ein solches Erlebnis, bei dem sie von dem Gefühl durchströmt war, die anderen Menschen total zu verstehen, sie miteinander in mystisch überhöhter Weise kommunizieren zu sehen:

(Die Ellen und noch ein junger Mann) »haben Meskalin-Trips genommen. Ich habe nur (Haschisch) mitgeraucht. Das war dann so wahnsinnig – ein ganz gelöster Trip –, angefangen hat's damit, daß eine Kommunikation da war. Es war so komisch, daß ich das Gefühl hatte, und mir die ganze Zeit sicher war, alles, die Trips, welche die beiden gerade durchmachten, mitzuerleben. Genau wie ich ihre beiden miterlebte, wußte ich, daß sie genau meine Gedanken alle wußten ...«

Später sitzen die drei, noch immer stark berauscht, in einem Café. »Nachdem irgendwie das Vertrauen hergestellt war ... haben wir angefangen, die Leute anzugucken, die da so rumgelaufen sind, und auf die Reaktionen uns gegenüber zu achten. Wir saßen ziemlich zentral. Außenrum alle guckten her, und da haben wir irgendwie versucht, das zu manipulieren. Plötzlich war's total ruhig in dem ganzen oberen Teil vom ›Venezia‹, wenn wir das wollten ... Und es war bestimmt nicht so, daß es nur Einbildung war ... das Interessante war, ich habe da zum ersten Mal total das Wir erlebt, und zwar in der Form, daß ich eben dasaß und es genau gewußt habe oder den Eindruck hatte, daß ich – ich selbst war hier, aber was ich denke und gerade ausführe, das ist von irgend jemand anderem.« (Auszug aus einem Tonband-Protokoll)

Was hier von Miriam nur mit unzureichenden Worten berichtet werden kann, ist im Grunde das überwältigende Erlebnis, die Subjekt-Objekt-Spaltung aufgehoben zu sehen. In nahezu telepathischer Weise wird im Halluzinogenrausch die intime Verschmelzung mit der Gedankenwelt anderer Menschen erfahren. Ein andermal, erzählt Miriam, ging sie mit Freunden über die Straße, als sie plötzlich die Idee hatte, sie könnte einen anderen Passanten mit ihrer Gedankenkraft beeinflussen. Als jener tatsächlich etwas tat, was sie sich vorstellte, war sie ganz überwältigt von ihrer neuentdeckten Fähigkeit. Solche paranormalen Fähigkeiten haben nicht wenige User im Drogenrausch entdeckt. Es ist hier nicht der Ort, um ein Urteil über den Realitätscharakter solcher Erfahrungen abzugeben. (Näheres s. vom Scheidt 1972c.) Ich erwähne sie hier lediglich, um darauf hinzuweisen, welche tiefe Bedeutung es für den User erlangen kann, wenn er erlebt, daß im Rauschzustand seine vorher (oft als sehr quälend) erlebte narzißtisch-schizoide Abgespaltenheit vom Strom des übrigen Lebens durch winzige Mengen einer Droge aufgehoben ist.

Timothy Leary machte im August 1960 durch einen mexikanischen Rauschpilz (Wirkstoff: Psilocybin) zum ersten Mal in seinem Leben Bekanntschaft mit einer psychedelischen Droge. Vor dem Experiment war er, wie er selbst (1968, Kap. I) schreibt, ein frustrierter Intellektueller, ein mit seinem Beruf unzufriedener Psychologe, wie so viele seinesgleichen auf der Suche nach einem Lebenssinn. Nach dem Experiment in Cuernavaca fühlte er sich als neuer Mensch, der gefunden hatte, wonach er sich seit langer Zeit sehnte. »Zum ersten Mal wurde ich ... aus meinem Bewußtsein herausgedrogt« (wörtlich: »drugged out of my mind«). »Ich aß sieben der Heiligen Pilze von Mexiko und entdeckte, daß Schönheit, Offenbarung, Sinnlichkeit, die zelluläre Geschichte der Vergangenheit, Gott, der Teufel, alle innerhalb meines Körpers, außerhalb meines Bewußtseins lagen.« Im Verlauf weniger Minuten wurde er »über den Rand eines sinnlichen Niagaras in einen Strudel transzendenter Visionen und Halluzinationen geschleudert. Die nächsten fünf Stunden könnten in vielen außerordentlichen Metaphern beschrieben werden, doch sie waren vor allem unfraglich die tiefste religiöse Erfahrung meines Lebens«. (1970, S. 31)

Was hat dieses Schlüsselerlebnis in Cuernavaca aus Leary gemacht? Aus den Biographien berühmter Persönlichkeiten, vor allem im religiösen Bereich, sind genügend solcher schockartiger Erleuchtungserlebnisse bekannt, die ein ganzes Leben von Grund auf änderten; es sei nur an den die Christen verfolgenden Saulus erinnert, der sich, nach dem Erlebnis bei Damaskus, in Paulus, den erfolgreichsten Apostel des Christentums verwandelte. Wie sieht das bei Leary aus?

Ich will mir die Beschreibung des bewegten Auf und Ab seiner Drogenkarriere ersparen. Aufschlußreicher ist eine Aussage, die er im September 1969 in der amerikanischen Zeitschrift »Playboy« in einem Interview machte. Befragt, wie oft er schon LSD genommen habe, antwortete er: »Bis jetzt hatte ich 311 psychedelische Sitzungen.« An anderer Stelle erwähnt er, daß er jeden Tag Marihuana rauchte und einmal in der Woche LSD nahm (a. a. O., sowie Vetter 1975). Besonders der LSD-Rausch kann aufgrund seiner enormen seelischen Tiefenwirkung als eine Art Existenzkrise im Zeitrafferverfahren verstanden werden (s. auch S. 97). Man muß sich jedoch fragen, wie vieler solcher Existenzkrisen ein Mensch bedarf, wie vieler Erleuchtungen und ekstatischer Entrückungen, bis er sich tatsächlich so sehr wandelt, wie Leary das von sich selbst behauptet hat. Was wir aus der Literatur wissen, ist die Tatsache, daß die wahrhaft Erleuchteten nur eines einzigen solchen Erlebnisses oder einiger weniger mystischer Entrückungen bedurften, um sich grundlegend zu wandeln. Was wir von Leary wissen, ist die Tatsache, daß er sich binnen weniger Jahre vom vielversprechenden Harvard-Dozenten zum übelsten Jugendverführer und Drogenhändler entwickelte; aller Schönfärberei drogenfreundlicher Intellektueller zum Trotz, die ihn noch immer lieber zum Märtyrer hochstilisieren möchten, als seine Hybris und seine infantilen Omnipotenz-Phantasien zu erkennen, die ihn zeitweilig in Light shows als selbsternannte »Reinkarnation Christi« auftreten ließen.

Wie es hinter der psychedelischen Fassade (die wahrscheinlich gekennzeichnet ist durch Ich-Schwäche, Verwirrung der räumlichen und zeitlichen Orientierung und Verlust der Realitätskontrolle) wirklich aussieht, zeigen uns die Träume von Usern. Während sie in ihren Räuschen die aufregendsten und schönsten Erlebnisse haben mögen, offenbart sich in ihren nächtlichen Produkten mit bestürzender Regelmäßigkeit eine ganz andere Welt, zumindest nach unseren Beobachtungen. So träumte Ulysses, als er gerade die ersten beeindruckenden positiven Rauscherfahrungen gemacht hatte, dies:

»Ich stand mit den Beinen in einem unterirdischen Gewässer ... Ich hatte immer Angst, in eine tiefe Stelle zu geraten ... mir ekelte vor dem Schmutz, der vielleicht in dem Wasser sein könnte, und es schwamm da, glaube ich, auch einiges vorbei ...«

Zwei Wochen später: »Ich bestieg an der Außenseite einen Wolkenkratzer. Oben war nur eine winzige Plattform, kleiner als ich lang bin. Mir wurde schwindlig. Angst ... ich konnte nicht in das Innere des Gebäudes ...«

Weitere zwei Wochen später: »Fürchterlich. Ich sollte an

den Mandeln operiert werden. Dann tötete ich etwas (ein Mädchen?), Blut in einer Wanne, schoß dem Mädchen eine Kugel in den Kopf ... Angst vor ihrem Freund. Dann die Operation. Ich hatte entsetzliche Angst vor dem Tod ...«
Ohne weiter auf Details einzugehen, will ich nur darauf hinweisen, welche starken Ängste da zum Ausdruck kommen – Ängste, von denen in den manischen Rauscherlebnissen zunächst nichts zu erkennen war. Sobald der User nach der Initiation, nicht selten bereits während dieser, seine ersten *guten* (sprich: aufregenden) Rauscherfahrungen gemacht hat, ist der weitere Weg vorgespurt. Sei es, daß gewisse psychosomatische Beschwerden zeitweilig verschwinden; sei es, daß er sich zum ersten Mal seit langer Zeit entspannt fühlt; sei es, daß er den emotionalen Abgrund zu seinen Mitmenschen plötzlich überbrückt findet. Er hat jedenfalls erlebt, daß Drogennehmen, daß Berauschtsein etwas sehr Sinnvolles ist, genauer: er fühlt sich lebendig und sinnvoll, weil seine Sinne – buchstäblich – wieder voll sind. Und sobald die Euphorie abgeklungen ist und Schizoidie bzw. Depression sich wieder in ihm ausbreiten, wächst das Verlangen nach dem nächsten Rausch.

3.4.2.3 (Pseudo-)Stärkung des Selbstbewußtseins

Das mehr oder minder quälende Bewußtsein, vom Kontakt mit anderen Menschen abgeschnitten zu sein, wird im Rausch weitgehend aufgehoben. Es macht einem merkwürdigen inflationistischen Zustand Platz, den man eigentlich nur als Selbstüberschätzung bezeichnen kann. Dieser Zustand deckt sich weitgehend mit der psychotischen Manie und entstammt ja auch, wie es der Psychiater ausdrückt, einer toxischen Psychose. So berichtete Beate M., daß sie einmal mit Freunden unter LSD-Einfluß nachts durch den Englischen Garten wanderte und dabei empfand, daß sie die ganze Gruppe auf einen höheren Bewußtseinszustand beförderte, allein durch geistige Kraftübertragung.
Bereits beim Einnehmen einer Droge (vornehmlich von Haschisch) in Gegenwart einer Gruppe dienen die anderen eigentlich nur als Staffage. Die Anwesenden haben das Gefühl, miteinander ausnehmend gut zu kommunizieren –

aber wenn man solche Gespräche auf Tonband aufnimmt, läßt sich inhaltlich kaum etwas finden, was überhaupt auf Kommunikation, auf echtes menschliches Interesse der Beteiligten aneinander schließen ließe. Wichtig ist der Joint, der da kreist, und der Rauschzustand, den er bringt.
Aber auch außerhalb des akuten Rausches ist in diesem Stadium der Drogenkarriere das Denken des Users von einem solchen gestärkten (manischen) Selbstbewußtsein gefärbt – ganz im Sinne einer Belebung des Größen-Selbst bzw. einer psychischen Inflation (C. G. Jung). So war der Student Olaf W. lange Zeit davon überzeugt, er könne alle Disziplinen studieren und dann im Ausland »das große Geld« machen. Ulysses' Freund Freddy stand eines Tages stundenlang auf einem Schuttberg und starrte in die Sonne, um sich von ihr magische Kraft zu holen; ein andermal starrte er den eingesperrten Löwen im Zoo in die Augen, um ihnen seinen Willen aufzuzwingen.
Ulysses selbst identifizierte sich nach dem Besuch von P. Pasolinis »Theorema« mit dem christusähnlichen Helden des Filmes und wollte die Menschheit durch Liebe erretten; ähnlich hatte er nach dem Bibelfilm »Die zehn Gebote« passager die Vorstellung, er könnte ein neuer Moses sein, und seine Schizoidie wie die seiner Mitmenschen sei dem vierzigjährigen Zug des Volkes Israel durch die Wüste vergleichbar.
Ludwig G., ein amphetaminabhängiger Student, mietete sich während einer (drogeninduzierten) manischen Phase eine Musikkapelle und ließ sie frühmorgens auf dem Weg zu seinem Universitätsinstitut vor sich hermarschieren, um dort Eindruck zu machen – ein Einfall, der gewiß über einen Studentenulk weit hinausging und seine Ursache in tief verwurzelten Minderwertigkeitsgefühlen hatte, die er durch die Amphetamine übersprang.
Auf den beiden folgenden Bildseiten sind zwei Wartegg-Zeichentest-Blätter abgebildet. Den ersten Teil absolvierte Jörn F. (s. auch S. 118 und 138) vor seinem ersten starken Haschischrausch; die Inhalte sind nicht sonderlich auffällig, sieht man von Bild 1 (Waagschale) und Bild 2 (Kopf mit Fragezeichen) ab, obwohl eine eingehende Exploration sicherlich auch bei Bild 4 (ins Nichts führende Treppe) und

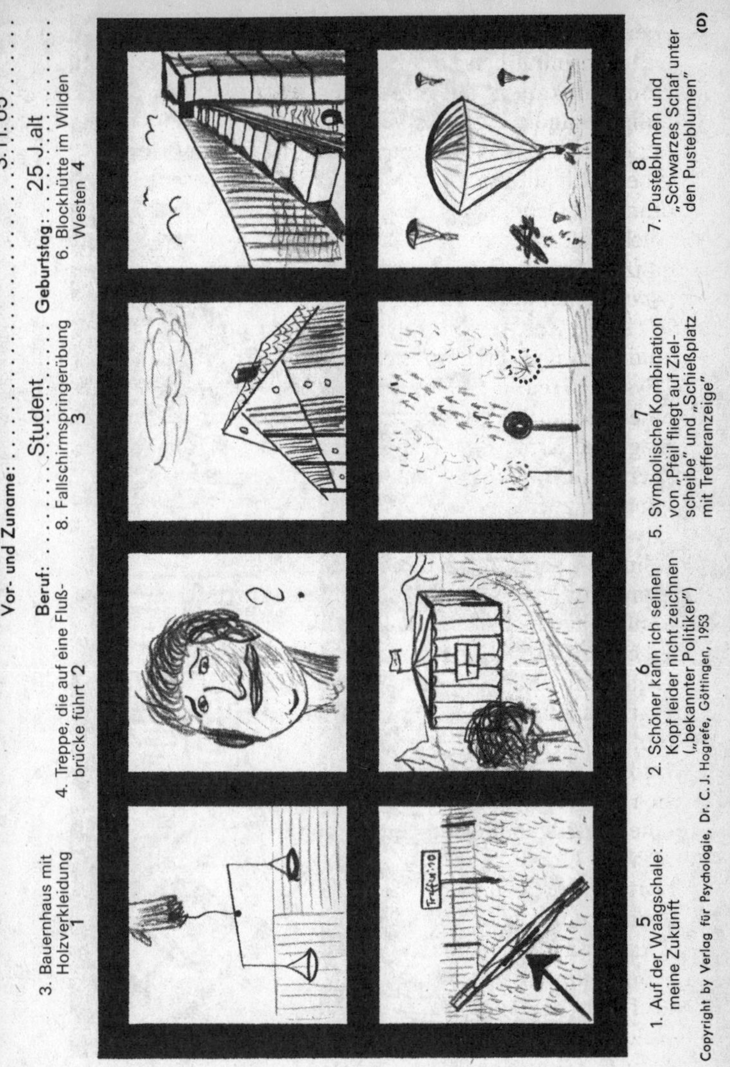

Abb. 6: Wartegg-Zeichentest I (vor Haschischkonsum) von Jörn F.

Abb. 7: Wartegg-Zeichentest II (im Haschischrausch) von Jörn F.

den vier folgenden Bildern aufschlußreiche Informationen in Richtung Selbstunsicherheit ergeben hätte. Der zweite Bogen wurde 24 Tage später während eines Haschischrausches gezeichnet und zeigt schon auf den ersten Blick eine Veränderung im affektiven Bereich an, wobei magische (1), paranoide (2,3,4) und aggressive (8) Züge auffallen.
Heinz M., ein gemeinsamer Bekannter von Ulysses und Freddy, hatte während eines Trips mit 80 Pillen des (heute nicht mehr erhältlichen) Hustenmittels Romilar diese Halluzination: Er fuhr mit der Couch, auf der er lag, ins Freie, über eine Wiese und endlich in eine Höhle. Vor einer Tür mit der Aufschrift »Dr. Tod« hielt die Couch an. Er stand auf, trat in den Raum und sah eine Gestalt in einem weißen Arztkittel. Als diese sich umdrehte, erblickte er den Tod und sein Herz blieb stehen. »Diesmal bist du noch einmal davongekommen«, sagte der Tod grinsend zu ihm. Daraufhin begann sein Herz wieder zu schlagen. Er, Heinz M., hatte den Tod bezwungen!
Stefan A., der Fixer, hatte kurz hintereinander folgende Phantasien, die ihn ausgesprochen euphorisch stimmten, ohne daß er unmittelbar unter Drogeneinfluß stand:

- Er sperrt andere in Zellen und macht sie drogensüchtig, führt dabei genau Buch über ihre zunehmende Abhängigkeit.
- Er träumt von »Dolantin und Weiberfotzen« und hat beim Onanieren diese Phantasie: Eine dolantinsüchtige Ärztin (über deren Fall er in der Zeitung gelesen hatte) setzt ihm einen Dolantin-Schuß, während er sie koitiert, und drückt ihm gleichzeitig eine Spritze mit einem Mittel, das seinen Penis vergrößert.
- Er ist in einem Zimmer eingesperrt, durch dessen Wände riesige Spritzennadeln auf ihn eindringen.

In der dritten Phantasie erkennen wir, welche Ohnmacht in Wahrheit hinter den Allmachtsvorstellungen steckt, in denen er andere Menschen nach Belieben manipuliert bzw. manipulieren möchte.
Auch der User, der andere zum Drogenkonsum überredet oder gar eine drogenfreundliche Ideologie predigt, praktiziert im Grunde nur solche Omnipotenzphantasien, er maßt

sich aufgrund narzißtischer Selbstüberschätzung die Rolle des selbsternannten Erlösers an.
In der Paranoia, wie die User ihre Verfolgungsideen fachgerecht bezeichnen (und wie sie in der eben zitierten Phantasie von den Riesenspritzen ersichtlich ist), wird dann die (unbewußte) Wirklichkeit sichtbar, die hinter der Selbstüberschätzung steckt. Sie zeigt sich allerdings meist erst in der Verzweiflungs-Phase mit aller Deutlichkeit (s. unten).

3.4.2.4 Affektive Koppelung von Rausch und rauschvermittelndem Objekt

War in den bisher beschriebenen Stadien die Gruppe, der Freund, der Guru noch im Vordergrund und die Droge eher nebensächlich (vom akuten Rausch einmal abgesehen), so werden Rausch und Objekt allmählich mehr und mehr affektiv miteinander gekoppelt. Die eben beschriebene (Pseudo-)Stärkung des Selbstbewußtseins trägt das ihrige dazu bei. Mir liegen hierfür wenige klar abgrenzbare Beispiele vor. Eines immerhin spricht für sich:
Marian S. hatte einen Freund, den sie zu lieben glaubte. Auf mein Befragen, was sie denn bei ihm suche und erwarte, rückte sie allmählich damit heraus, daß es ihr in Wahrheit darum ging, mit ihm zu kiffen. Er hatte ihr beigebracht, wie man richtige Joints dreht, wie man sie raucht und worauf man während des Rausches achten muß, um ein möglichst intensives Erlebnis zu haben. Aber nachdem er ihr das beigebracht hatte, ging es ihr eigentlich nur noch um den Rausch und immer weniger um seine Nähe. Er war wichtig als Hintergrund und möglicher Gesprächspartner – aber wenn sie nicht Haschisch miteinander rauchten, langweilten sie sich fürchterlich und versanken in immer tiefere Depression. Wenn dann einer von beiden einen Joint zu drehen begann, waren sie richtig erleichtert, und sobald sie die ersten Züge inhaliert hatten, waren sie im Handumdrehen bester Laune.

3.4.2.5 Lösung der äußeren und Verstärkung der inneren Bindungen

Diesen Abschnitt könnte man auch überschreiben: Die Trauerarbeit mißlingt. Der Begriff Trauerarbeit wurde von S. Freud geprägt und geht zurück auf einen anderen Ausdruck, »nachholendes Abreagieren«, den er erstmals in einer Fußnote der »Studien über Hysterie« (1895, S. 230) benutzte. Später verstand er unter diesem Ausdruck folgendes: »Die Trauer hat eine ganz bestimmte psychische Aufgabe zu erledigen, sie soll die Erinnerungen und Erwartungen der Überlebenden von den Toten ablösen. Ist diese Arbeit geschehen, so läßt der Schmerz nach ...« (1912, S. 82). Am ausführlichsten hat Freud diese Gedanken dann in »Trauer und Melancholie« (1917) entwickelt.

Dem User scheint es schwerer zu fallen als dem Neurotiker, die weit in die Vergangenheit zurückreichenden Bindungen an die inneren Objekte (Eltern) zu lockern und zu lösen. Es muß hier auch etwas berücksichtigt werden, was ich schon weiter oben erwähnt habe (S. 104), nämlich daß zumindest der Halluzinogen-User in der frühen Kindheit einmal eine Art paradiesischer Symbiose mit der Mutter erlebt haben dürfte. Nach diesem Paradies (sprich: dem Erlebnis seines Wahren Selbst) sehnt er sich nun ständig zurück. Da er sich aber andererseits zu kurz gekommen und überfordert fühlt (entsprechend der Leistungsschwäche infolge seines unreifen Selbst), ist er gar nicht imstande, den Verlust dieses archaischen Mutterbildes einzugestehen und entsprechende Trauerarbeit zu leisten. Insgeheim möchte er noch immer verwöhnt werden, sucht er noch immer Geborgenheit im Elternhaus. Er empfindet diesen in der Realität bestehenden Mangel doppelt, weil es dort an Ersatz, etwa in Form von kleinen Gruppen, weitgehend fehlt.

Da aber die Umgebung mit zunehmendem Alter des jungen Menschen erwartet, daß er selbständig wird und sich von den Bindungen ans Elternhaus allmählich freimacht, der User aufgrund seines unreifen Selbst und seiner Ich-Schwäche zudem noch besonders stark bemüht ist, sich – zumindest in Teilgebieten – anzupassen, müssen diese Wünsche nach Verbindung, Verschmelzung mit den archaischen, idealisierten Elternbildern weitgehend unterdrückt werden. So kommt es zu den übertriebenen Reaktionen nach der anderen Richtung: man strebt besonders intensiv vom Elternhaus weg.

Es ist nicht nur der Auto-Trip ins reale Indien oder nach Katmandu, der möglichst weit weg vom Elternhaus und sonstiger gewohnter Umgebung führen soll, sondern auch der Drogen-Trip ins Reich der eigenen Phantasie. Letzterer hat freilich den unschlagbaren Vorteil, daß er gerade da, wo er den User ganz besonders weit aus der tradierten Wirklichkeit zu entführen scheint, nämlich in der tiefsten Rausch-Regression, ihn ganz besonders nah an die alten inneren Objekte, so wie sie seine Erinnerung von Anfang an speichert, heranführt.

Zumindest während des Rauschzustandes kann der Drogenkonsument die Quadratur des Zirkels vollbringen: Er kann die äußeren Bindungen völlig lösen, total selbständig werden im Reich der eigenen Phantasie – ohne Trauerarbeit und Verzicht auf die alten Elternbilder leisten zu müssen. Freilich auch, ohne die Bindung an ihre möglicherweise schädlichen Einflüsse loszuwerden.

Ulysses war noch tief in die ambivalenten Bindungen an Mutter und Vater verstrickt, als er sich im Haschischrausch gewaltsam von ihnen freizumachen wähnte, indem er den Inzest mit der Mutter und die Ermordung des Vaters auf magische Weise durchspielte (s. S. 64).

Praktisch alle User, mit denen ich länger zu tun hatte, strebten schon relativ früh, mit siebzehn Jahren etwa, vom Elternhaus weg. Besonders bei den Mädchen führte das regelmäßig zu heftigen Auseinandersetzungen mit den Eltern. An sich waren diese Lösungsversuche sinnvoll und wurden von mir, wenn irgend vertretbar, gefördert – waren doch die aggressiven Spannungen in den Familien unerträglich geworden. Die paradoxe Reaktion, die dann ebenso regelmäßig auftrat, war die, daß die jungen Leute mit der neugewonnenen, so heiß ersehnten Freiheit zunächst kaum etwas anzufangen wußten. Sie langweilten sich wie eh und je, versuchten nun erst recht mit Hilfe von Drogen diese depressiven und schizoiden Zustände zu überlisten und bemerkten in zunehmendem Maße, wie abhängig sie im Grunde beson-

ders von der mütterlichen Fürsorge waren. Oft wurden sie krank, was ein willkommener Anlaß war, sich zu Hause pflegen zu lassen, und ähnliches mehr.
Bei den von mir betreuten Klienten konnten solche Ausbruchversuche oft im positiven Sinne dazu benützt werden, schon länger anstehende Reifungsprozesse in Gang zu bringen.
Stellvertretend für eine Reihe analoger Entwicklungen sei hier der 19jährige Klaus W. erwähnt. Die Eltern brachten ihn wegen Amphetamin-, Tranquilizer- und Haschischmißbrauch in psychologische Beratung. Die Apathie und Kontaktarmut der Familie (man brüllte sich nur gelegentlich an) wich bei Klaus, nachdem ihm seine unbewußten Aggressionen gegen die Eltern allmählich bewußt wurden, bald einem Stadium solcher Gereiztheit, daß der Vater ihn aus der elterlichen Wohnung zu werfen drohte. Klaus hatte vorher mehrmals mit einem gleichaltrigen Freund zusammenziehen wollen, sich aber nicht getraut, weil er (vorwiegend unbewußt) sehr an der Mutter hing und sich von ihr gerne päppeln ließ; seine Wut gegen Mutter und Vater resultierte in der Hauptsache aus der Abneigung der Mutter, die starken oralen Wünsche zu befriedigen, während sie den Vater hierbei deutlich bevorzugte.
Eine für alle Beteiligten akzeptable Lösung ergab sich, als Klaus in ein Lehrlingsheim übersiedeln konnte, wo er mit dem politisch sehr engagierten Heimleiter guten Kontakt bekam.
Dem User, der sich selbst überlassen bleibt, steht ebenfalls die Ausweichmöglichkeit in eine Wohngemeinschaft offen; aber auch dort ist die weit einfachere, weil weniger persönliches Engagement verlangende Flucht in den Rausch das Mittel der versuchten Selbsthilfe. Sich mit anderen Menschen ernsthaft in neue Bindungen einzulassen, bedeutet ja erneute Konfrontation mit den unbewältigten alten Bindungen, bedeutet Trauerarbeit, die zu leisten der User nicht gewillt ist. In diesem Stadium der Drogenkarriere wäre man nämlich nicht selten noch durchaus in der Lage dazu. Später kann man dann nicht mehr. Das zeigen deutlich die Erfahrungen der »Kommune 2« (Bockhagen u. a. 1969).
Der 25jährige Philosophiestudent Jörn F. hat in zwei Vier-

zeilern nach Art der japanischen Haiku festgehalten, wie er einerseits nach dem Wahren Selbst sucht und wie andererseits Halluzinogene an die Stelle von Menschen in diesem Prozeß der Selbsterkenntnis getreten sind:

Lysergsäure	*Haschisch*
Ich bin der Schlüssel *Ich bin das Schloß* *Wie kommt das* *eine zum andern?*	*Ein Blitz in mein Hirn* *Hinter dem Rausch* *Gedanken und Bilder* *von großer Helle*

3.4.3 Die Verzweiflungs-Phase

Diese dritte Phase innerhalb der Drogen-Karriere verläuft nach einem ähnlichen Schema wie die zweite. Wir sahen schon dort, daß viel Verzweiflung zu beobachten ist, wenn man hinter die Fassaden der manchmal sehr imponierenden, abenteuerlichen, stets aufregenden Räusche blickt. Aber in der Einstiegs-Phase ist alles harmloser, handelt es sich noch eher um ein Spiel mit dem Feuer als um ein *Verbranntwerden.* Der Wechsel zwischen drogeninduziertem Kontakt mit dem eigenen Selbst und den archaischen Elternimagines in der Innenwelt einerseits und realen Objekten wie Freunden oder Gruppen in der Außenwelt andererseits, gelingt durchaus immer wieder. Vor allem, wenn man hier rechtzeitig helfend eingreifen kann, läßt sich in diesem Stadium eine Drogenkarriere in vielen Fällen durchaus noch stoppen und in eine normale psychosoziale Entwicklung überführen. Es muß dies nicht unbedingt der Eingriff eines Psychotherapeuten sein. Renate Zauner hat 1971 eindrucksvoll geschildert, wie sie ihren beiden jugendlichen Söhnen half, mit den Drogen fertigzuwerden: indem sie sich ernsthaft mit der Materie befaßte und vor allem den Kindern neues Verständnis und intensivere Aufmerksamkeit entgegenbrachte.

Sowohl innere wie äußere Gründe können diese Rettungsversuche jedoch verhindern. Besonders beim Fixer ist die Traumatisierung während der Vorbereitenden Phase und entsprechend die Verwahrlosungsbereitschaft während der Einstiegs-Phase in der Regel schon viel zu groß, als daß die

Verzweiflungs-Phase noch aufzuhalten wäre, eben weil die Verzweiflung und Selbstunsicherheit, die Ich-Schwäche und die Todessehnsucht bereits übergewichtig sind. Das zeigt sich schon in den ungünstigen Partnerwahlen: Man kann sich einen Fixer zum Vorbild nehmen, der täglich Opiate spritzt – oder man kann sich mit einem Hascher begnügen, der am Wochenende einen Joint raucht.

3.4.3.1 Mißlingen einer (reifen) Objektbeziehung

Ich bin mir nicht ganz sicher, ob dieses Stadium wirklich so typisch für den Übergang in die Verzweiflungs-Phase ist, wie es mir erscheint: Ich sah jedoch bei etlichen Usern, daß merkwürdigerweise gerade dann, wenn sie vor dem endgültigen Abstieg in die Drogenwelt standen, plötzlich ein Objekt interessant wurde, das den weiteren Abstieg vielleicht hätte verhindern können.
Bei Ulysses war es die Freundin Sika, die ja zunächst keine Drogen nahm und gegenüber dem Kommilitonen Freddy – bei aller eigenen Problematik – durchaus eine einigermaßen stabile Bezugsperson darstellte. Erst das Mißlingen dieser Liebesbeziehung war der Auftakt zur Verzweiflungs-Phase.
Bei Gernot W. begann der exzessive Haschischkonsum, nachdem er vergeblich versucht hatte, zu einem Yogalehrer engeren Kontakt zu bekommen. Es war nicht genau zu eruieren, warum diese Beziehung mißlang – nicht zuletzt dürfte seine für psychologisch Ungeschulte schwer erträgliche Wehleidigkeit und Schlaffheit, kurz eine depressive Grundstimmung, den Yogalehrer abgestoßen haben.
Als eine larvierte Form dieses Mißlingens einer reifen Objektbeziehung betrachte ich es, wenn der User Kontakt zu jemandem aufnimmt, mit dem er eine ganz normale (Liebes-)Beziehung aufbauen möchte – um dann zu erleben, daß der neue Partner selbst Drogen nimmt. Das Erleben der beiderseitigen Depression ist offenbar unerträglich. Da man andererseits den anderen gerne bei sich haben möchte, sucht man dann seine emotionale Nähe im gemeinsamen Rausch, erlebt sie wohl auch halluzinatorisch oder tagträumend, entfernt sich aber gerade durch den Rauschzustand mehr denn je von ihm.

So war für Beate M. der deutliche Auslöser ihrer übelsten Drogenzeit folgende Erfahrung: Sie hatte seit geraumer Zeit einen Jungen verehrt und angeschwärmt, der dealte. Sie hatte sich zielbewußt Zugang zu seiner Clique verschafft, hatte sich ihm genähert, hatte sich gegen den starken Widerstand ihrer Eltern die Antibaby-Pille verschreiben lassen und sich so gegen eine mögliche Schwangerschaft gewappnet – und erreichte tatsächlich, daß der Dealer mit ihr eine Liaison begann und auch bald mit ihr schlief. Für die 19jährige Primanerin war das der Höhepunkt ihrer Wunschvorstellungen.
Während dieser Zeit der Werbung und Verführung, die mehrere Wochen dauerte, konnte sie völlig auf das geliebte Haschisch verzichten, weil sie sich von ihrer Verliebtheit belebt fühlte. Als sie jedoch am Ziel war, mußte sie feststellen, daß der Junge sie »nur so mitgehen« ließ und gar nicht sonderlich an ihr interessiert war. Sie schliefen einige Male zusammen, aber schon bald langweilte er sich und »brauchte vorher einen Joint«. Einige Tage später rauchte sie, nach etwa zwei Monaten Abstinenz, mit, und binnen kurzem waren ihre Enttäuschung und Verzweiflung, gepaart mit Hilflosigkeit und Hörigkeit, so groß, daß sie mehr kiffte als je zuvor.
Der Fixer Pierre, über den Ursula Dechêne berichtet, schrieb seiner Mutter und seinem Stiefvater kurz vor seinem Tod, nachdem ein neuer Entziehungsversuch gescheitert war, eine Postkarte. »mir geht es wahnsinnig beschissen«, stand darauf. Als Spinne hat er sich gesehen: »nur noch ein paar knöchelchen mit durchsichtiger weißer haut bin ich. aber da ist noch die seele. im letzten wanken schrie sie einhalt« (S. 122f.). Der Schrei um Hilfe verhallte ungehört, niemand besuchte ihn.
Bei Stefan A. konnte ich selbst beobachten, wie das Mißlingen einer Beziehung zu einem reiferen Objekt vermehrten Drogenkonsum zur Folge hatte. Zum erstenmal seit fünfzehn Jahren wollte er wieder einmal seinen leiblichen Vater aufsuchen, der längst eine neue Familie gegründet und neue Kinder hatte, während Stefan bei der Mutter und einem fünfzig Jahre älteren, aus reinen Vernunftgründen geheirateten Stiefvater lebte.

Der 19jährige Fixer versprach sich sehr viel von diesem Besuch, erhoffte sich so viel Zuwendung, daß er das Fixen aufgeben würde. Aber gleichzeitig hatte er vor dieser Begegnung derartige Angst, daß er sich am Abend vor der Zugfahrt mit Valium vollspritzte. Während der Fahrt selbst *schoß* er eine Morphiumampulle nach der anderen. Der Vater, dem jegliches Verständnis für die desolate Situation seines Sohnes abging, ließ den Jungen sofort nach der Ankunft in eine Nervenheilanstalt überweisen. Dort war Stefan gezwungenermaßen abstinent. Sobald er jedoch wieder frei war, nach sechs Wochen, fixte er mehr als je zuvor.

3.4.3.2 Totaler Rückzug von den äußeren und Hinwendung zu den inneren Objekten

Was Stefan im eben zitierten Beispiel so ängstigte, als er zu seinem Vater fuhr, waren dessen Ansprüche in punkto Leistung. Nicht nur der Fixer, sondern jeder Drogenkonsument ist, schon vor Beginn des Konsums, von den üblichen Leistungsansprüchen unserer Gesellschaft überfordert. Was ihm keinen Spaß macht, betrachtet, nein, erlebt er bereits als Ausbeutung. Und selbst bei Vorgängen, die ihn an sich interessieren, ist er aufgrund seines inkohärenten Selbst auf ständige »narzißtische Zufuhr« (Kohut) von außen her, beispielsweise in Form von Lob auch bei kleinsten Leistungen, angewiesen. Das Ausbleiben solcher Zuwendung, wie sie in dieser extremen Form eigentlich nur dem kleinen Kind gewährt wird, erlebt der User schon als äußerst frustrierend. Kein Wunder, daß Halluzinogene und vor allem Alkohol und Zigaretten von Schülern in so großem Ausmaß konsumiert werden – ist doch die schulische Situation allein aufgrund der großen Schülerzahl pro Klasse eine totale Überforderung jener Jugendlichen, die an narzißtischen Störungen leiden und sich deshalb mit biochemischen Hilfsmitteln trösten müssen.

Speziell Halluzinogene sind für den solchermaßen Frustrierten ein ideales Mittel der Selbstverwöhnung. Man flippt aus, törnt sich an, läßt die überfordernden und frustrierenden Objekte (Eltern, Lehrer, gesündere Altersgenossen) weit hinter sich und holt sich aus den Speichern des Gedächtnisses, was man an narzißtischer Zufuhr braucht. In psychoanalytischen Termini ausgedrückt, heißt dies, daß dem Primärvorgang der Primat über den Sekundärvorgang[15] eingeräumt wird. Speziell in der drogeninduzierten Aktivierung des Traumlebens zeigt sich das. Interessen und Hobbies hingegen, die der User vorher unter Umständen sehr intensiv gepflegt hat, werden vernachlässigt und schließlich ganz ad acta gelegt. Im Verlauf der psychologischen Arbeit mit Usern macht man selbst bei den desolatesten Fällen ganz erstaunliche Entdeckungen, was solche Hobbies und Begabungen betrifft. Der schon mehrmals erwähnte Fixer Stefan A. war, als ich ihn kennenlernte, zu keiner anderen geistigen Tätigkeit mehr fähig, als Comics und Pornohefte zu verschlingen – er hatte jedoch schon als Siebenjähriger kleine Geschichten geschrieben und sich damit sogar an den Rundfunk gewandt!

Im fortgeschrittenen Stadium der Drogenkarriere ist der User so sehr mit der Suche nach seinem verborgenen Wahren Selbst in Räuschen, Träumen und Tagesphantasien beschäftigt, daß für die Pflege von Begabungen in der Realität keine Kraft mehr vorhanden ist. Alle Energien werden zur Erzielung von Lustgewinn im luftleeren Raum der Phantasie eingesetzt, so daß für die gestalterische Umsetzung des primär-prozeßhaften Rohmaterials mittels der kognitiven Sekundärprozesse nichts mehr übrigbleibt. Eine um so größere Rolle spielen die Räusche, denn deren geballte Energie stimuliert die Phantasie weit mehr, als selbst der gesündeste und kreativste Mensch es jemals vermöchte, wenn er nicht gerade ein Genie ist (Eissler 1971 b). Der seelisch gestörte User bedarf ihrer Unterstützung um so mehr, als er ja gerade im kreativen Bereich besonders blockiert ist.

(Für therapeutische Zwecke empfiehlt es sich deshalb, dem Traumleben des Users besondere Aufmerksamkeit zu schenken und die Kreativität auch mit Hilfe von Meditation und kathathymem Bilderleben (Wächter 1974) anzuregen, so daß auf die Drogen allmählich verzichtet werden kann.)

Mehr oder minder parallel zu der immer intensiveren Wendung nach innen und zur eigenen Vergangenheit läuft der totale Abbruch der Beziehungen zur Außenwelt. Es handelt sich also um eine intensivere Form des Stadiums 3.4.2.5. Die neuen Kontakte bzw. die Erneuerung alter Kontakte mit anderen Usern, einzeln wie in Gruppen, sind nur scheinbar ein Ersatz für die Eltern und andere alte Objekte. Wie ich schon verschiedentlich zu zeigen versuchte, sind die anderen Angehörigen der Drogenszene im Grunde ja nur Pseudo-Objekte, die der Spiegelung des eigenen Selbst dienen. Sie erscheinen dem berauschten User als allmächtige Spender magischer Kraft (die in Wahrheit seinem eigenen Größen-Selbst entstammt und lediglich auf die anderen projiziert wird) und verlangen vor allem keinerlei Leistung. Bis auf eine: den Drogenkonsum. Diesem Verlangen gibt man um so bereitwilliger nach, als es nichts an eigener Leistung fordert, wie man meint. Das ist freilich eine Selbsttäuschung. Wäre man in der Lage, das Ausmaß an seelischer Energie, das ein Drogenrausch dem User abfordert, zu berechnen und mit den abgelehnten Leistungen der Außenwelt zu vergleichen, würde man wahrscheinlich den Drogenkonsum als weitaus schlimmere Form der Ausbeutung erkennen. Deshalb sagt William Burroughs in einer seiner Schriften, daß die Dealer schlimmer als Mörder sind: Weil sie die Seele ihrer Opfer töten.

3.4.3.3 Weitere Aufwertung der Räusche (Fetischierung)

Der Drogenkonsum macht sich nun immer stärker selbständig. Die diversen Substanzen werden mehr und mehr zu Fetischen hochstilisiert. Der Konsum nimmt zu. Kamen bislang die Frustrationen vorwiegend aus der als überfordernd erlebten Umwelt, so werden nunmehr die nüchternen, von depressiver Verstimmung und schizoider Isoliertheit überschatteten Pausen zwischen den Räuschen als Quelle ständiger Enttäuschung erfahren. Vor allem der intelligentere User erkennt allmählich zudem, daß er rapide unter sein gewohntes Anspruchsniveau in geistiger und materieller Hinsicht absinkt; hier werden dann plötzlich Wünsche wach, wie der, das Abitur doch noch zu machen, nachdem der Besuch der Schule bereits abgebrochen worden war.

Der User erkennt auch in zunehmendem Maße, daß die mit so magischen Qualitäten ausgestatteten Drogen gar nicht so viel zuverlässiger sind als menschliche Objekte.
Diente der Rausch vorher der Erreichung bestimmter Ziele wie Bewußtseinserweiterung, intensiver Musik hören, Sexualität besser genießen können, so treten jetzt die entspannenden, depressions- und angstmildernden Wirkungen in den Vordergrund. Die Gefühlsverstärker sinken ab zu schlichten Pharmaka, ähnlich Tranquilizern und Schlaftabletten.
Und man erkennt vielleicht, daß man keineswegs auch nur ein einziges jener Probleme losgeworden ist, denen man mit dem Drogenkonsum zu entfliehen gedachte, sondern daß man statt dessen ein neues Problem dazugewonnen hat: Die Drogenabhängigkeit.
Dies ist auch das Stadium, in dem der Fixer sich sein Opiat oder seine Amphetamine nur noch zuführt, um den scheußlichen Entzugsschmerzen zu entgehen.
Die Erhebung der Droge(n) zum Fetisch vermag solche Enttäuschungen im Verlauf der Drogenkarriere, als unmittelbare Folge des Mißbrauchs, zeitweilig noch zu mildern. Aber auch diese Quelle der Selbsttäuschung erschöpft sich bald.
Zunächst allerdings bezieht der User aus diesem Vorgang der Fetischierung eine deutliche Erhöhung des Selbstwertgefühls – so als erlebe zumindest sein Unbewußtes die Drogen als (nach außen verlagerte) affektiv stark besetzte Objekte der eigenen Innenwelt. Aus diesem Grund ist meines Erachtens für das Verständnis der Erlebnisweise des Users, speziell des Fixers, die Kenntnis der Arbeiten von Melanie Klein (1962, 1974) hilfreich, die sich speziell mit solchen Sachverhalten, wenngleich an psychotischen Patienten beobachtet, auseinandersetzt[36].
Als ein besonders deutliches Beispiel für eine solche Fetischierung in diesem Stadium der Drogenkarriere erscheint mir das Verhalten von Stefan A. Er sammelte nicht nur die Drogenfläschchen, die unbrauchbar gewordenen Spritzbestecke und die erschwindelten oder gefälschten Rezepte, sondern verehrte sie regelrecht wie Reliquien. Er schaute sie zu Hause stundenlang an und spielte mit den Ampullen.

Einmal zeigte er mir eine Vitaminampulle und fragte, ob mir daran etwas auffalle. Er meinte die penisartige Form. Dann sprach er davon, daß das »Schießen« sicher etwas mit einer sexuellen Ersatzhandlung zu tun habe. Sein sehnsüchtigster Wunsch war es monatelang, endlich einmal (das Opiat) »Jetrium zu drücken«. Als er es dann schließlich auf dem Schwarzmarkt erwerben konnte, war er enttäuscht von der Wirkung und baute sich als ähnlichen Fetisch Kokain auf, dem er nun mit derselben Hoffnung und Sehnsucht nachjagte.
Der Raucher mit seiner Marke und der Weinkenner mit seinem gut assortierten Keller sind harmlose Abwandlungen dieses Fetischismus (Smirnoff 1972). Leon E. A. Berman schilderte 1972 den Fall einer amphetaminsüchtigen Hysterikerin, die praktisch entwöhnt war, aber in ihrer Handtasche immer noch ein Stückchen einer Aufputschtablette mit sich herumtrug, als ausgesprochen magisches, kraftverheißendes Objekt für eventuelle Notfälle (das objektiv gesehen wohl wirkungslos wäre).
Eine 19jährige Schlafmittel-Abhängige, die angab, gelegentlich zu fixen, dichtete über Morphin-Base:

»Liebes kleines Schwesterchen,
du Prinzessin auf der Erbse,
kostbarste Königin,
ich liebe dich,
und nur dich –
du machst mich unabhängig,
du machst mich schmerzunempfindlich
– was sollen die Menschen mir noch?

Deine Wärme durchdringt mich mehr,
hüllt mich ganz ein.
In deinen Fluten fühle ich mich ganz geschützt
vor Kälte und eisernen Ecken,
eingehüllt in ein Häutchen,
dünn, elastisch und zäh, wie das des Eies,
gleite ich auf deinen Wellen dem entgegen,
nach dem ich mich sehne, der Ruhe,
die nur du geben kannst.

In meinen Adern blüht dein Feuer auf,
durchglüht meine Eingeweide
ohne sie zu verbrennen,
entspannt meine verklemmte Seele,
befriedigt die Sehnsüchte meines Herzens.
Auf deinen Schwingen
gleite ich in die Abgründe
meines Geistes, seines Geistes hinein.
Im Hintergrund Musik . . .«

3.4.3.4 Totale Entwertung der Objekte

Dieses Stadium ist dem mancher psychotischer Phasen (Manie, schizophrener Wahn) am nächsten verwandt. Hierauf läßt sich wahrscheinlich am ehesten jene Beobachtung von Garcia de la Vega (1972) und Jürgen Götte (1974) anwenden, wonach die Drogenabhängigkeit ein psychischer Mechanismus zur Abwehr einer Psychose sein soll. Vielleicht sind auch deshalb die Rauscherlebnisse, Phantasien und Träume von Usern in diesem Stadium jenem Material verwandt, das Melanie Klein und ihre Schüler vor allem an Psychotikern gewonnen haben. Herbert Rosenfeld aus dem Klein-Kreis schreibt in »Über Rauschgiftsucht« (einem Kapitel seines Buches »Psychotic States«) zusammenfassend:

»In dieser Arbeit wird die Auffassung vertreten, daß Rauschgiftsucht mit manisch-depressiven Zuständen nahe verwandt, aber nicht identisch ist. Der Süchtige bedient sich gewisser manisch-depressiver Mechanismen, die durch das Gift verstärkt und verändert werden. Das Gift hat sowohl Symbolbedeutung und hängt mit unbewußten Phantasien über das Gift und dessen Mißbrauch zusammen, als auch eine pharmakotoxische Wirkung, die die Omnipotenz der Mechanismen und der Impulse verstärkt.

Die Verwendung der Mechanismen der Idealisierung, der Identifikation mit Idealobjekten und das Leugnen von Verfolgungs- und Depressionsängsten ist mit den positiven Aspekten der Manie verwandt.

Die zerstörerischen Phasen der Rauschgiftsucht stehen in naher Beziehung zu der zerstörerischen Seite der Manie.

Arzneimißbrauch hat oft eine depressive Bedeutung, wobei die Arznei das kranke oder tote Objekt symbolisiert; und der Patient fühlt sich wegen seiner Schuldgefühle verpflichtet, dieses Objekt in sich aufzunehmen. Ichspaltung und Projektion guter und besonders schlechter Teile des Selbst spielen eine große Rolle bei Rauschgiftsucht, und diese Mechanismen sind viel ausgeprägter als in manisch-depressiven Zuständen. Der schlechte Persönliekeitsanteil wird oft mit dem Gift identifiziert, um dann während des Rauschzustandes auf Objekte der Umgebung projiziert zu werden, was oft zu Exzessen führt« (1972, S. 212f.).

Was Rosenfeld als »Projektion guter und besonders schlechter Teile des Selbst« bezeichnet, würde ich lieber *Kontakt mit dem eigenen Selbst*[37] nennen. Denn der berauschte User, der beispielsweise allein auf seinem Lager liegend phantasiert, hat ja niemanden, auf den er Teile seines Selbst projizieren könnte, ebensowenig wie der schlafende Träumer. Es kann sich also nur um eine Hinwendung zum eigenen Selbst beziehungsweise zu abgespaltenen Teilen der Persönlichkeit handeln.

Heinz Kohut, der innerhalb der neueren Psychoanalyse eine andere Anschauung über den Narzißmus als die Klein-Schule vertritt, unterstützt indirekt meinen Einwand, wenn er sagt: »Die Droge dient (dem User) jedoch nicht als Ersatz für geliebte oder liebende Objekte, oder für eine Beziehung zu ihnen, sondern als Ausgleich für einen Defekt in der psychischen Struktur« (1973, S. 66).

Dieser Defekt entspricht nach meiner Auffassung der von Freud so bezeichneten »Ichspaltung im Abwehrvorgang« (s. S. 95). Ich will hier nicht weiter in eine psychoanalytische Fachdiskussion eintreten, sondern nur noch einmal unterstreichen, daß die Freunde des Users und die Underground-Gruppen, zu denen er Kontakte hat, tatsächlich nur Pseudo-Objekte für Pseudo-Kontakte sind, die der Spiegelung und Stützung des eigenen, äußerst schwachen und labilen Selbst dienen.

Kennzeichnend für dieses Stadium der Drogenkarriere sind, nach unserer Erfahrung, intensive Zerstückelungsphantasien und andere Vorstellungen, speziell in Träumen und Räuschen, in denen Dinge zerschnitten oder anderweitig zerstört werden. Es handelt sich hier wahrscheinlich um eine Regression zu einem frühkindlichen Stadium, das Melanie Klein als »paranoid-schizoide Position« bezeichnet und dem ersten halben Lebensjahr zuordnet. Die Angst, die in jenen regressiven Zuständen vorherrscht (ob sie tatsächlich eine reale ubiquitäre Ausgangslage im frühesten Kindesalter darstellt und die Folge einer »Umwandlung des Todestriebes« ist, wie Melanie Klein behauptet, sei hier dahingestellt), ist die panische Angst vor dem Zerfall.

»Um der Qual der Angst zu entgehen«, sagt die Klein-Schülerin Hanna Segal (1974, S. 51), »tut das Ich sein Bestes, um nicht zu existieren – eine Anstrengung, die ein besonders intensives Angstgefühl auslöst, nämlich die Angst, auseinanderzufallen und aufgelöst zu werden.«

Die synthetische Verschmelzung, welche der Drogenrausch bewirken kann, dient dann auch dazu, die abgespaltenen Persönlichkeitsteile wieder zusammenzubringen und in idealisierter Weise zu integrieren – zumindest für die Dauer des Rausches.

Stefan A. träumte in jenem Stadium zweimal hintereinander, aus Kanonen würden Menschenteile geschossen. Ein andermal träumte er von einem Bassin mit saurierartigen Tieren mit Nackenkämmen, die er »Herz-Lungen-Tiere« nannte. Sie lebten in einer schleimigen Flüssigkeit, waren selbst »schleimig« und saugten kranken Menschen mit einer Art Rüssel die kranken inneren Organe aus. Dabei spritzte viel Blut, und die Ausgesaugten schrien entsetzlich.

Er betonte, daß er diese Träume sehr distanziert erlebt hätte, »wie Kino«. Als ich ihm prophezeite, daß sein multipler Drogenkonsum, vor allem das Fixen, ihn allmählich genauso aussaugen würde wie die Tiere seines Traumes ihre Opfer, wurde er sehr nachdenklich, hatte also offenbar noch genug Kontakt mit mir, um von einer solchen Deutung betroffen zu werden.

Gelegentlich treten solche Zerstückelungsphantasien auch schon in früheren Stadien auf; man könnte sie als Ahnungen oder Warnungen betrachten. So träumte die schon oben zitierte Halluzinogenkonsumentin Miriam K. in einem Stadium, das ich dem Ende der Einstiegs-Phase zuordnen würde, nach einem Krankenhausaufenthalt:

»Da bin ich mal aufgewacht nach einem wahnsinnigen Traum. Erst bin ich dauernd geschnitten worden. Plötzlich habe ich (selbst) eine Rasierklinge genommen, an den Händen und an den Füßen (geschnitten) ... dieses Sich-selber-Schneiden wurde ein richtig religiöser Traum ... bin dann rund um die Welt geschwebt ... dann hatte ich einen egoistischen Gedanken. Und in dem Moment hat sich plötzlich das Ganze umgewandelt, und ich hatte ein wie – da gibt's ein Bild von Grünewald, ›Die Versuchung des Hl. Hieronymus‹, wo so ganz viele häßliche Fratzen drauf sind, und genau das hab ich dann erlebt, diese Fratzen, die Hölle ... und das war furchtbar, so richtig wieder diese Idee von einem Ich, das nur ein Kügelchen ist ... verfolgt durch die ganzen Höllen – und dann ganz plötzlich dieser Satz: ›Ich bin der Herr dein Gott‹. Und mit diesem Satz habe ich einen Schock ins Gehirn bekommen, bin richtig aufgefahren, ich wußte gar nicht, daß ich in der Wohnung bin, ich bin rumgerast in meinem Zimmer und habe, glaube ich, fünf Minuten gebraucht, um mich wieder zurecht zu finden, und dann in der Bibel gelesen, was da gegen Anfechtung stand.
Das war eigentlich das erste Mal. Und seit der Zeit war es öfter so.« (Auszug aus einem Tonbandprotokoll)
Diese Entwertung und Zerstörung nunmehr auch der inneren Objekte ist eine konsequente Folge der vorangegangenen kontinuierlichen Entwertung der äußeren Objekte (s. 3.4.2.5 und 3.4.3.2).

3.4.3.5 Kontakt mit dem Selbst nur noch über den Rausch

Die beiden folgenden Stadien der Drogenkarriere sind mir aus eigener Erfahrung nur bruchstückhaft bekannt. Der sukzessive Abbau des Kontakts, den der User mit seiner Umwelt hatte (und parallel dazu verläuft aufgrund seines bizarren und antisozialen Verhaltens natürlich ein Rückzug eben dieser Umwelt von ihm), treibt ihn zwangsläufig zunehmend in die eigene Innenwelt. Da er im nüchternen Zustand nichts als seine innere Leere erfährt, kann er mit seinem Selbst nur noch über den Rausch in (wenngleich völlig verzerrten und unvollkommenen) Kontakt treten. Seine

Halluzinationen mögen ihm gelegentlich noch vorgaukeln, daß er ja die ganze Welt in sich selbst habe und der Mitmenschen und der übrigen Außenwelt gar nicht bedürfe. In Wahrheit jedoch ist er ein lebender Toter, zu kaputt, um richtig leben zu können, (noch) zu gesund, um zu sterben. In jenem Zombie*-Stadium können sich User manchmal erstaunlich lange halten. In der Regel dürften nur Opiat-Fixer bis hierher in die Drogenwelt absinken, wobei sie mit Hilfe ihrer Opiate eine erstaunliche Gratwanderumg zwischen manifester Psychose und dem »Gang über den Jordan«, wie sie den Tod nennen, vollführen. Hier sieht man vielleicht am deutlichsten diesen paradoxen Widerstreit von Verzweifelt-am-Leben-hängen und Todessehnsucht. Es kommt dann zu solchen unheimlichen Unendlichkeits- oder Ewigkeitsträumen, wie Medard Boss sie nennt; er hat sie »bisher nur bei schwer süchtigen Menschen« angetroffen. In »Der Traum und seine Auslegung« schreibt er dazu:

»Ein chronischer Morphinist unserer eigenen Erfahrung pflegte zu träumen, er liege schon seit unendlichen Zeiten in einem Kohlebergwerk verschüttet. Es besteht für ihn in diesen Träumen nie die geringste Möglichkeit der Rettung. Am entsetzlichsten ist aber immer das Wissen, er werde auch nicht sterben können. Denn es geschah überhaupt nichts mehr. ›Die Geschichte‹, sagte der Träumer wörtlich, ›geht jeweilen weder vorwärts noch rückwärts. Es gibt nur das ewig gleichbleibende Schmachten.‹« (1953, S. 228)

Boss zitiert dann ein poetisch verdichtetes Rauschprotokoll des Opiumessers Thomas de Quincey**, als dieser der Droge bereits hoffnungslos verfallen war: »Ich flüchtete in eine Pagode und wurde auf ihrer Kuppel oder in geheimen Kammern jahrhundertelang festgehalten. Ich war der Götze und war der Priester, angebetet wurde ich und als Opfer dargebracht. Vor dem Zorne Brahmas floh ich durch alle Wäl-

* *Zombie* nennen die Haitianer jemanden, der durch Voodoo-Zauber entseelt wurde – ein Verfahren, das nach Berichten des englischen Anthropologen Francis Huxley, eines Neffen von Aldous Huxley, durchaus funktioniert (1966, Kap. 10).

** Boss nennt als Autor irrtümlich den (allerdings ebenfalls opiatsüchtigen) Samuel Taylor Coleridge.

der Asiens. Wischnu haßte mich und Schiwa lauerte mir auf. Dann trat ich plötzlich vor Isis und Osiris. Sie klagten mich einer Untat an, die den Ibis und das Krokodil mit Schrecken erfüllt haben. Tausend Jahre lang lag ich bestattet in steinernen Särgen bei Mumie und Sphinx, in enger Grabkammer still im Herzen der ewigen Pyramiden. Ich duldete den giftigen Kuß der Krokodile und lag unter unaussprechlichen, schleimigen Massen im schilfgrünen Urschlamm des Nils.« (1822, S. 76)

Boss spricht von dem »Betruge des Daseins um sein Sichereignenkönnen«, dessen sich der Süchtige als furchtbare Tat schuldig mache. Denn mit Hilfe der Gifträusche bringen sich diese Süchtigen um den Austrag ihres Lebens: »Sie verunmöglichen durch diese pharmakologische Lähmung und Betäubung das Geschehen ihrer ihnen eigentlich zugehörigen Lebensgeschichte.« (S. 228)

Kohut hält diese Interpretation allerdings für »einen moralistischen Irrtum. Der Süchtige verhindert nicht die Erfüllung seines Selbst im Verlauf eines schöpferischen Lebens – vielmehr verfügt er gar nicht über ein Selbst, das stabil und organisiert genug ist, um als Antriebsfeder zu funktionieren, die so ein erfülltes Leben in Gang bringen könnte« (persönliche Mitteilung).

3.4.3.6 Selbst-Vernichtung

Der letzte, endgültige Schritt in der Drogen-Karriere kann vier Formen annehmen:

- doch noch von der völligen Desintegration überwältigt und psychotisch werden;
- durch eine Überdosis, unreine Spritze, Luftembolie etc. als direkte Folge des Drogenmißbrauchs sterben;
- durch Unterernährung, Mangelkrankheiten, verschleppte Krankheiten allmählich dahinsiechen;
- gezielter Suizid.

Die dritte Form dürfte die häufigste sein. Wenn man bei Drogenopfern die Leichenschau ebenso nachlässig vornimmt wie bei Selbstmördern[38], so ist die Zahl der »über den Jordan« gegangenen User wahrscheinlich noch höher

als die Schätzung, welche für die Bundesrepublik jährlich früher 100 Drogentote annahm (Schröder 1975) und inzwischen (1983) längst das Mehrfache beträgt (s. die Statistik im Nachwort, S. 183).
Der psychische (Psychose) oder physische Tod bestätigt die Erkenntnis, daß die Suche nach dem (Wahren) Selbst mit Hilfe von Rauschmitteln der falsche Weg war. Der User hat am Ende der Drogenkarriere nichts vorgefunden, was seinem Leben einen Sinn, was ihm eine Identität oder gar ein kohärentes Selbst gegeben hätte. Durch den systematischen Abbau seiner Kontakte zu den Mitmenschen und durch die pharmakologische Zerstörung seiner Innenwelt hat er auch jene Rudimente seines Persönlichkeitskerns zerstört, die ihm wenigstens eine Teilidentität gegeben hatten.
»opium war für mich ein ersatz für den tod«, schrieb der Fixer Pierre kurz vor seinem Ende, »weil tod die einzige ekstase ist, die wir bestenfalls rechtmäßigerweise haben – für die süchtigen ist opium ein schlüssel, möglich: der erste, aufschließbare türen zu öffnen, denen die schlösser verrostet und verbogen sind, bleiben die geheimnisse erspart – aber auch versagt! –«
Das war zumindest Pierres Hoffnung gewesen: daß jenseits der »türen und verrosteten schlösser« wirklich ein Geheimnis sei. Im Prinzip war diese Hoffnung einmal berechtigt gewesen: als Ahnung des Potentials seines Wahren Selbst. Aber am Ende der Drogenkarriere ist es nur konsequent, wenn er erkennt: »für mich gibt opium jetzt nicht mehr viel her. eine andere sehnsucht wird wach. – die freiheit, die wir haben, – aber das ist ein gedanke, den wir von uns schieben müssen, die ausweglose enge schnürt uns sofort zu . . .« (Dechêne 1974, S. 128).

»Esel und Ochsen zu kommandieren, das ist nicht schwer, aber Kinder auf eine liberale Art zu erziehen, das ist eine ebenso mühselige wie schöne Aufgabe.«

Erasmus von Rotterdam

4 Zur Sozialpädagogik des Drogenmißbrauchs

Ich bin mir über die Einwände im klaren, welchen diese Arbeit ausgesetzt sein wird. Vor allem wird man Bedenken anmelden, ob man Beobachtungen an Fixern und Halluzinogenkonsumenten, also an Usern harter und Usern weicher Drogen, dergestalt nebeneinander verwenden darf, wie ich es bei der Charakterisierung der einzelnen Phasen getan habe.

Dem kann ich nur meine Auffassung entgegenstellen, daß es erst in zweiter Linie darauf ankommt, was und wieviel jemand an Drogen zu sich nimmt, weil ich als primäres Problem den inneren Zustand des Users während und vor dem Drogenkonsum sehe. Das Ausmaß seiner oralen Gier, um einen zentralen Faktor zu nennen, wird letztlich bestimmen, ob er mit dem Haschischrausch am Wochenende (oder einem Fläschchen Wein jeden Abend) zufrieden ist – oder ob er sich Tag für Tag einige Milligramm Morphium spritzen muß. Auch der Übergang von den weichen Drogen (Haschisch, Alkohol) zu harten (Opiate, Amphetamine) ist – darüber sind sich die Experten heute weitgehend einig – nicht auf ominöse Eigenschaften von Haschisch oder Alkohol zurückzuführen, sondern auf intra-psychische Ursachen (Defekt im Selbst, der zu massiven Problemen im Umgang mit Gier, Angst, Aggression, Sexualität und Narzißmus führt) und auf gruppendynamische Faktoren (Verführung, Vorbild der Peer-group und ihres Anführers).

Wenn ich auch viel mit tiefenpsychologischen Überlegungen gearbeitet habe, so ist mein eigentliches Anliegen doch ein sozialpädagogisches. Sozialpädagogik umfaßt ja, um Klaus Mollenhaus zu zitieren, »alle jene Aufgaben, die in der ›industriellen Gesellschaft‹ als besondere Eingliederungshilfen notwendig geworden sind und gleichsam an den Konfliktstellen dieser Gesellschaft entstehen« (1964, S. 288f.).

Als sein Aufsatz erschien, gab es, zumindest bei uns in der Bundesrepublik, noch kein Drogenproblem, schon gar nicht unter Jugendlichen. Ja, es wird bei ihm nicht einmal der Jugendalkoholismus als ein besonderes Problem erwähnt, der uns heute bereits weit größere Sorgen macht als die bisherige Drogenwelle, vom zunehmenden Mißbrauch aller möglichen Tabletten ganz zu schweigen. Da man aber neuartige Eingliederungshilfen und sozialpädagogische Prophylaxe überhaupt nur dann planen und gar durchführen kann, wenn man die psychosozialen Bedingungen für die Entstehung solcher Konfliktstellen und die durch sie produzierte Sozio- und Psychopathologie kennt und versteht, habe ich in dieser Arbeit eben diese Phänomene in größtmöglicher Breite und Tiefe darzustellen versucht.

4.1 Die Drogenkarriere als Muster

Im Grunde genommen ist das, was als Drogenmißbrauch im Einzelfall wie als Massenphänomen[39] auffällt, wieder einmal nur die berühmt-berüchtigte Spitze des Eisbergs. Und die Drogenkarriere läßt sich, so wie ich sie dargestellt habe, mit entsprechenden Einschränkungen durchaus auch als eine Art Muster für viele andere pathologische Prozesse bei der Entwicklung junger Menschen in unserer Kultur und Gesellschaft betrachten. Verzweiflung in verdeckter oder offener Form findet sich zuhauf auch bei Nicht-Usern; es sei hier nur an jene Schätzungen von Reiner W. Kemmler (1972, S. 3) erinnert, wonach ein Fünftel der Schulkinder bereits verhaltensgestört sind und die Hälfte davon psychotherapeutischer Hilfe bedürfe.

Wie sich diese Verhaltensstörungen bei Usern zeigen – und bei Nicht-Usern (die ja unter Umständen potentielle User sind) wird es kaum grundsätzlich anders sein – habe ich ausführlich behandelt. Es sind Ängste vielfältiger Natur, bewußte wie unbewußte Aggressionen, verminderte Frustrationstoleranz und dergleichen mehr, welche dann in entsprechende Fehlhaltungen einfließen, die beim User durch den Drogenkonsum überformt werden.
Ich war bislang mit vielen Psychoanalytikern der Meinung, daß die eigentliche Wurzel solcher Verhaltensstörungen unbewußte Aggressionen als Antwort auf frühkindliche Frustrationen seien (vom Scheidt 1973b). Inzwischen neige ich zu einer etwas anderen Ansicht und betrachte Aggressionen, gerade solche unbewußter Art (etwa wie sie in Träumen auftreten) vor allem als eine besonders intensive Form der Abfuhr innerer Spannungen. Es würde zu weit führen, dies hier näher zu erörtern. Deshalb sei nur darauf verwiesen, daß exzessives Trinken, Masturbation und dergleichen (s. auch S. 40) reduziert werden können auf die simple Zielsetzung, die inneren Spannungen des Individuums zumindest zeitweilig zu erleichtern. Psychopharmaka, besonders die Rauschdrogen, bewirken diesen Spannungsabbau wohl auf die nachhaltigste Weise. Gleich an zweiter Stelle würde ich aber aggressive Handlungen, ja auch schon Phantasien (Träume) jeder Art vermuten: Denn hier wird – man denke nur an die erleichternde Verwünschung oder den Streit bis hin zur Schlägerei – in kürzester Zeit ein Maximum an körperlicher und psychischer Energie verbraucht, was ein überlastetes, psychophysisches Milieu rasch in eine erträgliche Gleichgewichtslage zurückführt. Da freilich die Bereitschaft des Organismus wie des Seelenlebens durch die (im Gedächtnis, unbewußt) gespeicherten Konflikte und Konfliktreaktionsmuster quasi vorprogrammiert ist, wird das durch aggressive oder pharmakologische Spannungsabfuhr erreichte Gleichgewicht bald wieder gestört. Deshalb sind andere Wege des Spannungsabbaus sinnvoller, vor allem jene über soziale Kontakte (einzelne Bezugspersonen, kleine Gruppen) und die direkte Kanalisierung und Abfuhr durch körperliche Übungen (z. B. Yoga). Eine dritte Möglichkeit ist das breite Feld der Arbeit im weitesten Sinne des Wortes,

welche letztlich eine Kombination der beiden erstgenannten darstellt.
Die mannigfachen Traumatisierungen in der Vorbereitenden Phase, welche das allmähliche Entstehen eines kohärenten Selbst, einer psychosozialen und physischen Identität verhindert haben, machen es dem User äußerst schwer, zu arbeiten und Leistungen zu erbringen. Versagen auf diesem Sektor führt in einem Circulus vitiosus zu weiteren Störungen in der Selbst-Entwicklung, im günstigsten Fall zu einem Stillstand, wohingegen im Normalfalle über die Arbeit und den Beruf das Selbst in wichtigen Bereichen (narzißtische Zufuhr durch Bestätigung von Begabungen) kontinuierlich gestärkt wird.
Auch die sozialen Kontakte sind, wie wir gesehen haben (s. vor allem 3.4.2), belastet und gestört durch die starke Tendenz des Users, sich im anderen Menschen zu spiegeln und sich durch ihn seelisch stützen zu lassen, ohne selbst dem anderen viel narzißtische Zufuhr zu spenden. Auch hier wieder ein Circulus vitiosus insofern, als jeder normal reagierende Mensch sich bald – und zu Recht – psychisch ausgebeutet fühlt und sich deshalb zurückzieht. Ein deutliches Beispiel hierfür ist die klare Tendenz sogar bei all jenen Leuten, die sich professionell mit der Beratung und Therapie von Drogenabhängigen befaßt haben, sich aus dieser mühsamen und höchst undankbaren Beschäftigung rasch wieder zu entfernen (Sollmann 1974).
Eine weitere Möglichkeit, den Gordischen Knoten der inneren Spannungen über eine Aktivierung des Körper-Selbst zu lösen, wird schon durch die depressive Grundstimmung der User verhindert, welche sich in allgemeiner Apathie und speziell in körperlicher Schlaffheit äußert. Abgestoßen vom übertriebenen und einseitigen Leistungsprinzip des üblichen Sportbetriebs und noch unterstützt durch die generelle Bewegungsarmut unserer hochmotorisierten und auf sitzende Tätigkeiten ausgerichteten Kultur, wird der User zusätzlich noch in dieser Apathie bestärkt.
Es kommt zu einem dritten Teufelskreis: Muskeln, die nicht geübt, und Sehnen, die nicht gedehnt werden, sind genauso wenig geeignet, eine körperliche Betätigung als erstrebens-

wert oder gar sinnvoll erscheinen zu lassen wie ein Skelett, das schon bei Jugendlichen typische Verformungen durch Haltungsschäden aufweist, und ein Organsystem, das durch Unterbelastung defizitär arbeitet.
Der User schafft sich durch seine Räusche auf fatale Weise die Möglichkeit, diesen drei Teufelskreisen – scheinbar – zu entrinnen. Er genießt beispielsweise das pharmakologisch verstärkte Gefühl seines Muskelspiels bei irgendwelchen Bewegungen; bildet sich ein, in einer Gruppe Gleichgesinnter aufregend viel Kommunikation zu haben; oder ist überwältigt von der Schein-Identität, welche ihm sein Größen-Selbst vorgaukelt.
Andere Jugendliche (und auch eine große Anzahl Erwachsener) machen es sich nicht so einfach, oder begnügen sich mit den weit schwächeren pharmakologischen Wirkungen von Alkohol, Nikotin und diverser Tabletten, welche schon durch das Fehlen der halluzinatorischen Effekte weniger Entlastung von Spannungen bieten; allerdings sind bei diesen Menschen die Spannungen auch nicht so stark oder sie vermögen sie aufgrund einer besseren psychophysischen Konstitution besser zu ertragen, was auf das gleiche hinausläuft. Aber im Prinzip liegt das nämliche pathologische Muster vor wie bei den Usern: Es sind aus mancherlei Gründen chronisch zu starke Spannungen vorhanden – und es gibt nicht genügend oder gar keine Möglichkeiten, sie auf natürliche Weise abzubauen (wobei dieses »natürlich« beim Menschen nicht selten durch »kulturell« ersetzt werden muß).
Es soll nun untersucht werden, welche sozialpädagogischen Konsequenzen sich aus diesem geschilderten Sachverhalt ergeben. Unser besonderes Augenmerk will ich dabei auf das Elternhaus und den schulischen Bereich richten.

4.2 Drogenkarriere und Elternhaus

Nach alledem, was über die Drogenkarriere bereits gesagt wurde, sollte es eigentlich nicht schwer sein, die Familie des Users zu charakterisieren. Dieses Unterfangen erweist sich freilich als schwerer als man ahnt. Während sich für die Familie beispielsweise von Schizophrenen (Bateson et al. 1969) und Homosexuellen (Socarides 1971) inzwischen doch gewisse Grundmuster herauskristallisiert haben, bieten die User-Familien ein ziemlich buntes Bild, zumindest bei oberflächlicher Betrachtungsweise.

Recht häufig handelt es sich um durchaus intakte Familien, wo der Vater einer geregelten Arbeit nachgeht und genügend verdient und die Mutter zufriedenstellend den Haushalt führt; wo alles, wie man so schön sagt, funktioniert. Andererseits finden sich in den Berichten von jugendlichen Usern, welche etwa freiwillig eine Drogenberatungsstelle aufsuchen, offen oder versteckt massive Aggressionen gegen die Eltern. Bei einer eingehenderen Beobachtung, wenn beispielsweise Träume und Rauschphantasien zur Sprache kommen, nehmen diese Aggressionen nicht selten ausgesprochen archaisch übersteigerte Formen an (s. den Abschnitt über die Verzweiflungs-Phase).

Wenn man dann die Eltern selbst kennenlernt, ist man auch bei schwer gefährdeten oder bereits abhängigen Jugendlichen nicht selten überrascht, daß in dieser Familie »so etwas« entstehen konnte. Wie verträgt sich das mit den Beobachtungen von Kielholz und Ladewig (1970), wonach 56 Prozent ihrer Klientel aus »zerrütteten Familien« stammten? Die Antwort dürfte sein, daß die beiden Psychiater ihre Beobachtungen an bereits schwer gestörten Usern machten, denn erfahrungsgemäß werden nur solche in einer Nervenklinik auftauchen. Wanke fand unvollständige Familien nur bei 38 Prozent der Fälle (1971, S. 81), was nicht überrascht, wenn man weiß, daß seine Klientel vorwiegend in einer Drogenberatungsstelle interviewt wurde, an die sich auch leichte und sehr leichte Fälle wenden. Und in einer Privatpraxis wird das Bild noch günstiger aussehen, denn nur bei einer einigermaßen intakten Familie wird man so viel Verantwortungsbewußtsein, Einsicht und nicht zuletzt auch finanzielle Opferbereitschaft finden, wie für die Beratung und Behandlung eines drogenabhängigen Kindes notwendig sind.

Aber »intakt« kann mancherlei bedeuten. Tatsächlich kann

sich unter der gut funktionierenden Fassade einer solchen Familie eine Fülle von unbewältigten Konflikten verbergen, die nur mühsam durch allerlei Ausweichmanöver und letztlich Fehlhaltungen der Eltern gebändigt werden. Nicht selten findet man bei Vater wie Mutter eine geradezu besessene Flucht in die Arbeit. Man steckt irgendwie immer noch »mitten im Aufbau der durch den Krieg zerstörten Werte« (so der Vater eines Haschers) – und hat noch gar nicht gemerkt, daß man inzwischen längst in die Mühle der Wohlstandsgesellschaft geraten ist. Die Kinder werden materiell verwöhnt – sind aber emotional so unterernährt, daß es nicht verwundert, wenn sie nach der (Pseudo-)Zuwendung von User-Gruppen und der emotionalen Selbstverwöhnung durch Drogenräusche suchen.

Ausgeprägt autoritäre Züge bei den beruflich überforderten Vätern kombinieren sich wahllos mit falscher Nachgiebigkeit, etwa wenn es um größere Anschaffungen für die Kinder (aufwendige Stereo-Anlagen, eigenes Auto, kostspielige Reisen) geht, welche letztlich doch wieder die Kinder selbst bezahlen müssen: durch zusätzlichen Mangel an Zuwendung. Ebenso wurde manches Haus gebaut, das die Kapazität der Eltern bis an die Grenze des Erträglichen belastete und damit indirekt auf Kosten eben jener Kinder ging, die später nichts lieber wollen, als diesem Heim möglichst rasch den Rücken zu kehren.

Es sind vor allem die Familien von Halluzinogenkonsumenten, bei denen man diese Schein-Intaktheit vorfindet; die Fixer-Familien entsprechen tatsächlich viel mehr dem desolaten Bild, das man sich in der Öffentlichkeit macht. Aber da die Hascher das weit größere Problem darstellen (sie machen in der Bundesrepublik bei den Dauerkonsumenten gut drei Viertel von etwa 40000 Probanden aus und stellen eine sicher weit größere, schwer schätzbare Gruppe von Gelegenheitshaschern[40]), will ich mich in diesem Rahmen auf sie und ihre Familien konzentrieren. Nach meiner Meinung werden sie ohnehin zugunsten der auffälligen Fixer vernachlässigt (vom Scheidt 1974c).

Der Charakter der *Fassaden-Familie* – so der Titel einer Untersuchung von Heimo und Susanne Gastager (1973) über Ehe und Familie in der Krise – kann sich beispielsweise

darin zeigen, daß Vater und Mutter nach außen gleichberechtigt sind, während in Wahrheit der Vater ein autoritärer Tyrann ist und die Mutter sich gefügig anpaßt. Sobald der Vater aus dem Gesichtskreis verschwindet, macht die Mutter den Kindern gegenüber Front gegen ihn, so daß die Kinder zwischen sehr widersprüchlichen Gefühlen gegenüber beiden Eltern hin- und hergerissen werden. In vielen Fällen versteckt sich hinter der betont autoritären Maske ohnehin nur ein depressiv-weicher Vater, der einer echten Auseinandersetzung mit der Ehefrau wie den Kindern aus dem Weg geht. Immer wieder stößt man auch auf den Fall, daß das später drogenkonsumierende Kind zu einer Art *schwarzem Schaf* der Familie hochstilisiert wurde, wobei dann zum Schluß als selbsterfüllende Prophezeiung der Abusus entsteht. Wenn das immer wieder prophezeite »schlimme Ende« dann endlich da ist, schickt man den Jugendlichen in Therapie – und hofft insgeheim, weiterhin ungeschoren zu bleiben und die eigenen Abwehrmechanismen beibehalten zu können. In diese Kategorie dürften jene Eltern gehören, die durch eigenen Drogen- oder Tablettenkonsum die Kinder zum Gebrauch biochemischer Krücken animieren, etwa jene Eltern, mit dem sich die kanadische Studie von Smart befaßt (1972). Hier empfiehlt sich unbedingt, möglichst die ganze Familie mit in den therapeutischen Prozeß des Umlernens einzubeziehen. Manchmal reicht es sogar, statt des kränksten Mitglieds, also des Users, einen gesünderen Elternteil entsprechend zu stärken und zu mobilisieren, damit das familiäre Gleichgewicht wieder besser wird – womit dem Verlangen nach Drogenkonsum eine seiner wichtigsten Quellen verstopft wird.
Viele Eltern scheinen auch vor den Problemen ihrer Kinder bewußt die Augen zu verschließen. So mußte ich während des Höhepunkts der Drogenwelle die traurige Erfahrung machen, daß von den schriftlich eingeladenen Eltern von tausend Schülern eines Gymnasiums im Raum München ganze dreißig (!) zu einem Aufklärungs-Vortrag über Drogen erschienen – und damals konnte man weder von einer zu geringen Bedeutung der Drogengefahr noch von einer Überinformation zu diesem Thema sprechen. Die Eltern waren einfach nicht interessiert.

Dieses Desinteresse zeigt sich vielfach auch in anderer Hinsicht. Deshalb sprechen Fachleute wie Kohut heute davon, daß die psychosozialen Störungen schwerwiegender geworden sind, weil die Kinder unterstimuliert sind und deshalb kein gesundes Selbstgefühl entwickeln können; wohingegen die Neurotiker, die Freud um die Jahrhundertwende zu sehen bekam, an Überstimulation durch Eltern und Elternersatzpersonen litten. (Persönliche Mitteilung von Kohut.)
Die gleiche Situation spiegelt sich in den Befragungsergebnissen der Studie von Wanke (1971, S. 52f.) wider. Demnach bezeichneten die von ihm interviewten 108 User die erzieherische Einstellung ihrer Eltern so:

Einstellung des Vaters		*Einstellung der Mutter*
12	entfällt	1
1	keine Angabe	—
39	prinzipiell streng	31
41	unbestimmt, inkonsequent	55
2	prinzipiell permissiv	13
12	»liberal«	8
1	andere	—

Abb. 8: Erzieherische Einstellung der Eltern von Drogenkonsumenten (nach K. Wanke)

Das Gros der Antworten findet sich für beide Elternteile bei »prinzipiell streng« und »unbestimmt, inkonsequent«, wobei die Mütter stärker zur zweiten Einstellung neigen. Was sich aber hinter dieser Strenge und diesem Beharren auf Prinzipien in der Regel verbirgt, ist die zwanghafte Rigidität des im Innersten selbstunsicheren Erwachsenen.
Die folgende Graphik aus einer Studie von J. Schwarz u. Mitarb. (1971, S. 232) zeigt das kontinuierliche Ansteigen des Faktors »Familienleben unerfreulich« bei den befragten Oberschülern in Schleswig-Holstein:

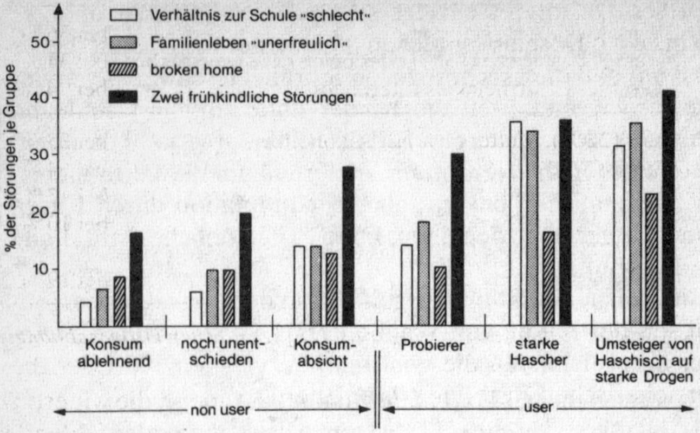

Abb. 9: Einfluß konstitutioneller und sozialer Störfaktoren auf das Rauschmittelverhalten (nach J. Schwarz u. Mitarb.), (»Umsteiger« bedeutet hier, daß nach Haschisch evtl. nur einmal eine stärkere Droge genommen wurde, nicht aber jedesmal den Beginn einer Drogenkarriere.)

Möchte man mehr ins Detail gehen, so müßte man eigentlich das ganze Problem um eine Generation zurückverlegen und die Eltern genauer untersuchen. Aus einsichtigen Gründen ist dies schlecht möglich. Aus dem, was ich persönlich beobachten konnte, würde ich die Auffassung ableiten, daß die Eltern vieler User in irgendeiner Weise vorgeschädigt sind (am Beispiel von Ulysses konnte ich das etwas detaillierter zeigen: s. S. 29). Vermutlich weisen beispielsweise die User-Eltern wie die Eltern narzißtisch Gestörter entsprechend schwächere narzißtische Störungen auf (s. die Mutter von Ulysses, S. 31f).
Über eingehendere Untersuchungen in dieser Richtung ist mir nichts bekannt. Keup hat in seiner bereits oben erwähnten Studie lediglich festgestellt, daß in auffälliger Weise bei der von ihm untersuchten Klientel der Vater fehlte (1972, S. 73):

Arbeitsblatt – Verhaltensweisen fü

1. Es gibt verschiedene Verhaltensweisen, die
förderlich oder eher hinderlich sind. Kreuze an
beobachten konntest.

	Den Gegner vor vollendete Tatsachen stellen

Eltern geschieden, getrennt	bei 36 %
Vater (30 %), Mutter (3 %) oder beide (1 %) verstorben	bei 34 %
Schlechtes Ersatzheim als Elternhaus	bei 4 %
Vater (22 %), Mutter (1 %) ist Alkoholiker	bei 23 %
Vater ist Spieler	bei 4 %
Vater ist kriminell	bei 3 %
Vater »unerreichbar«	bei 10 %
Vater (7 %), Mutter (7 %) oder Geschwister (5 %) geisteskrank	bei 19 %

Abb. 10: Bedeutung der Vaterfigur bei 126 jugendlichen Drogenabhängigen (nach W. Keup)

Keup sagt dazu: »Unter den Familiendaten ..., die wir erhoben haben, war am auffälligsten die verletzte oder fehlende Vaterfigur – nicht also die Revolte gegen den Vater ... Wir haben seitdem (für die Therapie) besonders auf das Erreichen des Vaters oder auf das Angebot eines akzeptablen Vaterersatzes (und allzu oft ist es ein arrivierter Drogenfreund, der als Vaterfigur fungiert!) abgezielt. Oft aber blieben gerade die Väter trotz aller Bemühungen, z. B. für Gruppentherapie, unerreichbar.«
Aufgrund meiner eigenen Kenntnisse der Sachlage würde ich annehmen, daß auch in den intakteren Familien, wo der Vater nach außen hin durchaus vorhanden ist, er dennoch – im psychosozialen Sinne – ebenfalls abwesend ist: sei es durch Arbeit, sei es durch eigene depressiv-schizoide Abkapselung und Kontaktschwäche gegenüber den Kindern (und meist auch gegenüber der Ehefrau).
In seiner Studie »Kind ohne Vater« unterscheidet Peter Landolf (1968, S. 208) fünf Formen der Vaterlosigkeit:

- der Vater stirbt (plötzlich);
- das Kind wächst unehelich, nur mit der Mutter, auf;
- der Vater verschwindet durch Scheidung;
- er ist aus beruflichen oder anderen Gründen abwesend;
- das Vaterbild wird (meist von der Mutter) abgewertet.

Beim richtiggehend vaterverwaisten Kind, dem Landolfs Studie gewidmet ist, fallen folgende Eigentümlichkeiten auf (S. 209):

1. das Gefühl, in eine fremde Welt geworfen zu sein;
2. das Gefühl der Ohnmacht gegenüber der Realität, der Wehrlosigkeit gegenüber Härten und Angriffen von außen;
3. der Widerstand gegen die normativen Regeln und Konventionen der Gesellschaft;
4. die Distanzierung im Sozialverhalten, die von der Sonderstellung bis zur völligen Desintegration reichen kann;
5. Kontakthemmungen und Maskierungen;
6. Autoritätskrisen;
7. die Beschränkung der echten Kommunikation auf den vertrauten Bereich der familiären Kleinwelt;
8. die Bildung von Abwehrhaltungen;
9. die Hemmung des Besitz-, Macht- und Geltungsstrebens, also der Expansivität;
10. frühe und intensive Phantasien, Tagträumereien, Reflexionen, also Rückzug in den Innenraum;
11. das Fehlen des existenztragenden Urvertrauens und des Glaubens an eine personale Transzendenz;
12. Depressionen, Verzweiflungszustände und Resignationen;
13. das Vorherrschen kindlicher Bedürfnisse noch im Erwachsenenleben.

Dem allen kommt eine »ursprüngliche Gebrochenheit der Beziehung Ich-Welt als gemeinsames Merkmal« zu, eine »Entfremdung des Vaterlosen von den verschiedenen Lebensbereichen« (S. 209). Jedes dieser dreizehn Phänomene finden wir auch beim Drogenkonsumenten – bis auf eines: Die »Beschränkung der echten Kommunikation auf den vertrauten Bereich der familiären Kleinwelt« (7.) ist beim User verdrängt durch das genau entgegengesetzte Streben, möglichst weit von der Familie weg zu leben. Ich habe dies weiter oben (s. 3.4.2.5) tiefenpsychologisch interpretiert als Versuch, mit einem tief im Unbewußten verborgenen Bereich des Mütterlichen in Kontakt zu kommen, der nach draußen projiziert und dann letztlich im Drogenrausch gefunden wird, oder in exotischen Ländern.

Anders als bei Freuds neurotischer Klientel, die unter einem allzu sehr präsenten, autoritären Patriarchen-Vater litt, wird das vaterlos aufwachsende Kind, als welches ich auch den User betrachte, eben durch das Fehlen der Vaterfigur geschädigt. Eine der Folgen, welche Landolf nicht aufführt, welche aber dem Psychoanalytiker unmittelbar ins Auge fällt, ist das archaische, destruktive Überich solcher Menschen. Henry und Yela Lowenfeld haben darüber in einer aufschlußreichen Studie mit dem Titel »Die permissive Gesellschaft und das Überich« berichtet, auch anhand von Drogenfällen. Die beiden Autoren schreiben am Schluß ihrer Arbeit:

Die allgemeine Entwicklung in den letzten Jahrzehnten »ist zu komplex, um sie in ihren mannigfachen Ursachen zu verstehen. Aber ein Aspekt erscheint von größter Bedeutung, wenn wir die Entwicklung der Überichprobleme beobachten. Die Generationen von Vätern, die ihre Grundsätze aus der Religion bezogen, also im Namen göttlicher Gesetze sprechen konnten, hatten in der Erziehung der Nachkommen eine ganze andere Kraft zur Verfügung als die späteren Generationen. Es war auch leichter für das Kind, das religiös fundierte Überich zu ertragen, wenn der Vater seine Forderungen nicht von sich aus, aus eigener Willkür stellte, sondern im Namen eines Höheren, dem er ebenso unterworfen war wie das Kind. Dann folgten ein oder zwei Generationen, die ein Überich entwickelten, das noch von der Identifizierung mit einem unerschütterlichen Vater seine Stärke bezog. So konnten der Atheist Freud und seine Generation sagen: Das Moralische versteht sich von selbst. Dieser Satz ist heute offenbar nicht mehr gültig« (1972, S. 180).

Mit dieser Ausweitung des Problems der Vaterlosigkeit in den allgemeineren kulturellen Bereich wird verständlicher, warum die User zu den vom Gros der Bevölkerung verpönten Rauschdrogen greifen und nicht neurotisch still vor sich hinleiden oder sich mit den sozial akzeptierten Substanzen (Alkohol, Nikotin, Tabletten) begnügen: Bei den Usern handelt es sich im Grunde um verwahrloste Jugendliche, und aufgrund ihrer Verwahrlosung gehen sie mit sich selbst so unbekümmert wie mit ihrer Umgebung um. Sie zerstören achtlos den eigenen Körper und die eigene Psyche und verführen andere zum Drogenkonsum und -mißbrauch.[41]

Ich kenne auch andere seelisch gestörte Menschen, deren Symptome denen der User aufs Haar gleichen, und die dennoch nicht zu Rauschmitteln greifen. Bei ihnen fand ich jedoch immer einen einigermaßen präsenten Vater. Der mochte sonstwelche Nachteile haben – aber er war eben genügend anwesend.

Nachdem über den Vater des Users so ausführlich gesprochen wurde, müßte man eigentlich auch die Mutter entsprechend würdigen. Mangels brauchbarer Daten ist mir das aber leider nicht möglich. Darüber hinaus nehme ich auch nicht an, daß es dabei so gravierende Auffälligkeiten wie beim Vater gibt. Gewiß, schizoide und depressive Züge lassen sich als Vorschädigungen auch dort feststellen, und es ist durchaus denkbar, daß es analog zu der von Lewis Hill (1969, S. 190) vorgeschlagenen Drei-Generationen-Theorie über die Entstehung der Schizophrenie eine ähnliche Kumulation pathogener Effekte von den Vorfahren des Users über die Mutter bis hin zu ihm selber gibt. Aber schwerwiegender erscheinen mir doch die indirekten Effekte, welche sich dadurch ergeben, daß die Mutter immer wieder den fehlenden Vater ersetzen muß.

(Entsprechend dieser Übernahme väterlich-männlicher Züge durch die Mutter lassen sich besonders beim depressiv-weichen Typ des User-Vaters parallele Tendenzen beobachten. Bei ihm kommen mütterlich-weibliche Züge zum Vorschein. Verstärkt wird dieser Prozeß auf seiten der Frau natürlich noch durch den allgemeinen Drang nach Emanzipation. Es handelt sich hier wohl nicht allein um ein pathologisches Geschehen, sondern auch um einen notwendigen Reifungsschritt bei der Frau wie beim Mann, die ihre jeweils unentwickelt gebliebenen Eigenschaften ausprobieren. Für die Kinder, speziell für die User, kann sich diese Unklarheit der Geschlechterrollen der Eltern allerdings unter Umständen verheerend auswirken.)

Die Frage, die sich für die Sozialpädagogik stellt, ist ganz einfach: Wie kann man den fehlenden Vater ersetzen? Wir wollen die Beantwortung noch einen Augenblick zurückstellen und uns am Beispiel der Schule ansehen, wie die Drogenkarriere dort ihren Lauf in der vorbereitenden Phase nimmt.

4.3 Drogenkarriere und Schule

Der schulische Bereich kann sich auf die Drogenkarriere in zweierlei Hinsichten auswirken: bremsend oder fördernd. Die Bremswirkung wurde lange Zeit nicht genützt, vor allem wohl deshalb, weil es an Erfahrung mangelte und weil man keine »schlafenden Hunde« wecken wollte. Aber als viele Lehrkräfte und Elternbeiräte noch befürchteten, den Schülern durch Aufklärung über Rauschdrogen Appetit auf Räusche zu machen, waren die meisten Jugendlichen längst informiert und jene, welche anfällig waren, hatten sich längst antörnen lassen. Beispielsweise waren nach einer Untersuchung von Ludwig Schmitt u. Mitarb. schon 1972 von den 850000 Schülern Baden-Württembergs zwischen 14 und 21 Jahren

- 289000 Gelegenheitskonsumenten (= 34%),
- davon 92000 User (Dauerkonsumenten) (= 11% der Grundpopulation),
- davon 11000 Fixer (= 1,3% der Grundpopulation).

In den anderen Bundesländern war es ähnlich[42]. Dennoch mußte ich im selben Zeitraum bei etwa hundert Aufklärungs-Vorträgen feststellen, daß in weiten Kreisen der Lehrer- und Elternschaft nicht nur eine angesichts solcher Zahlen unglaubliche Ignoranz in Sachen Rauschdrogen herrschte, sondern daß man das Thema am liebsten totgeschwiegen hätte. Und so manche Drogenberatungsstelle kam nur gegen den heftigen Widerstand der Behörden und der Bevölkerung zustande. Inzwischen hat sich das Bild wesentlich gebessert, und mit sachlichen Informationen vermittelt man heute bereits zu Beginn der Pubertät den Jugendlichen einen Eindruck von den Gefahren der Drogen (wenngleich hier immer noch viel zu sehr die körperlichen und viel zu wenig die weit gefährlicheren seelischen Komponenten behandelt werden).
Ich bin mir darüber im klaren, daß solche Aufklärung in der Tat ein zweischneidiges Schwert sein kann. So ergab sich aus Berichten während eines internationalen Kongresses 1973 in Amsterdam, daß die großen Anti-Drogen-Kampagnen in den USA offenbar das Gegenteil des angestrebten Ziels be-

wirkt hatten: Just zu jener Zeit, da man in einer Stadt über die Gefahren der Rauschdrogen aufklärte, stieg der Drogenkonsum unter den Jugendlichen sprungartig an, um sich anschließend wieder zu normalisieren (Hammond 1972). Andererseits ergaben Untersuchungen von J. Thomas Ungerleider und Haskell L. Bowen (1969), daß der Drogenmißbrauch an jenen Schulen am größten war, wo man das Problem totschwieg, während an den anderen Institutionen, wo man sachlich und offen über dieses Thema sprach, der Mißbrauch weit geringer war. Die Autoren schlagen für jede Schule die Einrichtung eines neutralen Beraters nach Vorbild des schwedischen Ombudsman vor, an den sich jeder Schüler mit Drogenproblemen wenden kann, ohne Diskriminierung befürchten zu müssen. (Eher negative Erfahrungen mit einem eigens deklarierten Vertrauenslehrer für Drogenfragen an deutschen Schulen veranlassen mich zu der simplen Überlegung, ob man nicht besser daran täte, diesen Vertrauenslehrer, gewissermaßen im Tausch, von einer anderen Schule im Nachbarbereich auszuleihen. So könnte man die nötige Vertrauensbasis für die Schüler schaffen, welche gegenüber Lehrkräften der eigenen Schule aus verständlichen Gründen nicht immer gegeben ist.)

4.3.1 Schulen als Wegbereiter des Drogenmißbrauchs

Über die Unzulänglichkeiten der Schule hier zu schreiben, ist schon schlimmer als die sprichwörtlichen Eulen nach Athen zu tragen. Da sich aber in diversen Studien gezeigt hat, daß das schulische Milieu sich in sehr unguter Form auf potentielle wie auf faktische User auswirkt, soll auch dieser Aspekt wenigstens gestreift werden.

»Ein Viertel unserer Fälle wurde ein- bis zweimal von der Schule verwiesen«, schreibt Wanke. »Fast die Hälfte (47,3 %) haben eine oder mehrere Klassen wiederholen müssen. Der schulische Bildungsweg war bei ... 22,4 % ... abgebrochen worden.« (1971, S. 32).

J. Schwarz u. Mitarb. nennen in ihrer Untersuchung (s. Graphik auf S. 162) für das Merkmal »schlechtes Verhältnis zur Schule« eine Häufigkeit von

- 4 % bei den Schülern, die Drogenkonsum ablehnen,
- 10 % bei den noch Unentschiedenen und den Probierern,
- 14 % bei den Schülern, die beabsichtigen, Drogen zu konsumieren,
- 16 % bei den starken Haschern,
- 23 % bei den Umsteigern von Haschisch auf stärkere Drogen.

Was diese drogenkonsumierenden Schüler an der Schule stört, wird dasselbe sein wie bei anderen Schülern auch: die überfüllten Klassen, dementsprechend autoritäre Lehrer und so weiter. Unter den Klagen der mir bekannt gewordenen User, die noch zur Schule gingen, stand im Vordergund immer die »Langeweile während des Unterrichts«. Ebenso wie bei den Beschwerden dieser Jugendlichen über ihre Eltern ist zunächst nicht so leicht auszumachen, wieweit objektive Gründe für derartige Reaktionen vorliegen und wieweit es sich nur um subjektives Erleben handelt. Im Grunde ist das natürlich unerheblich, denn der Jugendliche leidet eben infolge seiner allzu labilen psychischen Struktur und Ich-Schwäche (mangelndes Selbstbewußtsein, fehlende oder noch nicht gefundene Identität) unter der äußeren Situation Unterricht. Andererseits zeigen unsere Bildungsinstitutionen doch erhebliche Mängel, welche geeignet sind, Selbstbewußtsein und Identität weit eher zu untergraben als zu fördern, speziell bei solchen Schülern, die im Elternhaus schon in der oben beschriebenen Weise narzißtisch vorgeschädigt wurden und in der Schule unbewußt nicht selten so etwas wie eine Art Elternhaus-Ersatz oder Therapie suchen, beziehungsweise im Lehrer einen Therapeuten.
Man könnte natürlich kategorisch verneinen, daß die Schule hier die Familie ersetzen sollte oder könnte. Es bleibt jedoch die Tatsache, daß viele Kinder – und es werden deutlich mehr – in der Familie nicht das Maß an Zuwendung und existentiellem Wissen erhalten, was sie bräuchten. Da es illusorisch ist, jedes dieser verhaltensgestörten Kinder einer Therapie zuzuführen, bleibt letzten Endes eben doch vorläufig nur die Schule, genauer: der Lehrer als Kristallisationspunkt dieser Bedürfnisse. Ich habe mir an anderer

Stelle den Kopf darüber zerbrochen , wie die Schule diesen emotionalen Nachholbedarf befriedigen könnte (vom Scheidt 1974b). Grundsätzlich würde sich wahrscheinlich schon viel ändern, wenn man mit kleineren Klassen arbeiten könnte, weil sich dadurch der heilsame Effekt der Kleingruppe auswirken würde; aber dem werden auf lange Sicht finanzielle und personelle Schwierigkeiten im Weg stehen (obgleich die Installation von pädagogischen Assistenten [W. Hartmann 1974] da schon sehr hilfreich sein könnte).

Mindestens so wichtig erscheint mir jedoch die Forderung, das derzeit wirklich erdrückende Übergewicht des reinen Fakten-Lernens zu ergänzen durch das schon erwähnte existentielle Wissen, also die Information über die »Kunst zu leben«, sowohl mit anderen wie mit sich selbst. Der ganze Bereich der Kreativität gehört hierzu, der ja gerade beim User so stark durch Gefühle der Sinnlosigkeit und der inneren Leere, durch depressive Grundstimmung und schizoide Abkapselung versperrt wird. Der übliche Unterricht in Musik, Kunst, Religion und Sozialkunde kann hier offenbar lebenswichtige Bedürfnisse nicht befriedigen. Das Beispiel des Sexualkunde-Unterrichts, wo ja die Schule auch eine vom Elternhaus vernachlässigte Vermittlung existentiellen Wissens übernimmt, zeigt leider allzu deutlich, daß man so keine guten Liebhaber heranbildet. Und das Schulfach Psychologie an den amerikanischen Schulen hat dort den Drogenkonsum großen Stils auch nicht verhindern können.

Trotzdem kann ich mir vorstellen, daß ein wenig mehr Einübung in zwischenmenschlichem Kontakt, themenzentrierter Gruppenarbeit (Cohn 1975), Rollenspiel und Team-Unterricht vielen (noch nicht allzu sehr geschädigten) Jugendlichen helfen könnte, in der Schule etwas von dem Defizit auszugleichen, dem sie zu Hause ausgesetzt sind.

Die Paradoxie des Numerus clausus an den Hochschulen ist ein übles Beispiel dafür, daß man derzeit lieber den entgegengesetzten Weg einschlägt: Man züchtet gut angepaßte, eher zwanghaft-rigide Streber, die durch das Nadelöhr eines guten Notendurchschnittes beim Abitur passen – und unterdrückt systematisch das mehr spielerische Element des Lernens, welches für die Entwicklung kreativer Fähigkeiten unerläßlich ist. Gewiß, der eine oder andere ist so über-

durchschnittlich intelligent, daß er kreativ bleiben kann und trotzdem entsprechend gute Noten schafft. Aber das Gros der durchschnittlich Intelligenten wird sich für guten Notendurchschnitt (= Anpassung) oder Erhaltung der Kreativität (= Ausflippen) entscheiden müssen. Die Drogenwelle hat gezeigt, daß allzu viele das Ausflippen in die Drogenkarriere vorziehen. Ob es ein Zufall ist, daß die Verschärfung der Hochschulanforderungen (Numerus clausus) und das Ansteigen des Drogenkonsums zeitlich ziemlich parallel verlaufen sind?
Am Beispiel des Schulsports läßt sich vielleicht noch besser zeigen, was ich meine. Schulsport wird immer noch gleichgesetzt mit Leistungssport. Was völlig unter den Tisch fällt, ist eine sinnvolle Umsetzung des gar nicht so dummen römischen Spruches, wonach in einem »gesunden Körper ein gesunder Geist« wohnt. Die beiden Antipoden Mens und Corpus kommen aber nicht einfach dadurch zur Wechselwirkung, daß man den Körper trimmt und sich davon eine positive Wirkung auf das Seelenleben erhofft – wobei noch dahingestellt sei, ob Leistungssport mit seiner einseitigen Belastung des Organismus dem Körper wirklich etwas Gutes tut – siehe die geharnischte Kritik des ehemaligen Studentenweltmeisters im Schwergewichtsboxen und Trainers der deutschen Ruder-Nationalmannschaft Karl Adam (1975). Weit sinnvoller erscheinen mir da Übungssysteme, bei denen die psychischen Begleiterscheinungen beim körperlichen Training gleich mit einbezogen werden. Es sind dies vornehmlich

- Judo-Sport (an japanischen Schulen Pflichtfach!), welcher, richtig verstanden und gelehrt, immer auch Partnerübung und Training seelischer Eigenschaften (Konzentration, Reaktionsfähigkeit usw.) ist, und
- Hatha-Yoga (der zur Zeit von französischen Ärzten sehr nachhaltig als Schulfach gefordert wird), ein System von ganzheitlichen, den Körper wie die Psyche gleichermaßen fordernden und fördernden Übungen[43].

Vor allem der Yoga, der besonders gut in Gruppen durchgeführt werden kann, vermag jenes Gefühl der tiefgreifenden

Entspannung zu vermitteln, das Schülern (und Lehrern!) in einem geradezu erschreckenden Maße abgeht.
Sowohl Judo- wie Yoga-Lehrer findet man in jeder größeren Stadt. Es genügt freilich nicht, an Volkshochschulen solche Programme anzubieten, sondern man muß die Jugendlichen schon mit sanftem Nachdruck erst einmal mit den positiven Auswirkungen dieser ganzheitlichen Techniken vertraut machen, von denen sie ja vor der Selbsterfahrung keine Ahnung haben können.

4.4 Neue Aufgaben für die Sozialpädagogik

Eltern läßt man ohne eine andere Vorbereitung auf die Erziehung der Kinder los, als sie sie selbst durch die Erziehung im eigenen Elternhaus erfahren haben; populärwissenschaftliche Bücher und Zeitschriften zur Elternpädagogik treten mehr schlecht als recht in dieses Informationsvakuum. Auf der anderen Seite gibt es sicher keine schwierigere Aufgabe für den Menschen, als die eigenen Nachkommen richtig aufzuziehen. Von einem Mann, der Schreiner werden will, verlangt man drei Jahre Lehrzeit, in denen er sich im Gebrauch der Werkzeuge und im Umgang mit den Materialien seines Berufs üben muß. Was aber wird von Eltern verlangt an Nachweis über sachgerechte Einübung im Gebrauch des Instruments Erziehung und im Umgang mit dem »Material« Kind?
Wenigstens von den Lehrkräften fordert man inzwischen pädagogische und psychologische Kenntnisse neben dem reinen Fachwissen (obwohl diese Kenntnisse in vielen Fällen vorwiegend theoretischer Natur sein dürften). Das ist schon ein großer Fortschritt gegenüber dem preußischen Feldwebel, den man als Volksschullehrer abkommandierte. Doch selbst wenn ein Lehrer inzwischen gelernt hat, daß beispielsweise »faule« Kinder in Wahrheit neurotisch gehemmt sind – was nützt das – und wem?
Abgesehen davon, haben sich die psychopathologischen Bilder, welche bis heute das pädagogische Denken bestimmen und die allgemeines Kulturgut geworden sein könnten – ich drücke mich bewußt vorsichtig und skeptisch aus –, erheblich geändert. Es sind nicht mehr allein die hysteri-

VIII Reife								Ich-Integrität gegen Verzweiflung
VII Erwachsenen-Alter							Zeugende Fähigkeit gegen Stagnation	
VI Frühes Erwachsenen-Alter						Intimität gegen Isolierung		
V Pubertät und Adoleszenz					Identität gegen Rollenkonfusion			
IV Latenz				Leistung gegen Minderwertigkeitsgefühl				
III Lokomotorisch-genital			Initiative gegen Schuldgefühl					
II Muskulär-anal		Autonomie gegen Scham und Zweifel						
I Oral-sensorisch	Urvertrauen gegen Mißtrauen							
	1	2	3	4	5	6	7	8

Abb. 11: Schema der psychischen Entwicklung (nach E. H. Erikson 1968)

schen und zwanghaften Charakterstrukturen und die auffälligen Symptome wie Bettnässen und Nägelkauen, welche Sorgen bereiten, sondern

- schwer bestimmbare depressive Zustände (meist in larvierter Form), autismusähnliche (schizoide) Abkapselung, extreme Kontaktschwäche, krankhafte Langeweile, Vandalismus
- und eben der Konsum aller möglichen biochemischen Substanzen bis hin zum chronischen Drogenmißbrauch.

In Annemarie Dührssens Standardwerk »Psychogene Erkrankungen bei Kindern und Jugendlichen« werden in der Ausgabe von 1965 Stichworte wie »Rauschdrogen« oder »Drogenabhängigkeit« nicht einmal genannt – einfach deshalb, weil dieser Themenkreis vor einem Jahrzehnt in der Jugendpsychiatrie keine Rolle spielte. Anna Freud erwähnt in ihrem Buch »Wege und Irrwege in der Kindheit«, Ausgabe 1968, zwar eine Seite lang die »Süchtigkeit im Kindesalter« – von haschischrauchenden oder gar heroinspritzenden Teenagern sagt sie jedoch nichts.

Nicht nur bei der erwachsenen Klientel, sondern auch bei den jüngeren Probanden beobachten die Psychiater und Psychotherapeuten diese Veränderung der pathologischen Bilder – und diese Veränderung ist eine Verschlechterung. Die narzißtischen Persönlichkeitsstörungen, zu denen ich viele Formen der Drogenabhängigkeit zählen würde, machen schätzungsweise schon die Hälfte der Fälle aus. Ihre Träger sind schwieriger und zeitraubender als andere Patienten zu behandeln, haben eine schlechtere Prognose und hören in jeder Hinsicht viel früher auf, in sozial akzeptabler Weise zu funktionieren.

In »Kindheit und Gesellschaft« (1968, S. 268) gibt Erik H. Erikson ein Schema wieder, in dem er den aufeinanderfolgenden Stufen der psychischen Entwicklung gesunde und pathologische Funktionen zuordnet:

Bei den herkömmlichen Störungen, die man vormals an seelisch Kranken beobachten konnte, waren in erster Linie die Bereiche 6 (Intimität vs. Isolierung), 7 (zeugende Fähigkeit vs. Stagnation) und 8 (Ich-Integrität vs. Verzweiflung) betroffen.

Wenden wir diese epigenetische Tabelle jedoch auf die modernen Erwachsenen und ihre Kinder an, so fällt auf, daß nunmehr bereits die ersten Bereiche betroffen sind. Sicher gab es schon früher Menschen, bei denen das Mißtrauen größer als das Urvertrauen war, bei denen Scham und Zweifel die Autonomie überwogen und die neurotischen Schuldgefühle die Initiative, ganz zu schweigen von den Minderwertigkeitsgefühlen, die heutzutage so vielen den ganzen Bereich der Arbeit und der Leistung vergällen. Die psychisch-hospitalistischen Kinder, die René Spitz 1967 beschrieb, gab es wohl zu allen Zeiten, speziell wenn Kriege die Familien heimsuchten.

Aber eines ist neu bei dieser Entwicklung. Es ist fast schon trivial, darauf hinzuweisen, daß wir in einer zerfallenden Kultur leben; aber eben dieser Wegfall der ich-stärkenden Werte und Normen verweist den einzelnen Menschen heutzutage in einem solchen Ausmaß auf die eigene Identität, daß er im Grunde genommen völlig überfordert ist. Es mag auf der anderen Seite eine Chance sein, unbeschwert vom Ballast der Vergangenheit endlich einmal zu sich selbst zu finden, sich selbst voll zu entfalten. Solange aber sogar die einfachsten Wegweiser und Vorbilder außerhalb der eigenen Persönlichkeit fehlen,

- weil man die alten Idole nicht länger akzeptieren kann, oder
- weil die tradierten Werte einem nicht mehr überzeugend (oder gar nicht oder verzerrt) übermittelt werden,

solange ist der junge Mensch ja praktisch gezwungen, seine Identität in einem Vakuum zu entwickeln.

Wenn die richtigen Wege zum Selbst nicht mehr begehbar sind, weil die Orientierung fehlt, sucht man sich einen der falschen Wege, schon gar, wenn man unter dem Triebdruck der Pubertät steht und sich weiterentwickeln muß.

Ich meine diese Bemerkungen nicht nur kulturkritisch. Es hat vor unserer christlich-abendländischen Kultur andere Lebensformen – wie die antike griechische und die ägyptische – gegeben, und es wird nach uns wieder andere geben, von denen wir heute noch nicht einmal träumen können. Selbst der Drogengebrauch und -mißbrauch, unser Thema, ist nicht kulturspezifisch oder gar ein Anzeichen für eine pathologische Kultur. Rituellen Drogenkonsum zumindest hat es in allen bekannten Kulturen gegeben, angefangen von den dionysischen Besäufnissen Griechenlands über den Coca-Kult der Inkas bis hin zum Abendmahlswein der Christen[44]. Und selbst pathologische Drogenwellen, die weite Bereiche einer Bevölkerung erfaßten, sind kein Novum. Allein in den letzten hundert Jahren werden, neben der Katastrophe des chinesischen Opiumkriegs, wenigstens vier weitere solcher Epidemien verzeichnet:

- Im Gefolge des Sezessionskrieges (1861–1865) betrieben angeblich vier bis fünf Prozent der US-Bevölkerung Opiummißbrauch, das ist das Zehnfache der Heroinsüchtigen in den Vereinigten Staaten unserer Tage.
- Während der Gründerzeit in den siebziger Jahren des vergangenen Jahrhunderts kam es in Europa in weiten Kreisen der entfremdeten und entwurzelten Arbeiterschaft zum Elendsalkoholismus.
- In den Roaring Twenties des Nachkriegseuropa kam es zu massenhaftem Kokainismus, vor allem in der Unterwelt, bei der Bohème – und bei den Jugendlichen.
- In Japan grassierte kurz nach dem Zweiten Weltkrieg der Pervitinmißbrauch, ebenfalls vor allem unter den jüngeren Jahrgängen.

Diese Drogenwellen gingen offenbar ebenso rasch wieder vorbei, wie sie entstanden waren. Man kann sie als Folgeerscheinungen sozialer Katastrophen wie den Weltkriegen nur zu gut verstehen. Was uns allerdings derzeit in ständig wechselnder Maskierung als Drogenproblem vor Augen tritt, was mit LSD schluckenden und Haschisch rauchenden Studenten begann und inzwischen durch besorgniserregenden Jugendalkoholismus ergänzt worden ist, könnte weit eher einen umgreifenden sozialen Wandel signalisieren. Betrachtet man die Symptome des Users nämlich einmal nicht ausschließlich als etwas Pathologisches, als ein von der überlieferten Gesundheitsnorm abweichendes Verhalten, so besagen diese Anzeichen in ihrer Gesamtheit doch im Grunde genommen dies:
Ich kann mich an die Kultur und ihre Anforderungen, so wie ich sie in Familie und Schule und Arbeitswelt vorfinde, nicht anpassen.

Wenn so viele junge Menschen – und nicht nur mittels Drogenkonsum – gegen diese Traditionen ankämpfen oder schlicht vor ihnen ausweichen, kann man dieses Verhalten nicht mehr nur unter den Aspekten von Psycho- und Soziopathologie betrachten. Wieviel Prozent der Bevölkerung müssen denn eigentlich die überlieferten Werte und Normen verweigern, ehe die neuen Wertvorstellungen nicht mehr als pathologisch, sondern als (im statistischen Sinne) normal gelten?
Diese neuen Standards gibt es noch nicht. Drogenkonsum und die damit verbundene Ideologie sind sicher nicht akzeptabel. Aber welche anderen neuen echten Wege zum Selbst gibt es? Hier muß die Sozialpädagogik einhaken und ihre Konzepte entwickeln. Sie soll nicht die User therapieren, so wie der Bewährungshelfer den Weg des Kriminellen zu korrigieren sucht; User gehören in die Hand von Psychotherapeuten und Ärzten, und selbst diese erreichen nicht viel, schon gar nicht bei Fixern[45]. Aber Sozialpädagogen könnten neue Modelle[46] der Jugendarbeit und des Umgangs mit Kindern entwickeln, welche prophylaktisch den von Familie und Schule enttäuschten Kindern und Jugendlichen Alternativen zeigt, ehe sie zu Drogen greifen oder sich in Rockerbanden und kriminellen Gangs organisieren. Aber wie können diese Alternativen aussehen?

4.4.1 Arbeit mit Gruppen

Eigene Erfahrungen bei der Gruppenarbeit mit Mitarbeitern von Drogenberatungsstellen haben mir gezeigt, daß man durch Gruppengespräche und nonverbale Übungen schon im Vorfeld der Psychotherapie sehr viel kreative Impulse aktivieren, Aggressionen abbauen und zwischenmenschliche Kontakte fördern kann. Der Mensch ist ein Gruppenwesen. Ohne Einbettung in Gruppenbezüge verkümmert er. Wenn aber die Primärgruppe Familie bereits selbst so irritiert ist – man bedenke nur die hohen Scheidungsziffern[47] –, daß die Kinder mehr oder minder gestört den späteren Gruppen gegenübertreten, darf es nicht verwundern, wenn die bislang üblichen Gruppenstrukturen (Beispiel: Schulklasse) nicht nur keinen Ausgleich für psychosoziale Defizite bieten, sondern daß deren unzulängliche Angebote von den narzißtisch gestörten jungen Leuten gar nicht erst akzeptiert werden.

Entsprechende Gruppen sollten deshalb, zumindest am Anfang, wenig von den Mitgliedern verlangen (so wie die User-Gruppen des Undergrounds nichts fordern), sondern viel eher den heilsamen gruppendynamischen Prozessen Möglichkeit zur Entfaltung geben. Ich habe an anderer Stelle beschrieben, wie so etwas ablaufen kann (1974d). Die Idee mit den Kleingruppen ist nicht neu. Sie wurde schon einmal mit großem Erfolg vor 2000 Jahren angewendet: im Urchristentum, das zumindest anfänglich in Form von Kleingruppen arbeitete und damals wohl seine größte geistige Kraft entwickelte.

Auch der rituelle Drogenkonsum früherer Zeiten war ja ein Gruppenphänomen. Neuzeitliche Sekten wie die Native American Church mit ihrem Peyotl-Kult[48] haben dies wiederzubeleben versucht, und auch die anfänglichen Gruppensitzungen mit Halluzinogenen, die Timothy Leary mit den Harvard-Studenten veranstaltete, zielten in diese Richtung. Aber ich bezweifle, ob dieses Verfahren für den Menschen des ausgehenden 20. Jahrhunderts sinnvoll ist. Die grundlegenden Voraussetzungen haben sich doch wesentlich geändert. Wenn sich die Buschleute alle paar Tage zu ihrem rituellen Trance-Tanz zusammenfinden (Eibl-Eibesfeldt 1972) oder südamerikanische Indios sich während der Initiationszeremonie gegenseitig Cohoba-Schnupfpulver in die Nase blasen (Efron 1967), dann passiert beide Male das gleiche: der rituelle Tanz wie auch der Halluzinogenrausch mit Hilfe des Schnupfpulvers entkräften das Ich des Eingeborenen, lockern die Bindekräfte des Selbst, schwächen die Identität –wohingegen die Bindekräfte der Gruppe gestärkt werden. Während dieses kulturellen Frühstadiums ist die Gruppe wichtiger als das Individuum (s. auch Schmidbauer 1971).

In einem späteren Stadium, dem der Stadtkulturen, beginnen nicht nur Individualität und andere (hierarchische) Sozialstrukturen eine Rolle zu spielen (während die Stammes-, Clan- und Familienbindungen vergleichsweise schwächer werden), sondern auch die Rauschdrogen bekommen eine andere Funktion: das hedonistische Moment wird wichtiger. Und es könnte durchaus sein, daß das Leben in der Stadt (und diese Städte hatten bereits in der Antike Weltstadtausmaße – siehe Babylon und Rom) schon vor Jahrtausenden den einzelnen so frustriert hat, daß er nicht nur seelisch verkümmerte, sondern auch mehr und mehr bei Rauschdrogen Erleichterung suchte, speziell bei Wein, Haschisch und Opium. Bereits im Rigveda (Hymne X, 199) der alten Inder wird der Soma-Rausch gepriesen, den man wahrscheinlich mit Hilfe eines Fliegenpilz-Suds gewann:

»Der Trank hat mich fortgerissen wie ein stürmischer Wind ...
Das Denken hat sich mir dargeboten wie eine Kuh ihrem Liebling ...
Die eine Hälfte meines Ichs läßt die beiden Welten hinter sich ...
Ich habe an Größe diesen Himmel und diese Erde übertroffen ...
Ich merke, daß ich Soma getrunken habe.«

Und im Gilgamesch-Epos (Burckhardt 1955), vor viereinhalb Jahrtausenden entstanden, ist die Rede von einer merkwürdigen Pflanze:
»Ich will dir ein Geheimnis verraten«, sagt Utnapischtim zu Gilgamesch, »von einem verborgenen Wunderkraut will ich dir Kunde geben. Das Kraut sieht aus wie ein Stechdorn und wächst tief unten im Meer ... Wenn du dies Kraut in deine Hände bekommst und davon ißt, so wirst du ewige Jugend und Leben finden.« (S. 61)
Später preist Gilgamesch die Pflanze und will »alle Helden davon essen lassen«.
Wir haben hier vermutlich die älteste Beschreibung einer Rauschdroge und ihrer Wirkungen vor uns. Das Meer, aus dem die Wunderblume geholt wird, ist eine uralte Metapher für das Unbewußte, das ja mit Hilfe von Rauschdrogen zugänglich gemacht werden kann. Die unbekannten Verfasser dieses Epos waren deutlich fasziniert von diesem Kraut, weil zu seiner magischen Wirkung »ewige Jugend und Leben« gehören sollen, ziemlich genau das, was der neurotisch gehemmte Hascher oder LSD-Schlucker heutzutage suchen,

wenn sie – im Rausch – der geistigen Verödung und dem seelischen Tod ihrer Neurose entfliehen möchten. So finden wir bei den alten Sumerern, in einem der frühesten literarischen Zeugnisse der Menschheit, alle Elemente vor, die auch den modernen Drogenkult charakterisieren: Faszination durch das Rauschmittel; missionarischer Eifer bei der Weiterverbreitung; maßlose Überschätzung der Wirkung.

In der Neuzeit finden wir eine weitere Steigerung dieser allgemeinen kulturellen Entwicklung. Die Gruppenbindungen werden noch schwächer, die individuelle Persönlichkeit wird noch mehr gefördert – und die Drogenräusche gewinnen noch mehr an Bedeutung, nun allerdings als überwiegend pathologisches Phänomen: als Trunksucht, Opiumsucht, Haschischsucht.

Die intellektuellen Wegbereiter der jüngsten Drogenwelle suchten noch einmal die Kraft der Kleingruppe zu aktivieren, bei LSD-Parties und in Haschisch-Zirkeln. Aber das Rad der Geschichte läßt sich nicht zurückdrehen. Das Ich darf nicht länger durch Drogenräusche geschwächt, das Selbst nicht mehr durch sie fragmentiert werden.

Die positiven Kräfte der kleinen Gruppe lassen sich auch ohne Drogen in Gang bringen.

Nachwort zur überarbeiteten Neuauflage 1983

Die Arbeit an dieser Studie wurde 1969 begonnen und erstmals 1976 veröffentlicht, als Ergebnis mehrjähriger therapeutischer Arbeit mit drogengefährdeten und drogenabhängigen Jugendlichen und jungen Erwachsenen.
Rechne ich meine eigenen Drogenexperimente in der Studentenzeit und intensive Lektüre etwa ab 1963 hinzu, so ist der »Falsche Weg zum Selbst« in seiner ursprünglichen Fassung das Ergebnis von gut dreizehn Jahren Auseinandersetzung mit diesem Thema gewesen – sowohl intellektueller wie emotionaler Auseinandersetzung in der Selbsterfahrung.
Angeregt wurde mein Interesse durch Aldous Huxleys »Pforten der Wahrnehmung« – es trifft sich merkwürdig, daß ich just in diesen Tagen sein (posthum veröffentlichtes) Buch »Moksha« auf dem Schreibtisch liegen habe, das ich rezensieren soll: in »Moksha« wird gewissermaßen die Bilanz von Huxleys lebenslanger Beschäftigung mit dem Drogenthema gezogen.
Wenn mich heute jemand fragt: »Wie stehen Sie zu den Rauschdrogen?«, so kann ich eigentlich, wenn ich ehrlich bin, nur die Schultern hochziehen und ratlos wieder fallen lassen, oder die Gegenfrage stellen: »Welche Drogen meinen Sie denn?«
Ich bin mir mit Huxley einig darin, daß es gefährliche (Alkohol) und sehr gefährliche Rauschdrogen (Opiate, Kokain) gibt – nicht mehr so einig bin ich mit ihm in der Beurteilung der »sakralen Drogen« (die Halluzinogene LSD, Meskalin,

Ololiuqui usw.), die er bis zu seinem Tod (begleitet von einem LSD-Erlebnis) als einen – wenn nicht den einzigen – brauchbaren Schlüssel zur Lösung des menschlichen Grundelends ansah: weil sie, nicht nur ihm, eine Tür in die Transzendenz öffneten.

Wahrscheinlich entstand nicht zufällig der indische Yoga als Weg zu »Unsterblichkeit und Freiheit« (so der Untertitel zu Mircea Eliades Studie über den Yoga) zu jener Zeit, als im selben Bereich der Soma-Kult zu Ende ging, der um eine Rauschdroge zentriert war.

Die Auseinandersetzung über die positiven und negativen Seiten der Rauschdrogen und der Drogenräusche haben Wolfgang Schmidbauer und ich an anderer Stelle in extenso durchexerziert: im »Handbuch der Rauschdrogen«, das nicht zuletzt infolge dieser Auseinandersetzung inzwischen auf das Dreifache des Volumens der Erstauflage angeschwollen ist! Es war für mich sehr verführerisch, auch bei der Überarbeitung dieses Buches solchen Tendenzen zu neuerlicher Diskussion nachzugeben – ich habe sie bewußt unterdrückt. Seit der »Falsche Weg zum Selbst« (1976) erstmals erschien, sind abermals acht Jahre vergangen. Obgleich in der Zwischenzeit über die Drogenkarriere auch von anderen Autoren einiges geschrieben wurde, fand ich nichts, was zu wesentlichen Änderungen meines Konzepts einer detaillierten Fallstudie plus ergänzender theoretisch-allgemeiner Aufarbeitung des Problems Anlaß gegeben hätte – wo ich sinnvolle Anregungen fand (in den Rezensionen dieses Buches), habe ich sie gerne übernommen und eingearbeitet, darunter vor allem eine Reihe von weiteren Anregungen und Hinweisen Heinz Kohuts (der inzwischen leider verstorben ist) zu dem fertig gedruckten Buch.

Die Problematik des Drogengebrauchs und -mißbrauchs und der dazugehörigen »Karriere« ist fraglos aktueller denn je – das zeigt schon ein Blick in die Polizeistatistik. Vor allem bei der jüngeren Generation, so kann man wohl sagen, haben sich diese Gifte bedauerlicherweise einen festen Platz in den Gewohnheiten wie im Weltbild erobert. Ob dies nur bedauerlich ist, das werden erst zukünftige Generationen überschauen können. Vor allem in Hinblick auf die Halluzinogene, zu denen ja auch Haschisch und Marihuana, der

Gegenstand dieses Buches, gehören, ist da noch einiges offen. Sehr lesenswert in dieser Hinsicht: Die Autobiographie von Albert Hofmann, dem Entdecker des LSD.
Derzeit ist das Kokain als »Modedroge« mehr im Gespräch, was heißt: in den Massenmedien im Scheinwerferlicht. Weil die Schickeria jetzt Kokain aufregend findet und nicht mehr das »altmodische Hasch«. Schon die Preise (ein Gramm Kokain: DM 300,–; ein Gramm Haschisch: DM 10,–, je nach Marktlage) sorgen dafür, daß die Realität anders aussieht. Cannabis ist nach wie vor – hinter dem Alkohol, selbstverständlich – die Rauschdroge. Die Statistik (BKA 1983) spricht da im Klartext:

	1968	1970	1979	1980	1981	1982
beschlagnahmt – Heroin – u. a. Opiate	1,8 mg	0,5 kg	207 kg	267 kg	97 kg	199 kg
– Kokain	(nichts)	40 gr	19 kg	?	24 kg	23 kg
– Cannabis	380 kg	4331 kg	6407 kg	?	6689 kg	2934 kg
Drogentote (durch Opiate)	(keine?)	29	623	494	360	383
verfolgte Drogendelikte	?	?	?		61802	63002

Abb. 12: Die Rauschdrogen in der Kriminalstatistik: Man darf ruhig davon ausgehen, daß die Dunkelziffer 1:10 ist, vor allem, was das Verhältnis beschlagnahmter Rauschmittel betrifft, verglichen mit dem, was tatsächlich gehandelt wird.

Kraft der Gegenwirkung

Mit *Ulysses,* der zentralen Figur dieses Buches, hatte ich noch längere Zeit losen Kontakt, auch nach Beendigung der Therapie. Es geht ihm, den Lebensumständen entsprechend, recht gut. Er arbeitet in einer verantwortungsvollen Position in unserer Wirtschaft, zur Zufriedenheit seiner Umwelt und selbst auch einigermaßen zufrieden mit seinem

Leben. »Die alten Narben«, wie er sich ausdrückt, aus der Drogenzeit seien »abgeheilt«; sein »Verlangen nach Intoxikation« beschränke sich jetzt auf harmlose Mengen Bier und Wein.

Einen Joint habe er hin und wieder geraucht, nach einer gewissen Abstinenzzeit, »aber das braucht viel Zeit, der Vorbereitung, des Genusses und der Nachbereitung – wenn man was davon haben will, fast wie Urlaub –«

Der Defekt in der Struktur des Selbst wurde bei Ulysses offensichtlich genügend ausgeglichen im Laufe der Jahre, seit er das erste Mal zu mir kam; durch Nachwachsen neuer Strukturen, die den Drogenrausch überflüssig machten. Wie solche Strukturen aussehen, weiß ich nicht genau: Ich habe bei Ulysses später nur ihre Wirkung bemerkt, im Aufscheinen von einem herzhaften Humor und auch – ich kann es nicht anders nennen – einer gewissen Weisheit. Beides sind Eigenschaften, die Kohut der reifen Form eines bewältigten Narzißmus zuschreibt (Details in Kohut 1979). Ulysses selbst schreibt diese »Heilung des Selbst« außer der Arbeit mit seinen Therapeuten auch eigenen Anstrengungen zu, so seinen nie unterbrochenen Yoga-Übungen, vor allem aber seiner immer wieder gezeigten Bereitschaft, Beziehungen zu Menschen nicht nur flüchtig zu riskieren, sondern sie über längere Zeiträume durchzustehen und sich mit den alltäglichen Frustrationen des Zusammenlebens auseinanderzusetzen.

Recht viel eigene gewachsene Strukturen dieser Art (Wahres Selbst) scheinen – kulturgeschichtlich betrachtet – noch nie viele Menschen besessen zu haben: primär lebte man durch die äußeren stützenden Strukturen der Gesetze und Wertnormen, die durch das Elternhaus, die kulturellen Traditionen der weiteren Umgebung und nicht zuletzt durch die Religion vermittelt wurden. Diese Strukturen fehlen heute weitgehend – oder sind zumindest nachhaltig in Frage gestellt, so daß gerade der nach Struktur so bedürftige junge Mensch sie kaum mehr annehmen kann. Er ist also gezwungen, sie in sich zu finden, will er sich nicht ebenso fragwürdigen, nur vordergründig sinnvoller erscheinenden (weil exotischen) »alten« Strukturen unterwerfen, etwa in einer Sekte.

Es scheint noch viel zu wenig bewußt zu sein, daß da eine ganze Generation heranwächst, die gezwungen ist, ganz aus sich selbst heraus die neuen Strukturen zu entwickeln – nahezu ohne Hilfe durch die ältere Generation, deren Aufgabe dies zu allen Zeiten gewesen ist.[49]

Der Sog der Rauschwirkung ist (bei Ulysses zumindest) offenbar einer weniger gefährlichen Reaktion gewichen, was nicht zuletzt durch eine stabile Verankerung in der Realität des Alltags möglich wurde, durch Beruf sowie Heirat und Kind. Sein Fazit bei einem dieser gelegentlichen Gespräche:

»Lieben und Arbeiten funktionieren ganz gut – soweit das in unserer Kultur halt möglich ist – es könnte besser sein –«

Da wurde wirklich, könnte man in Abwandlung eines bekannten Freud-Zitats sagen, aus narzißtisch-drogengefährdetem Elend gewöhnliches Unglück.

Ich möchte mir dieses Ergebnis nicht allein zugute halten. Wie Ulysses mir erzählte, ging er nach Abschluß unserer therapeutischen Gespräche noch zu einem anderen Therapeuten, diesmal einer Frau, mit der er seine Mutter-Problematik ein Stück weiter aufarbeitete (während bei unserer gemeinsamen Arbeit mehr das Thema »Vater« im Mittelpunkt stand). Den Prozeß der Selbsterfahrung hat er als wesentlich für sein Leben erkannt – aber auch, daß er ihn besser in entsprechenden SE-Gruppen fortführt, »auf kleiner Flamme«, als mittels Haschisch und LSD.

Ich habe dies deshalb hier nachgetragen, weil viel zu wenig bekannt ist, wie solche Beratungen und Therapien eigentlich anschlagen. Ich möchte diesen Erfolg auch nicht auf meine Bemühungen und die der Kollegen beschränkt sehen. Nicht zufällig habe ich dieser Studie ein Motto aus dem chinesischen Weisheits-Buch »I Ging« vorangestellt:

»... wenn ein starker Mensch in Not kommt, so bleibt er trotz aller Gefahren heiter, und diese Heiterkeit ist die Grundlage späterer Erfolge. Sie ist die Beständigkeit, die stärker ist als das Schicksal ... wen die Not nur beugt, in dem erzeugt sie eine Kraft der Gegenwirkung, die sicher mit der Zeit ans Licht kommt.«

Mir scheint heute, daß Ulysses' Stärke wirklich eine solche unzerstörbare »Heiterkeit« im Sinne des »I Ging« war, die selbst die Drogenräusche aushielt. Sein Problem war das Fehlen sinnvoller Strukturen in der Kindheit, die ihm geholfen hätten, sich in einer immer komplizierter und verwirrender werdenden Welt zu orientieren – eine Überforderung für jedes Kind. In den Drogenräuschen tauchen aus den Tiefen des Unbewußten sehr archaische Strukturen auf und damit höchst gefährliche: wir leben nicht mehr in einer archaischen Welt, sondern in einer ganz anderen. Aber immerhin werden in den Räuschen solche Strukturen überhaupt zugänglich; das macht sie so anziehend. Und da es Strukturen der Innenwelt sind, ist es enorm schwierig, ihnen in der Außenwelt etwas Äquivalentes entgegenzusetzen.

Ich denke, daß da das übliche therapeutische Arsenal schon deshalb versagen muß, weil es keine Handhaben für den Umgang mit archaischen Strukturen bietet – die Jungsche Tiefenpsychologie vielleicht ausgenommen.

Letztendlich geht es dabei um die Frage nach dem Sinn des Lebens, und um diese Frage zu beantworten, gehen vor allem junge Menschen unglaubliche Risiken ein, gerade durch Gebrauch (und Mißbrauch, wie die »anderen« sagen) von gefährlichsten Substanzen. Dies wurde mir besonders bewußt bei jenem Paar, das 1976 bei mir vor der Tür stand. Der junge Mann, ein Fixer, wollte meine Hilfe. Ich spielte damals schon längere Zeit mit dem Gedanken, die immer anstrengender und frustrierender werdende Arbeit mit Drogenabhängigen aufzugeben, nicht zuletzt weil sie – anders als Ulysses – mehr und mehr harte Drogen wie Heroin oder Kokain konsumierten und entsprechend »kaputter« waren. Da fehlte ganz deutlich jene »Heiterkeit« als Grundlage für erfolgversprechende Arbeit, wie dies bei Ulysses der Fall gewesen war.

Aus einer spontanen Eingebung heraus fragte ich den Fixer, ohne viel zu überlegen, schon nach seinen ersten Worten: »Willst du leben – oder willst du sterben? Wenn du dich entschieden hast, komm wieder – dann sehen wir weiter –« Ich konnte einfach diese ständige Gratwanderung nicht mehr mitmachen, bei der jemand sich an den Rand des Todes befördert, weil er es im Leben nicht aushält – dann im letzten Augenblick jemanden sucht, der ihn vom Abgrund wegreißt – um, sobald er sich einigermaßen erholt hat, das alte Spiel von neuem zu beginnen –

Damals erlebte ich in konzentrierter Form das, was Wolfgang Schmidbauer in seiner hervorragenden Studie über das »Helfer-Syndrom« und die »hilflosen Helfer« analysiert hat. Meine Konsequenz war, daß ich keine Drogentherapie mehr machte. *Solche* Hilfe wollte ich nicht geben. Interessanterweise wollte von diesem Zeitpunkt an auch kein Abhängiger mehr meine Hilfe ...

Von da an befaßte ich mich vor allem mit den Problemen der alleinlebenden Menschen, der »Singles«. – Wie mir heute bewußt ist, sind die Drogenabhängigen ja eine besonders extreme Form des Single, und man könnte ihr zentrales Problem als den mißglückten Versuch sehen, einer entsetzlichen Einsamkeit durch Flucht, mittels Räuschen, in den Kontakt mit den Inneren Figuren der Vergangenheit zu entkommen ... Aber das ist ein anderes Thema.

Inzwischen hat sich mein Interesse weiter entwickelt. Ich befasse mich – auch dies ein zentrales Thema der Drogenwirkung und Drogenabhängigkeit – mit der Frage, welche Strukturen zum Überleben notwendig sind – und wie diese Strukturen – wenn sie in der Kindheit nicht richtig vermittelt wurden – später noch erworben werden können, etwa in einer Therapie. Unter »Strukturen« verstehe ich dabei eine innere (geistige) wie äußere (materielle) Ordnung, die die persönliche Entwicklung fördert.

Unsere üblichen Erziehungsstrategien sind inzwischen ja, auf familiärer wie auf gesamtgesellschaftlicher Ebene, zu einer reinen Existenzsicherung verkommen, im günstigsten Falle. Was fehlt, sind Strukturen, die zudem auch sinnspendende Reifungsprozesse anregen und nähren.

Der Zerfall der Strukturen läßt sich ja nicht nur beim Individuum beobachten; Heinz Kohut nannte das die »Fragmentierung des Selbst«. Der Zerfall ist überall sichtbar, ob er sich als Waldsterben äußert oder als Wettrüsten, ist unerheblich. Was zerfällt, ist eine ganze Kultur, mag man sie nennen wie man will, »christliches Abendland« (das islamische, hinduistische oder chinesische Morgenland nicht ausgenommen) oder »Fische-Zeitalter«[50].

Dank an Ulysses und Sigmund Freud

Die Welt hat sich seit 1976, seit dieses Buch entstand, weiter drastisch verändert. Wo damals nur Depression und Sucht bei einer ganzen Generation zu befürchten war, beobachtet man immer massivere Formen von *Protest*, sei es durch Hausbesetzung, Friedensbewegung, Anti-Atom-Demonstrationen oder Punker-Gehabe. Über die Formen dieses Protests mag man streiten – wichtig ist die Tatsache als solche. Denn Aggression ist allemal besser als Depression und Selbstzerstörung. Die Frage ist nur, ob die ältere Generation begreift, daß dies so ist – und lernt, sinnvoll mit diesem Energiepotential vor allem der Jüngeren umzugehen. Insbesondere aber muß sie lernen, dies als Spiegel draußen für eigene unbewältigte Probleme im Inneren zu erkennen. Irgendwo habe ich einmal einen Satz gelesen, der dies wunderbar ausdrückt:
»Das Leben der Eltern ist das Buch, in dem die Kinder lesen.« Das Leben der Eltern sollte eben die Strukturen vermitteln, nach denen sich sinnvoll leben läßt – die Betonung liegt auf dem »sinnvoll«, was sich ja ableitet aus »volle Sinne«. Welche Strukturen ermöglichen uns, »voller Sinn« zu leben?
Hier möchte ich noch einmal auf Ulysses und den Orakelspruch des »I Ging« zurückkommen, den ich oben zitiert habe. Wie kommt es eigentlich zu einer solchen »Heiterkeit«, die einem Menschen hilft, auch das Fehlen wichtiger Strukturen in der Kindheit (etwa durch die totale Abwesenheit des Vaters) durchzustehen, im richtigen Augenblick einen anderen Menschen als Begleiter in der bedrohlichen existentiellen Krise zu suchen (und zu finden!) und die fehlenden Strukturen nachwachsen zu lassen?
Muß da nicht schon bei der Geburt, oder vorher, eine

Grundstruktur gegeben sein, die »Heiterkeit« erst möglich macht? Und ohne deren Vorhandensein als tragendem Grund jeder Therapieversuch zum Scheitern verurteilt ist? Aber: wieviele Menschen bringen eine solche Grundstruktur mit auf die Welt, die ihnen hilft, einigermaßen unbeschadet selbst mehrjährigen Drogenmißbrauch durchzustehen – während unzählige andere daran zugrunde gehen, beispielsweise, indem sie an härtere Drogen und bösartigere Räusche geraten, die sie auf noch archaischere, todesnähere Strukturen zurückwerfen?

In diesem Zusammenhang sollte man einmal überprüfen, was eigentlich das von Heinz Kohut so benannte und untersuchte »Größen-Selbst« tatsächlich ist – nur ein idealisierter Abglanz der Eltern, wie man sie in der Kindheit, selbst vergleichsweise ein Winzling, erlebte – später, in der Erinnerung während einer Therapie hochstilisiert zum positiv oder – weit häufiger – negativ schillernden Popanz? (s. auch Anm. 12).

Oder sind da nicht doch auch transpersonale Strukturen zumindest im Hintergrund mitbeteiligt, die C. G. Jung als Archetypen des Kollektiven Unbewußten bezeichnete? Sind Vater und Mutter zu Formen des Größen-Selbst aufgebläht worden und haben wir daraus unsere Göttervorstellungen abgeleitet – oder könnte es nicht umgekehrt sein – was mir heute viel einleuchtender und vor allem sinnvoller erscheint –, daß diese ins Überdimensionale vergrößerten Elternimagos gewissermaßen die Übungsvorlagen sind, anhand derer wir im Laufe unseres Lebens lernen, mit den Erscheinungsformen des Transzendenten in unserer Innenwelt umzugehen – bis wir irgendwann in der Lage sind, auf die Elternimagos als Hilfskonstruktionen zu verzichten (auch auf die Imagos, welche die Kirchengeschichte uns, eingefroren gewissermaßen, in ihren Dogmen vermittelt) – und dem Göttlichen in einer direkteren Form gegenüberzutreten?

Die Psychologie, speziell die Tiefenpsychologie des Unbewußten, ist ja, wissenschaftshistorisch betrachtet, gerade erst entstanden: vor etwa hundert Jahren, als Sigmund Freud staunend seine ersten Schritte ins eigene Unbewußte wie in das seiner Patienten machte. Vor allem sollten die forschenden Psychologen* ruhig einmal etwas genauer in »Nachbars Garten« schauen, wo man derlei »Gewächse« schon seit Jahrtausenden kennt und hegt – wenngleich oft in entsetzlich verkrüppelten Kümmerformen, Bonsai-Bäumchen weit ähnlicher als dem, was in der freien Natur in den Himmel wächst.

Dieses Fragen nach den Strukturen, gerade auch nach den »größeren«, hat mich inzwischen zu einer intensiven Beschäftigung mit dem Schreiben als Möglichkeit der Psychotherapie (Schreib-Therapie) geführt. Denn mehr noch als das reine Gespräch vermittelt Schreiben (ganz naives Schreiben, ohne Schielen nach weltweiter Veröffentlichung) bereits im Prozeß der Niederschrift Struktur, und zwar nicht zuletzt grundlegende geistige Struktur, wenn man so will: transzendente Struktur.

Dies ist mir erst so recht bewußt geworden, seit ich mit dem umfänglichen Werk von Friedrich Weinreb vertraut wurde, allem voran seinem »Göttlichen Bauplan der Welt«, worin er nicht mehr und nicht weniger nachweist – und zwar keineswegs spekulativ, sondern streng wissenschaftlich –, als daß im Aufbau der (in seinem Fall: hebräischen) Sprache geistig-göttliche Struktur und materielle Struktur aufs innigste verwoben sind[51].

Ich bin, von ganz anderer Seite her, schon früher auf einen ähnlichen Sachverhalt gestoßen, als ich bei Ulysses miterlebte, wie er sich durch das Aufschreiben seiner Träume und Räusche immer auch selbst ein wenig Struktur und Halt geben konnte. Der andere Anstoß kam mir durch Sigmund Freud: als ich mich mit seiner Zeit des (immerhin drei Jahre dauernden) Kokainkonsums beschäftigte, bewegte mich besonders die Frage, wie er es schaffte, davon aus eigener Kraft wieder loszukommen. An anderer Stelle werde ich nachzuweisen versuchen, daß ihm dies eben mit Hilfe des Aufschreibens gelang:

* Wichtige Ansätze einer nach-Jungschen Transpersonalen Psychologie findet man seit einigen Jahren im Gefolge der Humanistischen Psychologie (Hanefeld 1982) und bei der neuen Transzendenztherapie (van Kaam 1983).

- durch die unzähligen Briefe an seine Braut,
- durch das Protokollieren seiner Drogenexperimente und
- die Publikation von immerhin fünf Studien darüber
- sowie später durch die umwälzende Entdeckung, daß man seine Träume selbst ein wenig deuten und verstehen kann – indem man sie schriftlich niederlegt.

Warum er dieses Medium des Schreibens dann seinen Patienten vorenthielt und die Psychoanalyse zu einer reinen Gesprächstherapie entwickelte, ist ein weiteres Rätsel – sich selbst half er jedenfalls nachhaltig, und zeit seines Lebens – durch das Aufschreiben.
Wenn Ulysses heute zu mir käme, würde ich weniger mit ihm reden, sondern ihn – in der Therapie – schreiben lassen, also das fördern, was er ohnehin selbst instinktiv bereits machte. Denn beim Schreiben drücken sich ja nicht nur die persönlichen Erfahrungen aus – sondern auch die in der Sprache selbst verborgenen geistigen Strukturen unserer Wirklichkeit, und damit das Wahre Selbst, das von der starren Maske des Falschen Selbst oft weitgehend zugedeckt wird.
Doch genug dieser Nebengedanken. Sie erschienen mir wichtig als eine Form der Danksagung an Ulysses wie an Sigmund Freud, die für mich beide mit dem Drogenthema auf innigste verbunden sind.

München, den 18. August 1983 Jürgen vom Scheidt

Anmerkungen*

1 In ganz anderem Zusammenhang macht Ernst Bernhard, Psychoanalytiker Jungscher Prägung, die folgende Bemerkung: »Zwei wesentliche Abläufe gibt es beim Übergang einer Entwicklungsstufe in die andere, die offenbar verschiedene Bedingungen haben, aber im Leben des Menschen praktisch stets nebeneinander vorkommen.
Der eine ist der große Durchbruch, wo mit der letzten zur Verfügung stehenden Energie eine Änderung vollzogen wird, die eigentlich nicht geleistet werden kann. Es sind die Lebenskrisen, wo man eben noch ›am Leben‹ bleibt, die eigentlich ›über die Kraft‹ gehen. Aus der Psychologie der Sucht kennen wir diese ›Übergänge˘, einseitig herausgestellt als die ›Abstinenz‹. Das große klassische mythische Beispiel ist das Erlebnis des Odysseus mit den Sirenen. Es zeigt uns klar die Gefahren und Verhaltensweisen. Man muß ›vorher‹ alle Vorkehrungen treffen, aus der klaren Einsicht in die Art der Gefahr – bewußt und entschieden und konsequent, ohne eine Lücke zu lassen. Beim Nicht-Süchtigen ist die Lage nicht so klar; denn man weiß meist nicht, wo der Feind ist; jedenfalls wirken kollektive Wertvorstellungen oft so stark, daß das Rechte für die ›Sünde‹ gehalten wird. In jedem Falle sind eine Unzahl von ›Rationalisierungen‹ am Werk, die die bewußte Entscheidung in Frage stellen ...« (1974, S. 77f.)

2 In diesem Zusammenhang erscheint mir sehr wichtig, daß bereits die Nicht-Anwesenheit des Vaters als solche (sei sie materiell-total oder auch nur emotional) starke gegen dieses Vater-Vakuum gerichtete Aggressionen auszulösen scheint. Man lese hierzu auch die Ausführungen des Psychoanalytiker-Ehepaares Henry und Yela Lowenfeld, die 1972 die Meinung vertraten – und mit Fallbeispielen stützten –, daß ein sadistisches, archaisches Überich entsteht, wenn

* Hier fehlende bibliographische Details finden sich im anschließenden alphabetischen Literaturverzeichnis.

die Eltern nicht über die Erziehung mildernd eingreifen; auch hierbei wird dem Vater eine zentrale Rolle zugeordnet.
Andere Autoren, die sich mit der Vaterfrage ausführlich auseinandersetzen, sind Phyllis Greenacre (1963), Peter Landolf (1968), Gérard Mendel (1972a, 1972b), Alexander Mitscherlich (1963, speziell Kap. VII und S. 260f.) und Erich Neumann (1956, speziell Kap. 10).

3 Unter Trennungsangst verstehen Psychoanalytiker wie David W. Winnicott (1974) starke psychische oder/und somatische Reaktionen beim kleinen Kind, wenn sich dessen hauptsächliche Bezugsperson(en), in der Regel die Mutter, längere Zeit entfernt, beispielsweise weil ein Krankenhausaufenthalt dies notwendig macht.

4 Zum Begriff des *Selbst* s. die Arbeiten von Edith Jacobson (1973), Heinz Kohut (1973) und Herbert Stein (1974). Der Begriff des Selbst – er ist dem von Erik H. Erikson (1970) benützten Ausdruck *Identität* sehr verwandt – wurde von Heinz Hartmann (1950) in die psychoanalytische Literatur eingeführt und besagt soviel wie »Repräsentanz der Gesamtperson«, in Abhebung beispielsweise zum Ich, worunter man mit S. Freud lediglich eine Teilinstanz des seelischen Apparats versteht. Heinz Kohut merkt hierzu folgendes an (Brief an den Autor vom 27. November 1975):
»Ich sehe die Begriffe *Selbst* und *Identität* als deutlich verschieden an. Das Selbst einerseits ist ein tiefenpsychologisches Konzept und bezieht sich auf den Kern der Persönlichkeit, der aus verschiedenen Bestandteilen im Zusammenspiel mit den frühesten Selbst-Objekten des Kindes entstanden ist. Es enthält die grundlegenden nach Macht und Erfolg strebenden Schichten einer Persönlichkeit, weiterhin ihre zentralen idealisierten Ziele, dann noch die grundlegenden Begabungen und Fertigkeiten, die zwischen Strebungen und Zielen vermitteln – all das verbunden mit dem Gefühl, eine Einheit in Raum und Zeit zu sein, Empfänger von Eindrücken und Initiator von Handlungen. Identität andererseits ist der Konvergenzpunkt zwischen dem entwickelten Selbst (wie es in der späten Adoleszenz und im frühen Erwachsenenalter gebildet wurde) und der soziokulturellen Position des Individuums.
Diese Unterscheidung ist meiner Ansicht nach sehr fruchtbar. Einige Individuen sind zum Beispiel durch ein starkes, festes, klar definiertes Selbst charakterisiert, das früh im Leben erworben wurde – doch ihre Identität ist aufgrund späterer Umstände ziemlich diffus. Ich glaube, daß die Persönlichkeit eines bestimmten Typs von Psychoanalytikern diesem Muster angehört. (Siehe auch meine Bemerkungen in Kohut 1968, vor allem auf Seite 552 der Absatz, der mit den Worten beginnt: »There are many types of analysts ...«) Die Unklarheit der Identität erlaubt Empathie mit vielen verschiedenen Typen von Menschen – doch das feste Selbst schützt vor der Zersplitterung. Es gibt andere Menschen, deren Persönlichkeit genau

entgegengesetzt organisiert ist: ein schwaches Selbst, doch eine starke, vielleicht übertrieben starke, rigide Identität. Dies sind Individuen, deren Kohäsion durch eine intensiv empfundene soziale Rolle aufrechterhalten wird, eine intensiv empfundene ethnische oder religiöse Zugehörigkeit etc. Das sind Menschen, die psychisch zerfallen (desintegrate) wenn ihnen ihre Identität genommen wird (wenn sie z. B. von einer Kultur in eine andere kommen, etwa vom Dorf in die Stadt). Und schließlich gibt es wieder andere, deren feste, doch nicht rigide Identität auf einem fest etablierten Selbst ruht.«

5 Für S. Freud war die Onanie die »Ursucht«, wie er am 22.12.1897 seinem Freund Wilhelm Fließ schrieb: »Es ist mir die Einsicht aufgegangen, daß die Masturbation die einzige große Gewohnheit, die ›Ursucht‹ ist, als deren Ersatz und Ablösung erst die anderen Süchte nach Alkohol, Morphin, Tabak etc. ins Leben treten.« (1950, S. 205)

6 S. hierzu auch die Habilitationsschrift von Alexander Mitscherlich, worin er im Jahre 1947 Patienten beschrieb, die suchtmäßig Wasser tranken.

7 Eli Marcowitz (1969) sieht als die Hauptfunktion des Zigarettenrauchens den zeitweiligen Ausgleich einer psychischen inneren Leere durch die Füllung der Lungen mit den beizenden Rauchpartikeln; die pharmakologische Wirkung (Nikotin) hat dann eher eine zusätzliche Bedeutung. Macht man sich klar, daß die Lungenbläschen insgesamt eine Fläche von etwa 90 Quadratmetern (!) Austauschfläche darstellen, durch die täglich rund 10000 Liter Luft gepumpt werden, verwundert diese Behauptung nicht mehr. Hier wäre auch ein interessanter Ansatzpunkt für die Therapie mittels Yoga gegeben, wo Atemübungen (Pranajama) eine zentrale Rolle spielen; s. hierzu André van Lysebeth (1971).

8 Homosexuelle Phantasien wie auch manifeste Homosexualität spielen bei Usern eine wichtige Rolle, worauf Karl Abraham (1908), Sandor Ferenczi (1911), Sigmund Freud (1905), Heinz Hartmann (1928), Herbert Rosenfeld (1960) und Victor Tausk (1915) hinweisen.

9 Näheres hierzu findet sich u. a. bei Margaret S. Mahler (1972).

10 Interessantes Material hierzu findet man bei Charles W. Socarides. Er schreibt: »Aufgrund seiner primär weiblichen Identifikation, seiner durch elterliche Einschüchterung entstandenen Kastrationsangst und seiner durch inzestuöse Gefühle gegenüber der Mutter hervorrufenden Schuldgefühle muß der Homosexuelle versuchen, die eigene Maskulinität durch Identifikation mit der Männlichkeit des homosexuellen Partners zu stärken.« (1971, S. 75)

11 Narzißtisch gestört besagt, daß die betreffende Person unter psycho-sozialen Schwierigkeiten leidet, die nicht mehr neurotisch, aber noch nicht Borderline oder gar regelrecht psychotisch sind. Therapeutisch-technisch betrachtet, zeichnen sich diese narzißtischen Störungen durch das weitgehende Fehlen der Übertra-

gungsliebe aus, die durch typische Formen narzißtischer Übertragung ersetzt ist. Diese können schwanken zwischen extremer Selbstüberschätzung (Größen-Selbst) und entsprechender Entwertung des Therapeuten oder Partners – und dem Gegenteil: starken Minderwertigkeitsgefühlen mit entsprechender Überschätzung des Gegenübers (idealisierende Übertragung). Näheres findet sich bei Heinz Kohut (1973); s. auch Anm. 37.

12 Unter Größen-Selbst (früher auch: Grandioses Selbst) versteht H. Kohut (1973, S. 43–47 sowie Teil II) ein grandioses und exhibitionistisches Bild des Selbst. Er schreibt hierzu: »Die Bezeichnungen ›grandios‹ und ›exhibitionistisch‹ beziehen sich auf ein breites Spektrum von Erscheinungen, das sich von der egozentrischen Einstellung des Kindes mit seiner ungehemmten Lust an der Bewunderung und von den groben Wahnvorstellungen des Paranoikers und den grobsexuellen Handlungen des erwachsenen Perversen bis zu den Aspekten der subtilsten, hochgradig zielgehemmten und nichterotischen Befriedigung Erwachsener über sich selbst, ihre Wirkung und ihre Leistungen erstreckt.« (1973, S. 43)

13 Wie das normale Fühlen und Erleben im Drogenrausch auf die abenteuerlichste Weise transzendiert werden kann, zeigen die Erlebnisschilderungen von Constance A. Newland (1964) und Georg Jappe (1972). Bei Jappes »Nachschrift eines LSD-Rausches« wurde versucht, auch durch die Typographie diese raum- und zeitsprengende Bewußtseinserweiterung darzustellen.

14 Zum Begriff der Regression findet man eine Fülle von Material bei Michael Balint (1960, 1970).

15 Der Ausdruck Primärprozeß (auch: Primärvorgang) wurde erstmalig 1900 von Sigmund Freud in der »Traumdeutung« benützt. Unter anderem versteht man in der Psychoanalyse darunter das Unbewußte, in Abhebung zum Sekundärvorgang, der das Vorbewußte und das Bewußtsein umfaßt. Näheres findet sich bei J. Laplanche und J.-B. Pontalis (1972).

16 Diese Auflösung der Ich-Grenzen hatte Ulysses offenbar auch schon vor den Halluzinationserfahrungen einige Male gesucht und teilweise erreicht. So betrank er sich in früheren Jahren drei oder vier Mal auf Parties mit Wein, einmal mit Whisky, im letzteren Fall buchstäblich bis zur Besinnungslosigkeit. Der Verdacht liegt nahe, daß er irgendwann – wäre er nicht durch seine Haschisch- und LSD-Erfahrungen in die Psychotherapie gezwungen worden – zum Trinker geworden wäre, vielleicht zum Quartalssäufer, der seine Frustrationen längere Zeit anzusammeln vermag, ehe er sie dann explosionsartig doch noch im Rausch abreagieren muß. Es läßt sich in der Praxis oft beobachten, daß User von ihrer jeweiligen Droge auf Alkohol umsteigen. Deshalb liegt der Verdacht nahe, daß viele – oder gar die meisten – Drogenkonsumenten in unserer Kultur ohne Kontakt mit anderen Drogen Alkoholiker geworden wären.

17 Am 18.1.1886 schrieb S. Freud an seine Verlobte Martha Bernays: »Du kannst Dir ungefähr mein mit Neugier und Befriedigung gemischtes Grauen denken ... Etwas Cocain, um das Maul öffnen zu können ...« (1968, S. 199)

18 Kritische Anmerkungen zur Behauptung mancher Drogen-Apostel, Rauschdrogen seien der »Yoga für den Westen«, von Arthur Koestler verächtlich auch als »Nes-Zen« apostrophiert, finden sich bei J. vom Scheidt (1971).

19 Heinz Kohut schreibt über solche künstlichen Farben, die unwirklich und übertrieben (Technicolor) sind: »Ich möchte hier die generelle Beobachtung anfügen, daß Träume in Farbe häufig Träume in Technicolor sind. Sie stellen anscheinend häufig das Eindringen unmodifizierten Materials in das Ich und dessen Unfähigkeit dar, dieses vollkommen zu integrieren. Man könnte sagen, daß die Technicolor-Farben die unterschwellig wahrgenommene ängstliche, hypomanische Erregung des Ichs nach dem Eindringen gewisser Quantitäten der Größenphantasien und des Exhibitionismus des Größen-Selbst darstellen.« (1973, S. 200).

20 Wenn ich in dieser Arbeit gelegentlich Gedanken von so verschieden ausgerichteten tiefenpsychologischen Schulen nebeneinanderstelle, wie sie Melanie Klein, Heinz Kohut und Erich Neumann repräsentieren, so ist dies kein Zufall. Alle drei bewegen sich eine »Etage tiefer« im Unbewußten als Sigmund Freud: Während dieser sich vor allem mit unbewußtem Material aus der Zeit etwa um das dritte bis fünfte Lebensjahr befaßt, konzentrieren sich jene auf den davorliegenden, präödipalen Bereich. Natürlich bedient sich dabei der Jung-Schüler Neumann einer anderen Sprache und eines anderen Weltbilds als die Freud-Schüler Klein und Kohut (wobei zwischen diesen beiden wiederum zum Teil gewichtige Differenzen bestehen, vor allem was die Bewertung des Narzißmus betrifft). Für unsere Begriffe handelt es sich dabei weniger um ein Problem der klinischen bzw. kulturgeschichtlichen Beobachtung – hier gehen alle drei sehr sorgfältig vor –, sondern um eine Frage der theoretischen Einordnung.

21 Über Samuel T. Coleridge's Schaffen unter dem Drogenaspekt gibt es eine psychoanalytische Studie von Eli Marcovitz (1966).

22 S. hierzu unsere Ausführungen in J. vom Scheidt (1973b), speziell Kap. 2: »Die psychedelische Gegenwelt«.

23 Näheres über die neuesten Erkenntnisse zu den doch beachtlichen physischen Folgen des Haschisch-Mißbrauchs findet sich im Vorwort zur neuesten (6.) Auflage 1981 von W. Schmidbauer und J. vom Scheidt (1971, 1981).

24 Um so verwunderlicher ist es, daß selbst in so grundlegenden Untersuchungen wie der von Rudolf G. Wormser (1973) der Aggressions- bzw. Selbstaggressions-Aspekt völlig ausgespart wird!

25 Wichtige Hinweise über den Zusammenhang von Musik und Dro-

genkonsum findet man bei Gotho von Irmer (1972) und Ruth-Gisela Klausmeier (1973). Verwandt ist die Thematik der aufschlußreichen Untersuchung von Paul Oliver (1960) über den Blues, worin er auf Zusammenhänge der melancholischen Bluesmelodien und typischer Texte mit der engen Bindung des (Südstaaten-)Negers der USA an seine Mutter hinweist; die große Beliebtheit des Blues bei den jugendlichen Usern könnte eine verwandte Ursache haben. E. H. Erikson verweist (1970, S. 315) auf den »Moynihan Report« (der die bösen Folgen des Fehlens des Vaters in so vielen Negerfamilien der unteren sozialen Schicht der USA aufzeigt) und erwähnt den Blues in diesem Zusammenhang (S. 314).
Ähnlich könnte es mit der großen Beliebtheit indischer Musik in User-Kreisen sein, worüber der bekannte Sitar-Musiker Ravi Shankar schreibt: »Ich entdeckte, daß einige selbsternannte amerikanische Gurus in den letzten Jahren falsche Information über Indien verbreitet und gesagt haben, fast alle bekannten Asketen, Denker und Künstler nähmen Drogen. Diese Gurus behaupteten sogar, man könne nicht richtig musizieren, meditieren und nicht einmal das heilige Wort OM aussprechen, ohne unter dem Einfluß von Drogen zu stehen.« (1969, S. 185f.) Zur tiefenpsychologischen Relevanz von Musik s. auch Heinz Kohut (1950, 1957), Martin L. Nass (1971) und Henry Rosner (1972).

26 Das Phänomen Flashback (eine Art Rausch-Halluzination ohne Drogeneinfluß, die noch Monate nach dem letzten Drogenkonsum, speziell bei LSD-Konsumenten, plötzlich auftreten kann) wird nicht selten durch musikalische Schlüsselreize, die während des vorausgegangenen Trips selbst eine Rolle spielten, ausgelöst (Waldmann und Hasse 1974).

27 Während einer Tagung über Probleme des Strafvollzugs fiel mir auf, daß eine enge Verwandtschaft zwischen der psychischen Struktur von Depressiven, Drogenkonsumenten und Delinquenten zu bestehen scheint. Der Hauptunterschied besteht wahrscheinlich zum einen im Umgang mit den (unbewußten) Aggressionen: Depressive und User verdrängen sie (wobei die User während des Rausches eine gewisse Möglichkeit der Triebabfuhr haben), während Delinquente bevorzugt *ausagieren.* Zum anderen besteht noch eine gewichtige Differenz in der Art und Weise, wie man sich eigenen seelischen Konflikten bzw. Defekten gegenüber verhält: Der Depressive nimmt gewissermaßen sein Leiden an; der User weicht – per Selbstverwöhnung – in den Rausch aus, wo er wenigstens kurzfristig Entlastung findet; der Delinquent spaltet das eigene Leiden völlig ab, agiert statt dessen immer wieder aus, indem er anderen Menschen Leid zufügt (womit er sich gleichzeitig für die Versagungen rächt, die er in der Kindheit und danach erlitten hat).
Gemeinsam ist Usern und Delinquenten, und darin unterscheiden sich beide deutlich vom Depressiven, daß sie mehr oder minder ver-

wahrlost sind. Näheres hierzu findet man in Hans Ch. Dechênes umfangreicher und grundlegender Studie »Verwahrlosung und Delinquenz« (München 1975).

28 Aldous Huxley (1954) war wohl der erste, der behauptet hat, daß Halluzinogenräusche, in seinem Fall durch Meskalineinfluß, echte mystische Erlebnisse seien. Dem wurde heftig widersprochen von R. C. Zaehner (1965). Spätere Autoren (Gelpke 1966, Leary 1970, Clark 1971) argumentierten pro oder (Cohen 1968) contra; W. N. Pahnke (1963, 1966) versuchte mit dem berühmten »Karfreitagsexperiment«, bei dem angehende Geistliche unter LSD-Einfluß einen Gottesdienst erlebten, eine erste wissenschaftliche Untermauerung dieser These, die positiv ausfiel. Weitere Informationen finden sich in dem umfangreichen Sammelband von Charles T. Tart (1969, Teil 6 und 7). Zur religionspsychologischen Bedeutung der *peak experience* s. Abraham H. Maslow (1964).

29 Auch in Gruppen, die keine Drogen konsumieren, kann man natürlich regredieren, sehr tief sogar. Näheres hierzu findet man beispielsweise bei Wilfred Bion (1972).

30 Siehe hierzu die scharfe Kritik des kalifornischen Medizinsoziologen Henry L. Lennard und seiner Kollegen (1974).

31 Man lernt einfach nichts aus der Vergangenheit: Schon S. Freuds Desaster bei der Anwendung des Kokains bei Morphinisten zum Zwecke der Entwöhnung, später der Einsatz von Heroin für dieselbe Aufgabe, müßten doch gelehrt haben, daß man eine Drogensucht nicht pharmakologisch heilen kann! Näheres bei J. vom Scheidt (1973 a, Kap. 5).

32 »An den verdrängten Erinnerungsspuren kann man konstatieren, daß sie durch die längste Zeitdauer keine Veränderungen erfahren haben. Das Unbewußte ist überhaupt zeitlos. Der wichtigste und auch befremdendste Charakter der psychischen Fixierung ist der, daß alle Eindrücke einerseits in der nämlichen Art erhalten sind, wie sie aufgenommen wurden, und überdies noch in all den Formen, die sie bei der weiteren Entwicklung angenommen haben, ein Verhältnis, welches sich durch keinen Vergleich aus einer anderen Sphäre erläutern läßt. Der Theorie zufolge ließe sich also jeder frühere Zustand des Gedächtnisinhalts wieder für die Erinnerung herstellen, auch wenn diese Elemente alle ursprünglichen Beziehungen längst gegen neuere eingetauscht haben.« (Freud 1901, S. 305, Fußnote)

33 Näheres hierzu findet man im Nachwort von Thomas Landfinders Anthologie »Welt ohne Horizont« (1975).

34 Näheres zum Guru-Prinzip findet sich bei J. vom Scheidt, »Innenwelt-Verschmutzung« (1973 b, Kap. 8).

35 Im »Beatles Song Book« (Aldridge, 1969) gibt Beatle Paul McCartney eine andere Erklärung: »Komisch ist das mit dem Lied. Die Leute kamen her und sagten pfiffig: ›Jaja – verstehe schon – LSD‹,

und es war ja auch gerade die Zeit, als die Zeitungen über LSD redeten, aber daran haben wir nie gedacht. Wie's wirklich war: Johns Sohn Julian hatte in der Schule ein Bild gemalt, und er brachte es mit nach Hause, und ein Mädchen namens Lucy geht mit ihm zur Schule. ›Was'n das?‹ fragte John, und Julian sagte: ›Lucy in the Sky with Diamonds‹.«

Auch wenn man diese Information akzeptiert: Tatsache bleibt es, daß die Beatles, wie viele andere Pop-Bands jener Jahre, alle möglichen Drogen probierten, vor allem Haschisch und LSD (Näheres hierzu bei Davies 1968, S. 208f.) und dies in ihren Songs auch deutlich kundtaten.

36 Näheres hierzu findet sich bei Hanna Segal (1974), speziell in Kap. 3 über die »paranoid-schizoide Position«.

37 Ich wollte erst den Ausdruck »Übertragung auf das eigene Selbst« benützen. Heinz Kohut wies mich jedoch dankenswerterweise darauf hin, daß man beim Drogenkonsumenten nicht von Übertragung sprechen könne. Übertragungsliebe im üblichen psychoanalytischen Sprachgebrauch setzte eine psychische Struktur voraus, welche beim (narzißtisch gestörten) User noch gar nicht vorhanden ist:

»Ich glaube nicht, daß bei den Süchten jenes Stadiums psychischer Reife vorliegt, das für den Prozeß der Übertragung notwendig ist. Übertragungen treten bei einem psychischen Apparat auf, der (mit mehr oder weniger Erfolg) fähig war, sich selbst gegen gewisse infantile Strebungen abzuschirmen. Das Wesentliche an der Psyche des Süchtigen ist jedoch nicht der (schlecht gelöste) Konflikt zwischen reifen Strukturen, sondern das Vorhandensein struktureller Defekte. (s. hierzu Kohut 1971, vor allem S. 841–845, und insbesondere, in Hinblick auf das Problem der Sucht, S. 848f.)

Ich fasse meine Meinung kurz zusammen. Das Drogenerlebnis ist (ähnlich den sexuellen Erfahrungen der meisten Perversen) dazu bestimmt, einen strukturellen Defekt auszufüllen. Der aus der Kindheit stammende Prototyp dieser Erfahrungen ist folgender: Während eines Entwicklungsstadiums, in dem das Kind eine narzißtisch erlebte andere Person (ein Selbst-Objekt) zur Aufrechterhaltung seines Selbst (seines Selbstwertgefühls) braucht, fehlt dieses Selbst-Objekt. (Dieses Fehlen kann in der Abwesenheit des Selbst-Objekts bestehen oder, was häufiger ist, in der Unfähigkeit des Selbst-Objekts, empathisch auf das Kind zu reagieren.) Das Kind ist also mit dem Verlust der psychischen Struktur konfrontiert (das Selbst-Objekt ist zu dieser Zeit die psychische Struktur des Kindes). Um das Selbst-Objekt zu ersetzen – die Empathie des Selbst-Objekts, den Trost des Selbst-Objekts, das Verständnis des Selbst-Objekts –, greift das Kind zur Selbst-Stimulation. Zu diesem Zweck benutzt es orale, anale und phallische Masturbation; es benutzt Schmerz, den es sich selbst zufügt (was besser ist, als gar nichts zu

fühlen); und es benutzt Phantasien. Mit all diesen Aktivitäten versucht es, das abwesende Selbst-Objekt zu ersetzen und natürlich auch den Mangel an psychischer Struktur zu beheben. (Eine psychische Struktur wurde nicht gebildet, weil der graduelle Verlust des Selbst-Objekts das Mittel ist, durch welches die Struktur aufgebaut wird. Da das Kind das Selbst-Objekt traumatisch verloren hat, wurde keine Struktur gebildet.) Ich glaube, daß die Drogenerfahrung den kindlichen Versuch wiederholt, das Selbst-Objekt (die psychische Struktur) zu ersetzen und dem Gefühl, tot zu sein, entgegenzuwirken, das in Ermangelung des empathischen Milieus auftritt, welches durch das Selbst-Objekt hergestellt worden sein sollte. Phantasien, die vom Kind entwickelt werden (später: durch halluzinogene Drogen geschaffene Phantasien), sind die Mittel, durch die unter diesen Umständen das Selbst-Objekt ersetzt und das Gefühl des Totseins bekämpft wird.« (Brief an den Autor, 3. Februar 1975).
(s. auch Kohut 1973, Kap. 9, vor allem S. 276ff.; sowie Kohut und Seitz 1963, vor allem S. 120ff.)

38 Der frühere Münchner Kriminaldirektor Hermann Häring machte diesen Vorwurf den Leichenbeschauern während einer Tagung über Suizid im Sommer 1970 in Leoni am Starnberger See.

39 Immerhin gaben bei einer Untersuchung von Michael Jasinsky (1971) in Hamburg rund 25% der befragten Schüler an, sie hätten mindestens schon einmal andere Rauschdrogen als Alkohol probiert. In einer anderen Untersuchung (Schmitt et al. 1972) in Baden-Württemberg gab sogar jeder dritte Schüler diese Auskunft.

40 Es ist mir bekannt, daß der Haschischkonsum nach 1973/74 vorübergehend sank und statt dessen Alkoholismus und Tablettenmißbrauch (speziell der Methaqualone wie »Mandrax«) rapide zunahmen. Aber das darf nicht darüber hinwegtäuschen, daß der Mißbrauch von Cannabis und anderen Halluzinogenen weiterhin ein Problem bleiben wird – wie die Drogenstatistik der Folgejahre ja deutlich beweist (s. S. 183).

41 Wie eine solche Verwahrlosung sich anbahnt, zeigt sehr anschaulich Carl Newman in seiner Studie eines siebzehnjährigen Hippies (1969). Zur Thematik der Verwahrlosung s. August Aichhorns klassische Arbeit (1951), sowie »Verwahrlosung und Delinquenz« von Hans Ch. Dechêne (1975) (s. auch Anm. 27).

42 Einer zusammenfassenden Arbeit von Heinz E. Hasse u. Mitarb. (1972) entnehme ich folgende Tabelle, die einen Teil des bundesdeutschen Drogenkonsums widerspiegelt: (s. nächste Doppelseite).

43 Ein sehr empfehlenswertes, an der Praxis orientiertes und speziell für den westlichen Menschen zugeschnittenes Buch über Yoga (mit einem etwas irreführenden Titel) ist Max J. Kirschners »Die Kunst, sich selbst zu verjüngen« (1958); es ist mit einer Reihe anschaulicher Illustrationen versehen und vermeidet sorgfältig den, wie er es

Untersucher	Jahr	Ort	Zahl	Gruppe	Rauschmittel genommen	bisher nicht genommen, aber bereit, dies zu tun
Fengler, G. u. a.	1969	Bonn	6000	Schüler einschl. Berufsschüler	25,6 % (davon 6 % exzessiv)	42,7 %
Schwarz, G. u. a.	1970	Schleswig-Holstein	4676	Oberschüler	26,2 %	?
Burchard, H., u. Behrendt, N.	1970	Hamburg	500	Oberschüler	26 %	?
Wetz, R.	1970	Köln	411	Schüler	33,3 % (davon 15 % regelmäßig, 18,3 % einmal oder gelegentlich)	
Jasinski, M.	1971	Hamburg	4797	Schüler und Oberschüler	22,9 % (davon 13,3 % regelmäßig, 9,6 % einmal oder gelegentlich)	20,2 %

Untersucher	Jahr	Ort	Zahl	Gruppe	Rauschmittel genommen	bisher nicht genommen, aber bereit, dies zu tun
Schmidt, G., u. Sigusch, V.	1971	Hamburg	600	Schüler und Lehrlinge	51 % ♂ (davon mehrfach 37 %), 28 % ♀ (davon mehrfach 20 %)	
Innenminist. Hessen	1971	Hessen	?	Oberstufe der Gymnasien	50 % (davon 30 % regelmäßig, 20 % einmal oder gelegentlich)	
Presse- u. Informationsamt	1971	BRD	?	Altersgruppe 16–29 Jahre	14 %	19 %

Abb. 12: Statistische Erhebungen über die Verbreitung des Rauschmittelgebrauchs bei Jugendlichen in Deutschland.

nennt, »Verrenkungs-Yoga« vieler indischer Yoga-Lehrer. Sehr stark in dieser kritisierten Richtung geht »Licht auf Yoga« von B. K. S. Iyengar (1969). Ich möchte es aber wegen seiner detaillierten Beschreibungen und den mehr als 600 Photos dennoch für Yoga-Interessenten empfehlen, die bereits erste eigene Erfahrungen haben und entsprechend vorsichtig an die Übungen herangehen – und die vor allem keinen allzu großen Ehrgeiz haben, auch die schwierigeren Übungen sofort – und mit der demonstrierten Vollendung – beherrschen zu wollen.

44 Näheres findet sich bei W. Schmidbauer und J. vom Scheidt (1971/1981) vor allem im Rahmenartikel I: »Aspekte der Rauschdrogen I: Soziologie«.

45 Näheres findet man in der kritischen Analyse »der bundesdeutschen Behandlungseinrichtungen von Oldenburg bis München« von Ulrich Sollmann (1974) und in meinem Sammelband »Die Behandlung Drogenabhängiger« (vom Scheidt 1974).

46 Siehe beispielsweise das »Bogenhauser Modell« (A. Warnke u. Mitarb. 1974).

47 1973 wurden in der Bundesrepublik fast 90000 Ehen geschieden; das sind 22000 mehr als 1969, bei kaum steigender Bevölkerungszahl. 1983 waren es bereits 108000. 1956, im Jahr mit der niedrigsten Scheidungsziffer seit dem Zweiten Weltkrieg waren es 46101.
25 Prozent aller Ehen gelten heute als zum Scheitern verurteilt. In West-Berlin werden zur Zeit sogar 43 von 100 Ehen geschieden; 1973 waren es 4489. (Quelle: Jörg Nimmergut 1975).

48 W. LeBarre beschreibt diese Bräuche in »The Peyote Cult« (1964). Siehe hierzu auch die Bücher des amerikanischen Anthropologen Carlos Castaneda (1972, 1973).

Anmerkungen zum Nachwort 1983

49 Es erscheint mir in diesem Zusammenhang hochbedeutsam, daß in diesen Tagen das uralte Symbol des *Labyrinths* wieder in seiner heilsamen Funktion für die Psyche wie auch als literarische und künstlerische Metapher für den Prozeß der Selbsterfahrung/Selbstfindung entdeckt wird. Es ist das Verdienst von Hermann Kern (1982), in einem prächtigen Bildband dieses Symbol nicht nur wiederentdeckt und interpretiert zu haben, sondern auch darauf hinzuweisen, daß wichtige Unterschiede bestehen zwischen einem echten Labyrinth (etwa kretischer Herkunft) und dem »Irrgarten«.
Während man sich im Irrgarten – wie ja schon die Bezeichnung andeutet – leicht verliert, kann man aufgrund der klaren Geometrie des Labyrinths gar nicht in die Irre gehen, sondern kommt unbeirrbar zum Zentrum der Anlage, begegnet dort (sich selbst? der Gottheit? dem schrecklichen Minotauros?), wird verwandelt und kehrt – nach einer Wendung um 180 Grad – als neuer Mensch wieder ins

Freie zurück. Einweihungsritual und Metamorphose haben dabei offensichtlich die Funktion (dies jetzt meine psychologische Interpretation), dem Initianden durch die führende materielle Struktur der Labyrinthgänge (vermutlich weniger ein Gebäude als eine auf einem Tanzboden aufgezeichnete, oder als Mosaik ausgelegte, Choreographie für einen Gruppentanz: den »Ariadnefaden«) beim Aufbau innerer psychischer Strukturen zu helfen.
An anderer Stelle haben meine Frau und ich diese Labyrinth-Metapher mit großem Gewinn auf das Problem angewandt, das ganz eng eine Folge der Strukturschwäche des modernen Menschen ist: unerträgliche Einsamkeit (vom Scheidt und Zenhäusern 1984).

50 Der Physiker Fritjof Capra hat diesen Sachverhalt in seinem Bestseller »Wendezeit« detailliert beschrieben – er erntete dafür interessanterweise selbst in seriösen Zeitungen und Zeitschriften böse Schelte und wurde, etwa im »Spiegel« (Nr. 33/1983), in süffisanter Weise als ein neuer Oswald Spengler mit einer Neuauflage des »Untergang des Abendlandes« abqualifiziert. Im selben Heft wird, etwas weiter vorne, auf 13 Druckseiten Michael Endes Fantasy-Roman »Die unendliche Geschichte« anläßlich ihrer Verfilmung liebevoll beschrieben und begutachtet – ein Roman, in dem es um haargenau dieselbe Thematik des weltweiten Strukturzerfalls geht wie bei Capra.
Sowohl »Wendezeit« wie »Die unendliche Geschichte« (von der bis heute mehr als eine Million Exemplare allein in deutscher Sprache verkauft wurden!) werden von den Spiegel-Journalisten geringschätzig als »Kultbuch« abqualifiziert – obgleich in derselben Zeitschrift von denselben Journalisten Woche für Woche der Zerfall unserer kulturellen, sozialen und sogar schon materiellen (Ozon-Schicht der Atmosphäre, Weltmeere) Welt detailliert und fortschreitend beschrieben wird. Ob es daran liegt, daß Fritjof Capra wie Michael Ende es wagen, dem Zerfall der alten Strukturen die Möglichkeit der Entstehung völlig neuer Strukturen entgegenzusetzen, bei Capra symbolisiert durch die Vorstellung eines jetzt beginnenden »Solar-Zeitalters«, bei Ende durch nicht mehr und nicht weniger als die Aufforderung zur Selbstverwirklichung und Selbsthingabe?
Also beide Male durch Vermittlung von Hoffnung angesichts einer alles andere als hoffnungsvollen Situation ... Eine Entwicklung, wo für mich dieser Mangel bzw. Zerfall ordnender und bindender Strukturen in der inneren wie in der äußeren Welt in extremer Weise sichtbar wird, ist die seit wenigen Jahren beobachtete Epidemie einer völlig neuen, extrem bösartigen Krankheit, die sich rasch in der ganzen Welt auszubreiten scheint: das »Aquired Immune Deficiency Syndrome (A.I.D.S.)«.
In einer Titelgeschichte des »Spiegel« (Nr. 23/1983) und in anderen Publikationen wird zur Zeit ein Geschehen abgehandelt, das durchaus geeignet erscheint, eine moderne Variante des Schwarzen Todes

zu werden – der immerhin »in der Zeit von 1348 bis 1350 schätzungsweise ein Drittel der zwischen Island und Indien lebenden Bevölkerung hinweggerafft hat« (Tuchmann, S. 9). Die Chancen für eine Neuauflage dieser Menschheits-Katastrophe sind nicht schlecht: A. I. D. S. nimmt einen schleichenden Verlauf, der zu Beginn praktisch nicht zu diagnostizieren ist; sobald man die Symptome identifiziert hat, ist es in der Regel zu spät für jede Hilfe: 86 Prozent der Opfer überleben nicht.

Die Zahl der Erkrankungen verdoppelt sich, nach Angaben des Zentrums für Seuchenüberwachung in Atlanta/Georgia alle sechs Monate (Südd. Zeitung vom 14. 7. 83).

Ich gehe an dieser Stelle auf dieses schreckliche Geschehen ein, weil Drogensüchtige einen erheblichen Anteil der Opfer stellen (17 Prozent). Drei Viertel der Kranken sind Homosexuelle. Ein ständig wachsender Anteil betrifft jedoch auch Personen (Frauen, Kinder, Bewohner der Insel Haiti), die nicht zu diesen beiden Risiko-Gruppen gehören.

Da die rein naturwissenschaftlich-medizinischen Erklärungsversuche nicht befriedigend sind, sei hier eine mehr psychosomatisch orientierte gewagt:

Das körpereigene System zur Infektionsabwehr wird mit Streß schlechter fertig, wenn systemstabilisierende (nicht starre, sondern flexibel auf die Umwelt reagierende) Strukturen fehlen (s. auch Anderson 1983). Es ist sicher kein Zufall, daß Homosexuelle die meisten Opfer der »erworbenen Immunschwäche« (aquired immune deficiency) werden, deren Promiskuität zu (häufig unglaublich raschem) Partnerwechsel führt – mit entsprechenden Mangelerscheinungen für die soziale (intrapsychische) und damit auch die innerpsychische Struktur. Entsprechendes läßt sich für die Drogenabhängigen der zweitgrößten Risikogruppe sagen: die Fixer, die sich Heroin injizieren. Mehr noch als die Hascher, denen ich die vorliegende Studie gewidmet habe, sind Heroinsüchtige durch einen extremen Mangel an psychischen und sozialen Strukturen gekennzeichnet, die ihnen helfen könnten, sich in wechselnden Situationen zu stabilisieren – auch gegenüber Infektionen.

Daß immer mehr auch Menschen aus anderen Bevölkerungsgruppen der Krankheit anheimfallen, ist für mich ein Hinweis darauf, daß Strukturmangel zu den typischen Merkmalen der heutigen Weltkultur zählt.

Damit wird A. I. D. S. im Grunde nur zu einer anderen Facette jenes globalen Zerfalls, der sich ökologisch im Waldsterben äußert: auch da wird sichtbar, daß früher tragfähige Strukturen, die für eine Balance zwischen menschlichen Bedürfnissen und den Bedürfnissen der Gesamtnatur unseres Planeten sorgten, sich auflösen. Frederic Vester hat dieses »vernetzte System« und seine Gefährdungen eindrücklich beschrieben (1978, 1980, 1983).

Drogenabhängige demonstrieren diesen Strukturzerfall – der sich ja auf vielen Ebenen unserer Existenz beobachten läßt – auch noch auf andere Weise: in Form der Ablehnung der und Auflehnung gegen die ordnungsstaatlichen Strukturen. Das zeigt die Kriminalstatistik (s. S. 183) überdeutlich mit mehr als 60000 Verstößen gegen die Drogengesetze in den Jahren 1981 und 1982.
Allerdings nimmt sich dieses eine Promille harmlos aus, verglichen mit anderen Verstößen der übrigen Bevölkerung: etwa dem Kavaliersdelikt »Alkohol am Steuer«, dem wir immerhin allein in der Bundesrepublik rund 3000 Tote jährlich (!) zu verdanken haben, nachdem man annimmt, daß jeder vierte Verkehrstote direkt oder indirekt auf betrunkene Autofahrer zurückzuführen ist.
Was sind damit verglichen die 623 Herointoten des Jahres 1979, dem bisherigen Höhepunkt dieser makabren Statistik (die man wiederum besser noch vergleichen würde mit den Opfern des Alkoholismus oder des Nikotinabusus, die gut zehn- bzw. 100mal so häufig sind).
Diese übergreifenden Bemerkungen mögen sich sehr kulturpessimistisch anhören. Für mich selbst ist das andere zur selben heutigen Zeit auch überall schon sichtbar: neue Strukturen, die sich u. a. in neuen Gruppierungen vieler Menschen vorbereiten und zeigen; spontan fallen mir »Amnesty International«, »Green Peace«, die »Friedensbewegung« und unzählige Bürgerinitiativen ein, sowie das, was man heute schon als Selbsterfahrungs-Bewegung bezeichnen könnte. Für mich deutliche Zeichen, daß eine Phase der Stagnation und Depression nicht das Endziel sein muß, auf das die ständig steigenden Zahlen der Drogenabhängigen bedrohlich (auch und noch immer!) hinweisen. Apokalyptische Zeiten fürwahr ...

51 Hierfür nur eines von vielen verblüffenden und zum Nachdenken anregenden Beispielen, die Weinreb nennt. Schon in der deutschen Sprache schimmert noch ein Sachverhalt aus den Uranfängen der Kommunikation durch: wir sagen, jemand »erzählt« eine Geschichte. Im lateinischen Alphabet ist der Zusammenhang zwischen Buchstabe und Zahl verlorengegangen, der im Hebräischen noch besteht – dort, speziell im Alten Testament (Pentateuch), wird wirklich mit Buchstaben und Worten noch erzählt.
Weinreb geht nun einfach den Worten nach, analysiert die Zahlenbedeutung der Buchstaben und entschlüsselt ihre geistige Struktur – ähnlich wie der Chemiker der Formal »H_2O« sofort entnehmen kann, daß es sich um das Element Wasser handelt, bestehend aus zwei Wasserstoff- und einem Sauerstoffatom. Weinreb nimmt nun beispielsweise den biblischen Namen »adam«, ersetzt dessen Bestandteile (»a-d-a-m«, im Hebräischen gebildet aus den Buchstaben »aleph-daleth-mem)« durch die entsprechenden Zahlen und kommt zu dieser Wort-Formel: 1–4–40. Darin sind die Bestandteile Dampf (e-d = aleph-daleth = 1–4) enthalten. Die esoterische Bedeutung der

Buchstaben in der alten Überlieferung ist nun folgende: 1 = der schöpferische Urgrund, aus dem sich die materielle Welt (Symbolwert = 4) bildet; dies findet seinen Ausdruck in der Schöpfungsgeschichte im Bild des Dampfes, der aufsteigt und die Erde befeuchtet (1–4); 40 ist die 4 auf einer höheren Ebene. So ist der »Dampf« (1–4) die Vorstufe, die zum »Menschen« (1–4–40) führt.
Der Name Adam enthält also, in verschlüsselter Form, seine eigene Schöpfungsgeschichte »in der Nußschale«! Eine ähnliche Struktur der Wirklichkeit findet man übrigens auch im chinesischen »I Ging«, das auf frappierende Weise dem genetischen Code entspricht, enthalten in der Strukturformel der DNS (Schönberger 1981).

Bibliographie

ABRAHAM, K. (1908): *»The Psychological Relation between Sexuality and Alcoholism«,* in: *Intern. Journal of Psychoanalysis* 7.

ADAM, K. (1975): Leistungssport – Sinn und Unsinn, München (Nymphenburger).

AICHHORN, A. (1951): *Verwahrloste Jugend,* Bern (Huber).

ALDRIDGE, A. (1969): *The Beatles Songbook,* München (Axel Junker).

AMENDT, G. (1973): *Haschisch und Sexualität,* Stuttgart (Enke).

ANDERSON, A.: *»Psycho-Schutz gegen Krankheit – das Geheimnis des Immunsystems«,* in: *Psychologie heute,* Juli 1983, S. 20–27.

ARGELANDER, H. (1972): *Der Flieger,* Frankfurt a. M. (Suhrkamp).

BALINT, M. (1960): *Angstlust und Regression,* Stuttgart (Klett).

– (1970): *Therapeutische Aspekte der Regression. Die Theorie der Grundstörung,* Stuttgart (Klett).

BATESON, G. et al. (1969): *Schizophrenie und Familie,* Frankfurt a. M. (Suhrkamp).

BAUDELAIRE, CH. (1858): *»La Poème du Haschisch«,* in: *La Revue Contemporaine,* 30. September 1858; deutsch in: *Die künstlichen Paradiese,* Reinbek 1964 (Rowohlt Klassiker).

BERGMANN, ST. (1972): *»Gespräche mit jugendlichen Drogenkonsumenten«,* in: vom Scheidt (1972).

BERMAN, L. E. A. (1972): *»The Role of Amphetamin in a Case of Female Hysteria«,* in: vom Scheidt (1974a).

BERNHARD, E. (1974): *Mythobiographie,* Stuttgart (Klett).

BION, W. (1971): *Erfahrungen in Gruppen,* Stuttgart (Klett).

BKA = Bundeskriminalamt, Hg.: *Polizeiliche Kriminalstatistik* 1982 (Wiesbaden).

BLOS, P. (1972): *Adoleszenz,* Stuttgart (Klett).

BOCKHAGEN, CHR., HEMMER, E., RASPE, J., SCHULTZ, E. und M. STERGAR (1969): *Kommune 2,* Berlin (Oberbaumverlag).

BRICKMAN, H. R. (1968): *»The Psychedelic ›Hip Scene‹: Return of the Death Instinct«,* in: *American Journal of Psychiatry* 125, S. 766–772.

BSCHORR, F., HERHA, J. und N. DENNEMARK (1970): *Junge Rauschmittelkonsumenten in Berlin (West),* Berlin (?)
BURCKHARDT, G., Hg. (1955): *Gilgamesch. Eine Erzählung aus dem alten Orient,* Wiesbaden (Insel).
CAPRA, F.: *Wendezeit – Bausteine für ein neues Weltbild,* Bern/München/Wien 1982 (Scherz).
CASTANEDA, C. (1972): *Die Lehren des Don Juan,* Frankfurt a. M. (März).
– (1973): *Die andere Wirklichkeit,* Frankfurt a. M. (S. Fischer).
CHEIN, I., zitiert bei O. GILLIES, (1969): *»Drug Addiction – Facts and Folklore«,* in: *Science Journal,* Nr. 12.
CLARK, W. H. (1971): *Chemische Ekstase – Drogen und Religion,* Salzburg (O. Müller).
COHEN, S. (1968): *»Künstliche Psychose – oder Instant Zen?«,* in: Scheidt, J. vom (1972).
COHN, R. C. (1975): *Von der Psychoanalyse zur themenzentrierten Interaktion,* Stuttgart (Klett).
DAVIES, H. (1968): *Alles was du brauchst ist Liebe. Die Story der Beatles,* München (Droemer-Knaur).
DECHÊNE, H. (1975): *Verwahrlosung und Delinquenz,* München (W. Fink, UTB Bd. 298).
DECHÊNE, U. (1974): *Der lange Tod des Fixers P.,* München (Piper).
DÜHRSSEN, A. (1965): *Psychogene Erkrankungen bei Kindern und Jugendlichen.* 5. Aufl., Göttingen (Hogrefe).
EDDY, N. B., HALBACH, H., ISBELL, H. und M. H. SEEVERS (1965): *»Drug Dependence: its Significance and Characteristics«,* in: *Bulletin of the World Health Organization,* 32, S. 721–733.
EFRON, D. H., Hg. (1967): *Ethnopharmacologic Search für Psychoactive Drugs,* Washington.
EIBL-EIBESFELDT, I. (1972): *Die !KO-Buschmann-Gesellschaft,* München (Piper).
EISSLER, K. R. (1955): *The Psychiatrist and the Dying Patient,* 3. Aufl. 1973, New York (Intern. Universities Press).
– (1961): *Leonardo da Vinci – Psychoanalytic Notes on the Enigma,* New York (Intern. Universities Press).
– (1963): *Goethe – a Psychoanalytic Study,* Detroit (Wayne State University Press).
– (1967): *»Psychopathology and Creativity«,* in: *American Image* 24, S. 35–81.
– (1971 a): *Discourse on Hamlet and* Hamlet, New York (Intern. Universities Press).
– (1971 b): *Talent and Genuis – the fictious Case of Tausk contra Freud,* New York (Quadrangle Books).
ELIADE, M. (1959): *Yoga – Unsterblichkeit und Freiheit.* Unveränderte Neuauflage Frankfurt a. M. 1977 (Insel).
ENDE, M.: *Die unendliche Geschichte,* Stuttgart 1979 (Thienemanns).

ERIKSON, E. H. (1968): *Kindheit und Gesellschaft,* Stuttgart (Klett).
– (1970a): *Jugend und Krise,* Stuttgart (Klett).
– (1970b): *Reflections on the Dissent of Contemporary Youth,* in: *Intern. Journal of Psycho-analysis* 51, S. 11–22.
– (1973): *»Autobiographisches zur Identitätskrise«,* in: *Psyche* 27, S. 793–831.
EVANS-WENTZ, Y. W. (1953): *Das tibetanische Totenbuch,* Zürich (Rascher).
FERENCZI, S. (1911): *»Alkohol und Neurose«*, in: *Jahrbuch für psychoanalytische und psychotherapeutische Forschungen.*
FEUERLEIN, W. (1971): *»Selbstmordversuch oder parasuizidale Handlung?«*, in: *Der Nervenarzt* 42, S. 127–130.
– (1973): *»Selbstmord und Selbstmordversuch«*, in: *Medizinische Klinik* 68, S. 1717–1721.
FREUD, A. (1936): *Das Ich und die Abwehrmechanismen,* Neudruck 1975, München (Kindler).
– (1968): *Wege und Irrwege in der Kinderentwicklung,* Stuttgart (Klett).
FREUD, S. (1884): *»Über Coca«*, in: *Heitlers Centralblatt für die gesamte Therapie* 2, S. 289–314; Neudruck 1974 in: *Psyche* 27, S. 487–511.
– (1895): *»Studien über Hysterie«*, in: *Gesammelte Werke I,* Frankfurt a. M. (S. Fischer).
– (1899): *»Über Deckerinnungen«, G. W. I.*
– (1900): *»Die Traumdeutung«, G. W. II/III.*
– (1901): *»Zur Psychopathologie des Alltagslebens«, G. W. IV.*
– (1905): *»Drei Abhandlungen zur Sexualtheorie«, G. W. V.*
– (1912/13): *»Totem und Tabu«, G. W. IX.*
– (1917): *»Trauer und Melancholie«, G. W. X.*
– (1938): *»Die Ichspaltung im Abwehrvorgang«, G. W. XVII.*
– (1950): *Aus den Anfängen der Psychoanalyse. Briefe an Wilhelm Fließ,* Frankfurt a. M. (S. Fischer).
– (1968): *Briefe 1873–1939* 2. erw. Auflage, Frankfurt a. M. (S. Fischer).
GASTAGER, H. und S. (1973): *Die Fassaden-Familie,* München (Kindler).
GELPKE, R. (1966): *Der Rausch im Orient und Okzident,* Stuttgart (Klett); Neudruck 1970 *Drogen und Seelenerweiterung,* München (Kindler, Reihe Geist und Psyche, Bd. 2065).
GÖTTE, J.: (1974): *»Sucht als Abwehr: eine Fallstudie«,* in: Scheidt, J. vom (1974a).
GREENACRE, PH. (1963): *The Quest for the Father,* New York (Intern. Universities Press).
HAAS, E. (1974): *Selbstheilung durch Drogen?,* Frankfurt a. M. (Fischer Taschenbuch).
HAMMOND, P. GR. (1972): Vortrag, gehalten anläßlich des internationalen Kongresses *Man and his Mind Changers,* Amsterdam.

HANEFELD, E., HG.: *Zeitschrift für Transpersonale Psychologie,* begr. 1982, Freiburg i. Br.

HARTMANN, H. (1928): *»Kokainismus und Homosexualität«,* in: *Deutsche Medizinische Wochenschrift* 54, S. 268 ff.

– (1950): *»Bemerkungen zur psychoanalytischen Theorie des Ichs«,* in: (1972) *Ich-Psychologie,* Stuttgart (Klett).

HARTMANN, W. (1974): *»Partner des Lehrers, nicht Mädchen für alles«,* in: *Schulreport,* Heft 6, S. 22–25.

HASSE, H. E., LUNGERSHAUSEN, E. und H. P. WEBER (1972): *»Drogengebrauch bei Studenten«,* in: *Fortschritte der Medizin* 90, S. 108–111.

HAYTER, A. (1968): *Opium and the Romantic Imagination,* London (Faber and Faber).

HESS, P. (1969): *»Flucht nach Indien – Pilgerweg der Gammler«?* in: *Neue Zürcher Zeitung* vom 5. Jan.; nachgedruckt in: *Unsere Jugend* 21, Mai 1969, S. 215–218.

HILL, L., zitiert nach BOWEN, M. (1969); *»Die Familie als Bezugsrahmen für die Schizophrenieforschung«,* in: Bateson, G. et al. (1969).

HOBI, V. (1973): *Das Drogenproblem bei Jugendlichen,* Bern und Stuttgart (Huber).

HOFMANN, A.: *LSD – mein Sorgenkind,* Stuttgart 1979 (Klett – Cotta).

HOMANS, G. C. (1950): *The Human Group,* New York.

HUXLEY, A. (1954): *Die Pforten der Wahrnehmung,* München (Piper).

–: *Moksha – auf der Suche nach der Wunderdroge,* München 1983 (Serie Piper, Bd. 287).

HUXLEY, F. (1966): *The Invisibles,* New York (McGraw-Hill).

IRMER, G. VON (1972): *»Popmusik und Rauschgift«,* in: Schäfer, H., Hg. (1972): *Rauschgiftmißbrauch – Rauschgiftkriminalität,* Hamburg (Steintor).

IYENGAR, B. K. S. (1969): *Licht auf Yoga,* Weilheim (O. W. Barth).

JACOBSON, E. (1973): *Das Selbst und die Welt der Objekte,* Frankfurt a. M. (Suhrkamp).

JAN, E. VON (1954): *»Rauschgift bei Cervantes. Seine Novelle vom gläsernen Lizentiaten«,* in: *Wissenschaftl. Zeitschr. der Friedrich-Schiller-Universität Jena 4, Mathematisch-Naturwissenschaftliche Reihe,* Heft I, S. 97–100.

JAPPE, G. (1972): *»Nachschrift eines LSD-Rausches«,* in: Scheidt, J. vom (1972).

JASINSKY, M. (1971): *Drogenkonsum Hamburger Schüler,* Hamburg (Staatliche Pressestelle).

JONES, E. (1960): *Das Leben und Werk von Sigmund Freud,* Bd. 1, Bern und Stuttgart (Huber).

JOYCE, J. (1921): *Ulysses,* Neudruck 1960, London (The Bodley Head), S. 933.

JUNG, C. G. (1944): *Psychologie und Alchemie,* 2. Aufl. 1952, Zürich (Rascher).

JUNG, C. G. (1962): *Erinnerungen, Träume, Gedanken,* Zürich (Rascher).

KAAM, A. VAN: *»Transzendenztherapie«*, in: Corsini, R. J., Hg.: *Handbuch der Psychotherapie,* 2 Bde., Weinheim und Basel (Beltz), Bd. 2, S. 1357–1381.

KEMMLER, R. W. (1972): *Zur Lage der Erziehungsberatung in Bayern,* Fürth/B. (hg. von der Bundeskonferenz für Erziehungsberatung).

KERN, H.: *Labyrinthe. Erscheinungsformen und Deutungen. 5000 Jahre Gegenwart eines Urbilds,* München 1983 (Prestel).

KEUP, W. (1972): *»Die Psychopathologie jugendlicher Drogenabhängiger – Ansätze zur Therapie«,* in: *Drogen- und Rauschmittelmißbrauch,* Hamm (Hoheneck).

KIELHOLZ, P. und D. LADEWIG (1970): *»Über Drogenabhängigkeit bei Jugendlichen«,* in: *Deutsche Medizinische Wochenschrift* 95, S. 101 bis 105.

– (1972): *Die Drogenabhängigkeit des modernen Menschen,* München.

KIRSCHNER, M. J. (1958): *Die Kunst sich selbst zu verjüngen,* 6. Aufl. 1966, Wiesbaden (Agis).

KLAUSMEIER, R.-G. (1973): *»Pubertät und Beatmusik«,* in: *Psyche* 27, S. 643–657.

KLEIN, M. (1962): *Das Seelenleben des Kleinkindes*, Stuttgart (Klett).

– und J. RIVIERE (1974): *Seelische Urkonflikte,* München (Kindler).

KOHUT, H. und S. LEVARIE (1950): *»On the Enjoyment of Listening to Music«,* in: *Psychoanalytic Quarterly* 14, S. 64–87.

– und PH. F. D. SEITZ (1963): *»Concepts and Theories of Psychoanalysis«,* deutsch in: Hartfield-Holm, Hg. (1973): *Bildung und Erziehung in der Industriegesellschaft,* Opladen (Westdeutscher Verlag, UTB).

KOHUT, H. (1957): *»Observations on the Psychological Functions of Music«*, in: *Journal of the American Psychoanalytic Association* 5, S. 389–407.

– (1966): *»Formen und Umformungen des Narzißmus«,* in: *Psyche* 18, S. 561–587.

– (1968): *»The Evaluation of Applicants for Psychoanalytic Training«, Intern. Journal of Psychoanalysis* 49, S. 548–554.

– (1971): *»Introspektion, Empathie und Psychoanalyse«,* in: *Psyche* 25, S. 831–855.

– (1973): *Narzißmus. Eine psychoanalytische Theorie zur Behandlung narzißtischer Persönlichkeitsstörungen,* Frankfurt a. M. (Suhrkamp).

– (1973 a): *»Überlegungen zum Narzißmus und zur narzißtischen Wut«,* in: *Psyche* 27, S. 513–554.

– (1973 b): *»The Psychoanalyst in the Community of Scholars«,* Ansprache anläßlich der Verleihung der Ehrendoktorwürde in der Universität von Cincinnati am 16. Nov. 1973;

deutsch: *»Der Psychoanalytiker in der Gemeinde der Wissenschaftler«,* in: Scheidt, J. vom (1975a).
– (1974): *»Messianische und charismatische Persönlichkeiten«,* Vortrag gehalten am 10. Dez. in der Ludwig-Maximilians-Universität München. Gedruckt erschienen als: *»Kreativität, Charisma, Gruppenpsychologie, Gedanken zu Freuds Selbstanalyse«, Psyche* 29, S. 681 bis 720, sowie in Kohut 1975.
–: *Die Zukunft der Psychoanalyse,* Frankfurt a. M. 1975 (Suhrkamp).
–: *The Restauration of the Self,* New York 1977 (International University Press), dt.: *Die Heilung des Selbst,* Frankfurt a. M. 1979 (Suhrkamp).
KRYSTAL, H. und H. A. RASKIN (1970): *Drug Dependence and Ego Function,* Detroit (Wayne State University Press).
LAING, R. D. (1974): *Das Selbst und die anderen,* Köln (Kiepenheuer und Witsch).
LANDFINDER, TH., Hrg. (1975): *Welt ohne Horizont,* Würzburg (Arena).
LANDOLF, P. (1968): *Kind ohne Vater,* Bern und Stuttgart (Huber).
LANGREUTER, F. W. (1975): *Ein neues Konzept zur Lösung von Lernschwierigkeiten und Versagen in der Schule,* Manuskript, München.
LAPLANCHE, J. und J.-B. PONTALIS (1972): *Das Vokabular der Psychoanalyse,* Frankfurt a. M. (Suhrkamp).
LEA, K. (1974): *»Über Tun und Lassen«,* in: Scheidt, J. vom (1974a).
LEARY, TH. (1968): *High Priest,* New York (World Publishing).
– (1970): *Politik der Ekstase,* Hamburg (Wegener).
– METZNER, R. und R. ALPERT (1971): *Psychedelische Erfahrungen. Ein Handbuch nach Anweisungen des Tibetanischen Totenbuches,* Weilheim (O. W. Barth), (1982) Linden (Volksverlag).
LE BARRE, W. (1964): *»The Peyote Cult«,* Hamden (Mass.).
LENNARD, H. L., EPSTEIN, L. J. und M. S. ROSENTHAL (1974): *»The Methadone Illusion«*; deutsch in: Scheidt, J. vom (1974a).
LIMENTANI, A. (1968): *»Drogenabhängigkeit – ein klinischer Bericht«,* in: Scheidt, J. vom (1972).
LOWENFELD, H. und Y. (1972): *»Die permissive Gesellschaft und das Überich«,* in: Scheidt, J. vom (1972).
LYSEBETH, A. VAN (1972): *Pranayama – die große Kraft des Atems,* Weilheim (O. W. Barth).
MAHLER, M. S. (1972): *Symbiose und Individuation,* Bd. 1, Stuttgart (Klett).
MAIER, H. W. (1926): *Der Kokainismus,* Leipzig (Thieme).
MARCOVITZ, E. (1966): *»Bemoaning the Lost Dream: Coleridge's ›Kublai Khan‹ and Addiction«,* in: *Intern. Journal of Psycho-analysis* 45, S. 411–425.
– (1969): *»On the Nature of Smoking Cigarettes«,* in: *Journal of the American Psychoanalytic Association* 17, S. 1074–1096.

MASLOW, A. H. (1964): *Religions, Values and Peak Experiences,* Columbus (Ohio State University Press).
MENDEL, G. (1972a): *Revolte gegen den Vater,* Frankfurt am Main (S. Fischer).
– (1972b): *Generationskrise,* Frankfurt a. M. (Suhrkamp).
MITSCHERLICH, A. (1947): *Vom Ursprung der Sucht,* Stuttgart (Klett).
– (1963): *Auf dem Weg zur vaterlosen Gesellschaft,* München (Piper).
MOLLENHAUS, K. (1964): *Stichwort »Sozialpädagogik«,* in: *Fischer Lexikon Pädagogik,* Frankfurt a. M. (S. Fischer).
MOODY, R.: *Leben nach dem Tod,* Reinbek 1977 (Rowohlt).
MOSER, U. (1957): *Psychologie der Partnerwahl,* Bern (Huber).
NASS, M. L. (1971): *»Some Considerations of a Psychoanalytic Interpretation of Music«,* in: *Psychoanalytic Quarterly* 40, S. 303–316.
NEUMANN, E. (1956): *Die Große Mutter,* Zürich (Rhein).
NEWMAN, V. C. (1969): *»The Making of a Hippie«,* in: *American Journal of Psychotherapy* 23, S. 463–472.
NEWLAND, C. A. (1964): *Abenteuer im Unbewußten,* München (Szczesny).
NIMMERGUT, J. (1975): *Deutschland in Zahlen,* München (Heyne, Kompaktwissen).
OLIVER, P. (1960): *Blues fell this Morning,* London (Cassell).
PAHNKE, W. N. (1963): *Drugs and Mysticism,* (Philosophische Dissertation an der Harvard University).
– W. A. RICHARDS (1966): *»Implications of LSD and Experimental Mysticism«,* in: *Journal of Religious Health* 5, S. 175–208.
PFISTER, O. (1930): *»Schockdenken und Schockphantasien bei höchster Todesgefahr«,* in: *Intern. Zeitschrift für Psychoanalyse* 16, S. 430–455.
QUINCEY, TH. DE (1822): *Bekenntnisse eines englischen Opiumessers;* Neudruck 1965, München (dtv).
RINGEL, E. (1953): *Der Selbstmord,* Wien (Maudrich).
– Hg. (1969): *Selbstmordverhütung,* Bern und Stuttgart (Huber).
ROSENFELD, H. (1960): *»Über Rauschgiftsucht«,* in: Scheidt, J. vom (1972).
– (1965): *Psychotic States,* New York (Intern. Universities Press).
ROSNER, H. (1972): *»Of Music, Magic and Mystery«,* in: *Journal of the American Psychoanalytic Association* 20, April.
SCHEIDT, J. VOM, Hg. (1970): *Das Monster im Park. 18 Geschichten aus der Welt von Morgen,* München (Nymphenburger).
– (1971): *»Rauschdrogen und Yoga«,* in: Mangoldt, U. von, Hg. (1971): *Yoga heute,* Weilheim (O. W. Barth).
– Hg. (1972): *Drogenabhängigkeit – zur Psychologie und Therapie,* München (Nymphenburger).
– (1972a): *»Descensus ad inferos. Tiefenpsychologische Aspekte der Science Fiction«,* in: Barmeier, E., Hg. (1972b): *Science Fiction. Theorie und Geschichte,* München (W. Fink, UTB, Bd. 132).

SCHEIDT, J. VOM (1972c): *»Drogenrausch und parapsychische Phänomene«*, in: *Zeitschrift für Parapsychologie und Grenzgebiete der Psychologie*, Heft 4.
– (1973a): *Freud und das Kokain*, München (Kindler).
– (1973b): *Innenwelt-Verschmutzung*, München (Droemer-Knaur).
– (1973c): *»Drogen im Ostblock«*, in: *Westermanns Monatshefte*, Dez. 1973, S. 110–113.
– Hg. (1974a): *Die Behandlung Drogenabhängiger*, München (Nymphenburger).
– (1974b): *»Verarmen unsere Kinder seelisch?«*, in: *Westermanns Monatshefte*, Februar-Heft, S. 76–84.
– (1974c): *»Die Lage der Drogenabhängigen in der Bundesrepublik«*, in: *Vorgänge Nr. 10*, S. 117–123.
– (1974d): *»Bericht über die Fortbildungstagung des Landesjugendamtes für Mitarbeiter in Drogenberatungsstellen und Therapieeinrichtungen vom 30.9.–5.10.1974 im Jugendhof Vlotho«*, Münster (Landesjugendamt).
– Hg. (1975a): *Psychoanalyse – Selbstdarstellung einer Wissenschaft*, München (Nymphenburger).
– (1975b): *Rätsel Mensch*, Würzburg (Arena).
– Hg. (1975c): *Guten Morgen, Übermorgen*, München (Ellermann).
– (1973d): *Der geworfene Stein*, Percha (R. S. Schulz).
– (1976): *Yoga für Europäer*, München (Kindler).
–: *Alleinsein als Chance (Singles)*, München 1979 (Heyne).
–: *Wiedergeburt – Geheimnis der Jahrtausende*, München 1982 (Heyne TB 7200).
– und R. ZENHÄUSERN: *Wege aus der Einsamkeit*, München 1984 (Heyne).
SCHMIDBAUER, W. und J. VOM SCHEIDT (1971): *Handbuch der Rauschdrogen*, 6. überarbeitete Aufl. 1981, München (Nymphenburger).
SCHMIDBAUER, W. (1971): *Jäger und Sammler*, Planegg b. München (Selecta).
–: *Die hilflosen Helfer*, Reinbek 1977 (Rowohlt).
–: *Helfen als Beruf – die Ware Nächstenliebe*, Reinbek 1983 (Rowohlt).
SCHÖNBERGER, M. (1973): *Verborgener Schlüssel zum Leben. Weltformel I-Ging im genetischen Code*, Bern und München 1981 (O. W. Barth).
SCHMITT, L., STÖCKEL, F. und L. KAISER (1972): *»Drogengebrauch unter Jugendlichen in Baden-Württemberg«*, in: *Deutsches Ärzteblatt*, Heft 7 vom 17. Feb.
SCHRÖDER, O. (1975): Vortrag während einer Tagung des Rauschmittelausschusses der Vereinten Nationen in Genf, zitiert n. Süddeutsche Zeitung vom 27. Februar.

SCHWARZ, J., BERGIUS, M., ANHEGGER, O. und K. BIRNBAUM (1971): *»Ergebnisse einer repräsentativen Umfrage über den Gebrauch von Rauschmitteln bei Oberschülern in Schleswig-Holstein«,* in: *Das öffentliche Gesundheitswesen* 33, S. 232ff.

SEGAL. H. (1974): *Melanie Klein,* München (Kindler).

SHANKAR, R. (1969): *Meine Musik, mein Leben,* München (Nymphenburger).

SMART, R. G. (1972): *»Drug Use in Canada«,* Referat gehalten in Lausanne, zit. n. Waldmann, H. u. Mitarb. (1973).

SMIRNOFF, V. N. (1972): *»Die fetischistische Transaktion«,* in: Pontalis, J.-B., Hg. (1972): *Objekte des Fetischismus,* Frankfurt a. M. (Suhrkamp).

SOCARIDES, CH. W. (1971): *Der offen Homosexuelle,* Frankfurt a. M. (Suhrkamp).

SOLLMANN, U. (1974): *Therapie mit Drogenabhängigen,* Gießen (Andreas Achenbach).

SPINRAD, N. (1971): *»Kein Weg nachhause«,* in: Jeschke, W., Hg. (1975): *Science Fiction Story-Reader Nr. 3,* München (Heyne Taschenbuch Nr. 3421).

SPITZ, R. (1967): *Vom Säugling zum Kleinkind,* Stuttgart (Klett).

STAPLEDON. W. O. (1937): *Star Maker,* London (Methuen); deutsch: *Der Sternenschöpfer,* München (Heyne Bibliothek der SF Literatur Bd. 5).

STEIN, H. (1974): *»Zur Entwicklung der psychoanalytischen Selbst-Psychologie«,* in: *Psyche 28,* S. 984–1002.

STERN, M. (1972): *»Trauma, Todesangst und Furcht vor dem Tod«,* in: *Psyche* 26, S. 901–928.

TART, CH. T., Hg. (1969): *Altered States of Consciousness,* New York (John Wiley).

TAUSK, V. (1915): *»Zur Psychologie des alkoholischen Beschäftigungsdelirs«,* in: *Intern. Zeitschrift für Psychoanalyse* 3.

TAYLOR, B. (1855): *»Haschisch-Visionen«,* in: Reavis, E. (1967): *Rauschgiftesser erzählen,* Frankfurt a. M. (Bärmeier und Nikel).

TUCHMANN, B.: *Der ferne Spiegel,* München 1982 (dtv).

UNGERLEIDER, J. TH. und H. L. BOWEN (1969): *»Drug Abuse and the Schools«,* in: *American Journal of Psychiatry* 125, S. 1691–1697.

VEGA, G. DE LA (1971): *»Die Heroin-Sucht: ein Abwehrmachanismus«,* in: Ammon, G., Hg. (1971): *»Bewußtseinserweiternde« Drogen in psychoanalytischer Sicht,* Berlin (Pinel Publikationen).

VESTER, F.: *Unsere Welt – ein vernetztes System,* Stuttgart 1978 (Klett – Cotta).

–: *Neuland des Denkens – vom technokratischen zum kybernetischen Zeitalter* (DVA).

–: *Der Wert eines Vogels*, München 1983 (Kösel).

–: *Ökolopoly – ein kybernetisches Umweltspiel,* München 1983 (Studiengruppe für Biologie und Umwelt, Nußbaumstr. 14).

VETTER, C. (1975): *»Bring mir den Kopf von Timothy Leary«,* in: *Playboy* September-Heft, München.

WÄCHTER, H. M. und H. LEUNER (1974): *»›Kurzpsychotherapie‹ eines Rauschmittelusers mit dem Katathymen Bilderleben (Unterstufe)«,* in: *Praxis der Kinderpsychologie und Kinderpsychiatrie* 23, S. 73, S. 81 bis 88.

WALDMANN, H., SCHÖNHÖFER, P. S. und H. E. HASSE (1973): *»Vier Stadien in der Entwicklung der Drogenabhängigkeit bei Jugendlichen«,* in: *Deutsche Medizinische Wochenschrift* 98, S. 327–331.

WALDMANN, H. und H. E. HASSE (1974): *»Verlaufsform der Nachhall-Psychosen (Flashback) und ihre Bedeutung für die Therapie«,* in: Scheidt, J. vom (1974 a).

WANKE, K. (1971): *Neue Aspekte zum Suchtproblem,* Frankfurt a. M. (Habilitationsschrift).

– LEISER, E., SÜLLWOLD, L. und B. ZIEGLER (1972): *»Soziale Mobilität von Drogenkonsumenten«,* in: *Zeitschrift für Rechtsmedizin* 70, S. 25.

WARNKE, A., BROWERS, E. L. und H. PROBST (1974): *Das Bogenhausener Modell,* München (Kindler).

WEINREB, F. (1966): *Der göttliche Bauplan der Welt. Der Sinn der Bibel nach der ältesten jüdischen Überlieferung,* Bern 1978 (Origo).

–: *Leben im Diesseits und Jenseits. Ein uraltes vergessenes Menschenbild,* Bern 1974 (Origo).

–: *Das Buch Jonah,* Bern 1980 (Origo).

–: *Die Symbolik der Bibelsprache,* Bern 1981 (Origo).

–: *Traumleben,* 4 Bände, München 1979 (Thauros).

WIESENHÜTTER, E. (1974): *Grundfragen unserer Existenz,* München (Kindler, Reihe Geist und Psyche, Bd. 2136).

WINNICOTT, D. W. (1974): *Reifungsprozesse und fördernde Umwelt,* München (Kindler).

WORMSER, R. G. (1973): *Drogenkonsum und soziales Verhalten bei Schülern,* München (Kindler, Reihe Geist und Psyche, Bd. 2116).

ZAEHNER, R. C. (1965): *Mystik – religiös und profan,* Stuttgart (Klett).

ZAUNER, R. (1971): *Flucht zum Rausch,* Ravensburg (O. Maier).

Fischer Wissenschaft

Henri Pirenne
Geschichte Europas von der Völkerwanderung bis zur Reformation
Band 7321

Bruno Bettelheim
Die symbolischen Wunden
Pubertätsriten und der Neid des Mannes
Band 7322

Melanie Klein/Joan Riviere
Seelische Urkonflikte
Liebe, Haß und Schuldgefühl
Band 7323

Gerald H. J. Pearson
Handbuch der Kinder-Psychoanalyse
Einführung in die Psychoanalyse von Kindern und Jugendlichen
Band 7324

Hanna Segal
Melanie Klein
Eine Einführung in ihr Werk
Band 7325

Harry Stack Sullivan
Die interpersonale Theorie der Psychiatrie
Band 7326

Fischer Taschenbuch Verlag

Fischer Wissenschaft

Sven Papcke
Vernunft und Chaos
Soziologische Essays zur sozialen Ideengeschichte
Band 7328

Jakob von Uexküll/Georg Kriszat
Streifzüge durch die Umwelten von Tieren und Menschen/Bedeutungslehre
Band 7331

Ernest Jouhy/Leo Kauffeldt
Zur historischen und psychologischen Kategorie des Elends
Band 7332

Jean Piaget
Biologie und Erkenntnis
Über die Beziehungen zwischen organischen Regulationen und kognitiven Prozessen.
Band 7333

Bronislaw Malinowski
Magie, Wissenschaft und Religion/ Und andere Schriften
Band 7335

Fischer Taschenbuch Verlag

fi 66/2c

fi 22/1